建築計画

住まいから広がる〈生活〉の場

竹宮健司［編著］

安武敦子
石橋達勇
石井　敏
伊藤俊介［著］

朝倉書店

■編著者　竹宮 健司　東京都立大学都市環境学部

■著　者　安武 敦子　長崎大学工学部

　　　　　石橋 達勇　北海学園大学工学部

　　　　　石井　敏　東北工業大学建築学部

　　　　　伊藤 俊介　東京電機大学システムデザイン工学部

は じ め に

　私たち人間は，日々の暮らしを便利で快適に過ごすために様々な種別の建築物をつくり
だしてきた．建築物は，社会の状況や建築技術の発展，人々の価値観や意識に応じて変化
し続け，現代社会の暮らしに対応すべく多種多様な施設がつくられるようになった．人々
の暮らしを支える住まいや多様な施設の計画を考えるためには，それらが誕生した背景や
制度，そしてその役割を十分に理解することが求められる．

　建築計画学は，建築学の一分野であり，人間の行動や心理に適した建物を計画するため
の研究とその応用（社会実装）を行う学問分野（実学）である．学校，病院，福祉施設等
の様々な施設を計画するための知見が蓄積され，これまでに数多くの教科書が発行されて
きた．しかし，これまでの建築計画の教科書では，施設種別ごとの一般的な解説にとどま
り，多様化する今日の施設を深く理解することが難しくなっている．

　そこで本書は，従来の教科書とは異なる「副読本」と位置付け，住宅と暮らしに関わり
が深い4つの施設種別（障害者支援施設／高齢者介護施設／医療施設／教育施設）に対象
を絞り詳しく解説することを目的とした．建築計画の研究者が，専門分野の研究の蓄積と
それぞれの大学での建築計画の授業を担当してきた経験を通して，これからの住まいと暮
らしを支える施設について詳述する構成となっている．各建物種別の歴史的な変遷を辿る
とともに，関連する制度についても解説しながら，多様化する住宅・施設の様相を深く理
解できるように工夫をした．また，より今日的な視点から住宅・施設の計画を横断的に理
解できるように，7つの共通項目（利用者の視点／災害・防災／地域／設備・物品／環境
工学／改修事例／海外事例）を設定している．

　本書は建築初学者向けの授業で使用することを念頭に執筆しているが，住宅と4つの施
設種別に限定したため，比較的高度な内容まで含んでいる．建築設計に携わる実務者にも
施設計画の基礎的な内容を折に触れ参照できるものとなるように努めた．本書が読者の皆
様の必携書となれば幸いである．

2022 年 2 月

編著者　竹宮　健司

目　　　次

第4章　医療施設―治療・療養そして支援の場― ………………………………… ［竹宮健司］…… *97*

コラム

世界のヴァナキュラーな住まい　*16*　／　日本の和室　*18*　／　西洋に習った生活改善と集まって住む価値が示されたアパート―お茶の水文化アパートメント―　*20*　／　軍艦島の鉱員住宅　*21*　／　同潤会アパートの到達点と保存活動―江戸川アパートメント―　*22*　／　日本のモデュラー・コーディネーション　*24*　／　自由な設計と可変性／ネクスト21　*32*　／　煩わしさを超え，集まって暮らす楽しさ―Mポート―　*34*　／　都市居住―東雲キャナルコートCODAN―　*35*　／　コモンスペースの領域化　*37*　／　欅ハウス　*41*　／　パラリンピックとまちづくり　*50*　／　高齢者障害者等用便房（バリアフリートイレ）　*55*　／　BFの情報伝達の必要性　*59*　／　障害者の就労支援　*64*　／　北欧の高齢者介護　*70*　／　サービス付き高齢者向け住宅（サ高住）　*73*　／　段階的空間構成　*82*　／　施設の木質・木造化　*86*　／　陰圧室　*121*　／　ソシオフーガル，ソシオペタル　*125*　／　補助基準面積　*139*　／　コロナ禍の学校　*148*　／　海外の学校―デンマークの例　*153*　／　人口動態と学校計画　*157*

序 章

住まい・生活の場の広がり

竹宮健司

　　本章では，住まいや生活の場の広がりを考える前提として，私たちの暮らしをとりまく状況を概観し，本書のねらいと各章の特徴を述べる．

0.1　住まいと施設

　　私たちの暮らしは，住宅の中だけでは完結しない．様々な役割をもった施設を利用することで暮らしが成り立っている．ここでは，暮らしの中にある住まいと施設についてみていこう．

0.1.1　施設の誕生

　　佐味田宝塚古墳から出土した「家屋文鏡*」（図0.1）に描かれている建築は，住居のほかに農耕生活に必要となる倉庫や集会所のような機能をもった建物ではないかといわれている．4世紀の日本には，すでに住居以外の目的でつくられた施設をもつ社会があったということになる．その後，人々の暮らしや社会が変化するとともに，その社会に求められる施設の種類が増えていくことになる．

　　江戸時代になると，城を中心とした町の整備がなされ，庶民文化の繁栄とともに，様々な施設がつくられるようになった．町の目抜き通りには商店が並び，問屋には倉庫群が設けられた．教育のために寺子屋や学問所が，娯楽のために芝居小屋や遊廓がつくられた．さらに，病人のための療養所，犯罪者には奉行所，人足寄場，牢獄など，近代以降にみられる各種施設はこの時代に整備されている．

　　一方，欧州では，19世紀初頭に，劇場，図書館，美術館，市役所，病院，監獄，銀行等についての平面図が収集され，それぞれの施設計画が論じられている[2]．明治維新以降，西洋文化の伝来とともに，こうした市民生活を豊かにする欧州の施設種類が伝えられ，普及していくことになった．

0.1.2　住宅と施設

　　こうして誕生した施設は，社会制度や社会組織の発達・分化に対応して発展していた側面と，それまで住宅内で家族が担ってきた機能が時代とともに縮小し次第に社会化していく側面の両面からとらえることができる．現代では，国や地方自治体の行政組織に対応した庁舎や，様々な目的に応じて構成される組織に対応した施設が整備されている．一方，それまで住宅の中で家族が行っていた行為が外部化し，それぞれの機能をもった施設としてつくられるようになっている．代表的なものとして，医療施設，教育施設，福祉施設がある．

　　住宅の外部に取り出された機能を担う施設は，住居の近くにあり個人の生活の要求を満たすことが求められるため，地域施設とも呼ばれている．地域施設が提供する機能を段階的に提供するしくみと，近隣住民のまとまりを考えた住宅地の計画理論（近隣住区理論，1924年）[3]が提案され，その後のニュータウンの計画に取り入れられている．

家屋文鏡
奈良県佐味田宝塚古墳から出土したもので，4世紀代の日本の家屋構造を知る貴重な手がかりとなっている．鏡背には，竪穴住居，低床住居，高床住居，倉庫と考えられる高床建築の4種の家屋を文様化し，装飾としている．[1]

図0.1　家屋文鏡

0.1.3　生活の場の多様化

ライフスタイルの変化

　日本人の価値観を内閣府の世論調査[4]でみると，「心の豊かさ」が「物質的豊かさ」を大きく上回り，安定的に推移している．「心の豊かさ」は2002年に約60％で，「物質的豊かさ」は1992年以降30％前後で安定した値を示している．「心の豊かさ」と「物質的豊かさ」の対比という単純な価値観から転換している可能性が指摘されている．

　また，日本は「人生100年時代」を迎えようとしている．ある海外の研究[5]によれば，「日本では，2007年に生まれた子供の半数が107歳より長く生きる」と推計されており，日本は健康寿命が世界一の長寿社会になると指摘されている．

　家族のライフサイクルをみると，「子供扶養期間」が1955年の約25年から2003年の約22年に減少する中で，「3世代同居」の期間は1955年の約19年が2003年には約25年に増加し，「老親扶養期間」も1995年の約10年が2003年には約23年に拡大している[6]（**表0.1**）．核家族化の進行に伴い世帯当たり人員数も減少してきている．さらに，一生独身で通すことへの抵抗感が弱まってきていること等から，男性を中心に生涯未婚率が上昇している．今後，高齢者を中心に単身世帯がかなり増加することが見込まれている．

　また，今後のライフスタイルに大きな影響を与えるものとして，情報通信技術（IT）がある．インターネットの利用者は年々増加し，2019年の利用率（個人）は89.8％となっている．2020年9月末時点のFTTH（光回線サービス）の契約数は3410.4万件で，素早く多くの情報に接することができる環境が整いつつある[7]．ITを生活面にも十分活用できる状況となってきている．

療養・介護の場の多様化

　医療は，高度急性期から慢性期までの病床の機能分化や在宅医療を推進し，介護との連携や多職種協働を強化し，「病院完結型」から「地域完結型」を目指している．また，在院日数の短縮や「治し支える医療」の進展等により，医療依存度の高い患者の医療・看護提供の場が多様化している．全人的ケア*が重視される在宅での医療や訪問看護が一層推進されることが見込まれている．

全人的ケア
近代ホスピスの生みの親であるC.ソンダースは末期がん患者が経験する苦痛のことを「全人的苦痛（トータルペイン）」と呼んだ．がん患者は，身体的な苦痛だけでなく，様々な苦痛を経験する．ソンダースは，この全人的苦痛を次の4つの苦痛に分類している．①身体的苦痛，②精神的苦痛，③社会的苦痛，④スピリチュアルな苦痛．

表0.1　イベント期間別比較[6]　　　　　（単位：年）

イベント期間	江戸時代	1955年	1990年	2003年
出産期間	19.7	6.5	4.0	4.3
子供扶養期間	31.6	24.8	22.3	22.3
直系二世代夫婦同居期間	8.1	20.5	26.7	26.9
三世代同居期間	5.0	18.9	25.0	24.9
老親扶養期間	—	10.4	20.1	22.7
寡婦期間	—	6.1	8.0	8.5

出産期間…結婚から末子誕生の期間，
子供扶養期間…長子誕生から末子学卒の期間，
直系二世代夫婦同居期間…長男結婚から妻死亡（江戸期は夫死亡）の期間，
三世代同居期間…初孫誕生から妻死亡（江戸期は夫死亡）の期間，
老親扶養期間…夫引退から妻死亡の期間，
寡婦期間…夫死亡から妻死亡の期間．

　医療・介護分野においては，高度急性期から在宅医療・介護までの一連の
サービスを切れ目なく提供するために，効率的かつ質の高い医療提供体制
と，地域包括ケアシステムの構築が図られている．この地域包括ケアシステ
ムでは，各地域において，住まい・医療・介護・予防・生活支援が身近な地
域で包括的に確保される体制を目指しており，共助・公助だけでなく，自
助・互助も重視している．

教育の場の多様化

　学校をとりまく問題として，いじめや暴力行為等の問題，不登校児童生徒
数の増加，特別支援学級・特別支援学校に在籍する児童生徒数の増加等，多
様な児童生徒への対応が必要な状況となっている．こうした問題はますます
複雑化・困難化しており，質的な面でも量的な面でも教員だけで対応する
とが，難しくなってきている．また，児童生徒が自ら課題を発見し，解決に
向けて主体的・協働的に学ぶ学習の充実等，授業革新を図っていくことが求
められている．

　なかでも，共生社会の形成に向けて，障害者の権利に関する条約に基づく
インクルーシブ教育システムの理念が重要視されており，その構築のための
特別支援教育の整備が課題となっている．インクルーシブ教育システムにお
いては，同じ場でともに学ぶことを追求するとともに，個別の教育的ニーズ
のある幼児・児童生徒に対して，自立と社会参加を見据えて，その時点で教
育的ニーズに最も的確に応える指導を提供できる，多様で柔軟なしくみを整
備することが重要となる．小・中学校における通常の学級，通級による指
導，特別支援学級，特別支援学校といった，連続性のある「多様な学びの
場」を用意しておくことが求められている．

サード・プレイス

　アメリカの社会学者レイ・オルデンバーグは，その著書『ザ・グレート・
グッド・プレイス』[9] の中で，サード・プレイスの重要性を論じている．
「ファースト・プレイス」をその人の自宅で生活を営む場所，「セカンド・プ
レイス」は職場，おそらくその人が最も長く時間を過ごす場所．「サード・
プレイス」はコミュニティライフの「アンカー」ともなるべき場所で，より
創造的な交流が生まれる場所と定義している．オルデンバーグは，こうした
非公式の出会いの場所が，現代社会では重要であると指摘している．

0.2　建築計画

　建築学の中には，建築史学や建築構造学とともに建築計画学という学問領
域がある．建築計画とは，「人間の生活，行動，意識と，空間との対応関係
をもとにして建築を計画するアプローチ」（建築大辞典）と定義されている
が，そのとらえ方は研究者によって種々さまざまである．そもそも，近代建
築の導入にあたり，建物を設計するための基礎となる技術を蓄積していくこ
とから始まった研究分野であるが，今日，その内容は，人間工学，建築生産，
環境心理，環境行動の領域にまで拡がりをみせている．ここでは建築計画と

いう領域のこれまでの変遷をたどり，近年の研究領域についてみていこう．

▌0.2.1　建築計画学

　昭和初期の計画研究で注目すべきは，西山夘三による住宅研究である．西山は，住宅の研究といえば大邸宅の研究といわれる時代に，長屋を中心とした庶民住宅に着目した．そして，数多くの住み方調査を行い，居住者の住要求を探るとともに，平面型や住宅規模と生活との関係を分析し，食寝分離論をはじめとする数多くの論文を発表した．

　西山は，住宅営団に技師として在任中から庶民住宅の調査を行うとともに，庶民住宅の建設に関する規格設計立案に参画した．実態調査による現状認識から，計画・設計を実践し，それらを具現化していくプロセスを自ら示したのであった．西山のこれらの研究は，生活と空間の対応関係に着目する今日の建築計画学の基礎を築いた．さらに，研究で得た知見を自ら実践へフィードバックしていくやり方は，その後の計画研究に大きな影響を与えた．

　第二次世界大戦後のしばらくの間は，戦災による住宅焼失，都市への人口集中，復員等による住宅不足が深刻な社会問題となっていた．そのため，研究者の関心は住宅に集中することになった．戦前の西山夘三の研究に影響を受けた吉武泰水らは，庶民住宅の住まい方の研究をさらに発展させていった．これらの研究成果は，当時の公営住宅の標準設計に盛り込まれた．いくつかの標準設計の作成過程の中で，今日のnDK型の原型となる住戸平面型が提案された．

　その後，研究の対象は，都市住宅から農村住宅へ，さらには，学校・幼稚園・病院・図書館等の公共施設に拡がりを見せた．これらの施設は，ともに生活に関連が深く，数多く建設されるという共通の性格をもっており，必然的に研究対象に選ばれるようになった．また，そうした施設の機能やそこでの生活が，戦後大きく変化したため，これらの施設に対する研究への関心が高まっていった．施設種類別の研究は，「空間と人間の関わりの間にある法則性を見いだす」という共通の手法がとられた．建物利用者の分析や利用実態調査が行われ，分析の段階では統計学等の数理的な解析方法も導入された．これが，いわゆる「使われ方研究」という手法である．

　吉武は，こうした施設種類別の建築計画研究を進める一方で，各種施設の利用実態を量的に把握し，確率論を用いて各種の規模を決定する方法論を確立した．それらの手法によって，学校や映画館の便器の個数，エレベータの台数，病院の手術室数等，施設種別を横断的に取り上げる研究に発展させた．一連の研究は「建物の使われ方に関する建築計画的研究」（吉武，1964）[10] としてまとめられている．この研究を起点に各種建物別の研究が飛躍的に発展を遂げることとなった．

　施設別の計画研究手法が確立されるに従い，その対象もますます拡がっていった．1950年代中頃からは，施設単体のあり方を考えるだけではなく，いくつかの施設相互の関係や施設の配置単位等の研究が始められた．これが地域施設計画と呼ばれる分野に発展し，後に地域人口推計の方法論等の都市計画

との境界領域への展開が見られるようになった．一方，この時期から，建築空間の分析や建築空間における人間の心理・知覚に関する研究が試みられるようになった．清家清らの「視空間における高さの認識について」(1958 年)[11] や小木曽定彰らの SD 法による色彩知覚の実験（1961 年)[12] 等が発表されている．これらの研究は，実践的生活側面を対象とした使われ方研究に対して，計画学を学問として体系付けるための基礎研究としての役割を意識していた．

　また，欧米をはじめとして，モデュラーコーディネーションの考え方が急速に高まったことに呼応し，建築生産の工業化に対応した研究が盛んに進められるようになった．これらの研究は，建築生産の問題と同時に空間の規模や設計方法等も考慮しているところに特色があり，その後，建築構法という領域に発展している．

　このように，戦後の建築計画研究は，使われ方研究の手法の確立を起点に，その研究対象を拡げ，さらに，実態を質的に把握する側面，計量的に把握する側面がそれぞれ個別の独自の領域として細分化していった．

▌0.2.2　建築計画研究の対象領域

　建築計画の研究は，主として 2 つの対象領域から知見を蓄積してきた．1 つは建築と人間との関わり方（実態の領域）であり，もう 1 つは，建築の設計・計画の方法（方法の領域）に分類される[13]．建築と人間との関わりの実態をとらえる領域では，1) 建物の種類別に人間生活と建築空間の関係を考えるもの，2) 人間の生活行動を中心に考えた生活圏，あるいは生活領域研究と呼ばれるもの，3) 施設を中心に考えた地域施設配置計画研究等がある．一方，建築の設計・計画の方法をとらえる領域では，1) 建物の建築形式，平面・配置・形状等の分析や，2) 寸法（階段や便所の大きさ）・規模・動線・群集流動等の建物の種別に関係なく共通する基礎的問題を取り扱う研究等がある．

0.3　社会的背景

▌0.3.1　人口の動向

人口減少

　日本の総人口は，2004 年 12 月に 12,784 万人でピークを迎え，その後減少に転じている．2050 年には，9,515 万人まで減少すると見込まれている．65 歳以上の高齢者人口は，1970 年代以降，年々増加を続け，1990 年に 12.1 ％であった高齢化率は 2019 年には 28.4 ％に達している．一方，1 人の女性が生涯に産む平均子供数を推計した合計特殊出生率は，2006 年の 1.26 を底として 2015 年には 1.45 となり，2016 年が 1.44，2017 年が 1.43，2018 年が 1.42，2019 年が 1.36 と 4 年連続で低下し続けている．そのため，日本の人口減少は続き，その減少幅は大きくなると見込まれている（**図 0.2**）．

高齢者数の増加

　国立社会保障・人口問題研究所によれば，2035 年までは 85 歳以上人口の大幅な増加が続くとされている．85 歳以上人口の全人口に占める割合は

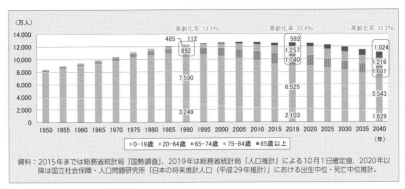

図0.2　年齢階級別人口推移[14]

1990年には1％に満たなかったが，2019年には
4.7％（592万人），2040年には9.2％（1,024万
人）に達すると見込まれている（**図0.2**）.

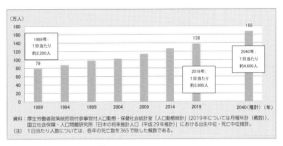

図0.3　死亡数の推移[14]

　さらに，死亡数は増加の一途をたどり，2040
年には約168万人の死亡が見込まれており，これ
は1989年の約79万人の2倍を超える水準となる
（**図0.3**）. 85歳以上人口の増加と死亡数の増加
は，今後の医療や介護のあり方にも影響を及ぼす
と考えられる.

地域ごとの人口動向

　全国的な人口減少が見込まれているものの，都道府県別にみるとその動向は
一律ではない. 20〜64歳人口と65歳以上人口について，都道府県ごとに
2015年を1とした場合の2040年の指数をプロットした**図0.4**を見ると，20
〜64歳人口と65歳以上人口のいずれも減少する県（7県）と，20〜64歳人
口は減少するが65歳以上は増加する都道府県（40都道府県）に分かれる.
特に，後者の中には，2015年と比較して65歳以上人口が2割以上も増加す
る都県もあり，年齢別人口構成の多様化が見込まれている.

市区町村の人口規模

　市区町村単位で人口をみると，人口減少に伴う小規模化が進んでいる.
1990年当時，3,435の市区町村のうち，人口5千人未満は17.4％であった
が，平成の大合併*等を経て，2015年には14.8％まで減少した. 現状の市
区町村が今後も維持されるという前提の下で将来推計人口による人口規模別
分布をみると，人口5千人未満の自治体が2040年には全体の約4分の1を
占めると見込まれている（**図0.5**）.

世帯構造および世帯類型の状況

　1世帯あたりの人員の推移をみると，1990年の2.99人から2015年の2.33
人までの減少がみられ，この間，世帯人員1人，2人の世帯が増加してきた
ことがわかる（**図0.6**）. 国立社会保障・人口問題研究所によれば，2040年
における1世帯あたりの人員は2.08人まで減少すると推計されている.

平成の大合併
1999年改正の旧合併特例法に
基づき，2005年頃をピークに
全国で進められた市町村合併.
行政の効率化等を目指し，自治
体の返済の負担を軽減する合併
特例債の活用等の手厚い優遇策
が盛り込まれた. 総務省による
と，1999〜2010年に649件の合
併があり，市町村数は1999年の
3,229から，2010年には1,727
に減った.

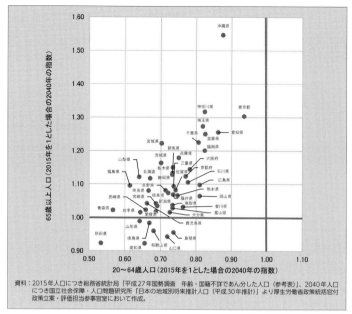

資料：2015年人口につき総務省統計局「平成27年国勢調査　年齢・国籍不詳であん分した人口（参考表）」、2040年人口につき国立社会保障・人口問題研究所「日本の地域別将来推計人口（平成30年推計）」より厚生労働省政策統括官付政策立案・評価担当参事官室において作成。

図0.4　都道府県別人口の増減（2015年から2040年）[14]

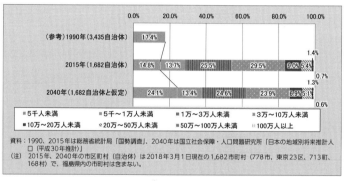

資料：1990、2015年は総務省統計局「国勢調査」、2040年は国立社会保障・人口問題研究所「日本の地域別将来推計人口（平成30年推計）」
（注）　2015年、2040年の市区町村（自治体）は2018年3月1日現在の1,682市町村（778市、東京23区、713町、168村）で、福島県内の市町村は含まない。

図0.5　市区町村の人口規模別分布[14]

児童生徒数の変化

　少子化に伴い児童数の減少も続いている．小学校の児童数は，団塊の世代が小学生だった1958年の約1,349万人が最多で，その後は減少し，1968年に約938万人まで減少した．その後，第二次ベビーブームと呼ばれる団塊の世代の子どもたちが小学生になる1981年までは増加し，約1,192万人となった．その後は，現在まで，毎年約1.5％程度の減少が続いており，2019年には約637万人となっている（**図0.7**）．

0.3.2　社会保障

日本の社会保障

　私たちはそれぞれが自立した暮らしを営んでいるが，病気やけが，加齢や障害，失業等により，自立した生活を維持できなくなる事態が生じることもある．こうした個人の努力だけでは対応できないリスクに対して，相互に連帯して支え合い，それでもなお困窮する場合には必要な生活保障を行うの

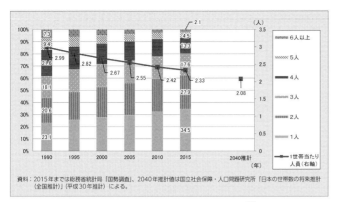

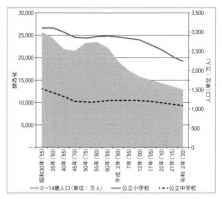

図 0.6 世帯人員数別世帯構成と 1 世帯あたり人員の推移[14]　　**図 0.7** 0〜14 歳人口と公立小中学校数の推移[15]

が，社会保障制度である．社会保障制度は，「社会保険」「社会福祉」「公的扶助」「保健医療・公衆衛生」を総称したものである．以下，日本の社会保障の概要をみていこう．

　「社会保険」は，病気やけが，出産，死亡，老齢，障害，失業等生活の困難をもたらす様々な事案に対して，一定の給付を行い，人々の生活の安定を図ることを目的とした，強制的に加入する保険制度である．日本では，1961年以降すべての人が公的な医療保険に加入することになっており，国民皆保険制度といわれている．医療以外にも，年金保険，労働保険，介護保険等の制度が定められている．

　「社会福祉」は，児童，母子，心身障害者，高齢者等，社会生活を送る上で障害を負った人々に対して，その障害を克服して安心して社会生活を営めるように公的な支援を行う制度である．支援を必要とする社会的弱者が心身ともに健やかに育成され，能力に応じて自立した日常生活を営むことができるように支援するとともに，救貧・防貧の機能も果たしている．社会福祉六法と呼ばれる，生活保護法，児童福祉法，母子及び父子並びに寡婦福祉法，老人福祉法，身体障害者福祉法，知的障害者福祉法が定められている．

　「公的扶助」は，生活に困窮する人々に対して最低限度の生活を保障し，自立を支援する制度である．憲法第 25 条（生存権の保障）を具体化した生活保護制度は生活に困窮するすべての国民に対し，その困窮の程度に応じて必要な保護を行い，健康で文化的な最低限度の生活を保障するとともに，その自立を助長するとしている．

　「保健医療・公衆衛生」は，人々が健康に生活できるよう様々な事項についての予防・衛生のための制度である．健康診断，感染症予防対策，公害対策，ペットの保護等制度が定められている．

　このように社会保障制度は，私たちを生涯に渡って支え，基本的な安心を与えるセーフティネットの機能をもっている．

住まいのセーフティーネット関連法規

　住まいをとりまく社会経済環境が激変し，生活基盤となる住まいの確保や維持に困難を抱える住宅困窮者の問題が顕在化してきた．そのため，住宅政策の中にもこうした問題への対応が求められるようになった．ここでは，住

まいのセーフティーネットに関連する3つの代表的な法律を見ていくことにする.

2006年に施行された住生活基本法は,日本の住宅政策の基本方針を定めた法律である.それまでの住宅建設計画法（1966年）に対して,1990年代以降の人口減少・高齢少子化の進展と社会経済状況の変化を受けて,住宅政策の「量」から「質」への転換を図るためにつくられた法律である.この法律では,「住生活の基盤である良質な住宅の供給」「良好な居住環境の形成」「居住のために住宅を購入するもの等の利益の擁護・増進」「居住の安定の確保」の4つの基本理念が謳われている.住まいのセーフティーネットに関しては,第1章第六条「居住の安定」に「住生活の安定確保及び向上の促進に関する施策の推進は,住宅が国民の健康で文化的な生活にとって不可欠な基盤であることをかんがみ,低所得者,被災者,高齢者,子どもを育成する家庭その他住宅の確保に特に配慮を要する者の居住の安定確保が図られることを旨として,行われなければならない」と規定されている.

住生活基本法の第六条の理念を受けて制定された法律が,住宅確保要配慮者に対する賃貸住宅の供給の促進に関する法律（住宅セーフティーネット法,2007年施行）である.この法律では,住宅確保要配慮者（低額所得者,被災者,高齢者,障害者,子どもを育成する家庭,その他住宅の確保に特に配慮を要する者）に対する賃貸住宅の供給の促進に関する施策の基本となる事項等を定めることにより,住宅確保要配慮者に対する賃貸住宅の供給の促進を図り,国民生活の安定向上と社会福祉の増進に寄与することを目的とする,としている.2017年に改正された現行の制度は,主に①住宅確保要配慮者向け賃貸住宅の登録制度,②登録住宅の改修や入居者への経済的支援,③住宅確保要配慮者の居住支援,で構成されている.

高齢者が安心して生活できる居住環境の整備を目指して2001年に施行された法律が「高齢者の居住の安定確保に関する法律（高齢者住まい法）」である.この法律では,高齢者の居住の安定に関する基本方針や,都道府県が基本方針に基づき高齢者の居住安定に関する計画を策定することが義務付けられている.高齢者世帯数の急激な増加や,高齢者住宅不足などを背景に,2011年に全面改正された.この改正により「高齢者円滑入居賃貸住宅（高円賃）」「高齢者専用賃貸住宅（高専賃）」「高齢者向け優良賃貸住宅（高優賃）」が「サービス付き高齢者向け住宅」として一本化された.

0.3.3 ストック活用社会
住宅ストックの現状

日本では戦後の住宅難の時代から高度成長期にかけて,住宅の量的整備が課題とされ,大量生産・大量販売が可能となるプレハブ住宅の開発等,様々な取り組みがなされてきた.その結果,1968年には総住宅数が総世帯数を上回り,その後も世帯数の増加を上回る増加率で住宅数が増え続けている.総務省の住宅・土地統計調査によれば,2018年現在の総世帯数が約5,400万世帯に対して,総住宅数は約6,241万戸で,総世帯数に対して住宅数は約

16％上回り，量的には充足した状況となっている（**図0.8**）.

　一方，この総住宅数（住宅ストック）のうち約13.6％に当たる約849万戸が空き家とされている（**図0.9**）. 空き家の総数は，この20年で約1.5倍（576万戸から849万戸）に増加しており，空き家の増加が深刻な問題となっている.

建築物の長寿命化

　循環型・低炭素社会の実現に向けて，「スクラップ＆ビルド」というフロー型社会から，省資源なストック型社会への移行が求められており，建築物の長寿命化に対して高い関心が寄せられている. 2009年には「長期優良住宅の普及の促進に関する法律」が施行され，国や関係各機関でも，建築物の長寿命化の実現・普及に向けた施策や基準づくりを進めている. この法律では，一定の性能基準等を満たす住宅を「認定長期優良住宅」とするもので，認定を受けることによって税制の優遇措置が適用される等，その普及を目的とした支援がなされている.

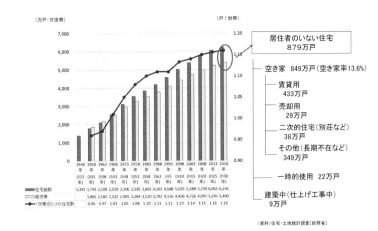

図0.8　住宅数，世帯数，一世帯あたりの住宅数の推移[16]
（注）世帯数には，親の家に同居する子供世帯と住宅以外の建物に居住（2013年＝約35万世帯，2018年＝約39万世帯）を含む.

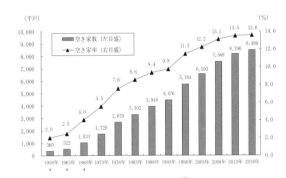

図0.9　空き家数および空き家率の推移[17]

　また，2012年には「都市の低炭素化の促進に関する法律（エコまち法）」が施行され，低炭素まちづくり計画の策定，集約都市開発事業，樹木等管理協定，低炭素建築物の認定等について定めている.

0.4　本書のねらいと特色

　ここまでみてきたように，私たちの暮らしをとりまく状況は「多様化」の流れの中にあり，住まいも施設も同様に多様化してきている. また，人口減少，高齢少子化，都市部への人口の偏在化等に対応するために，これまでの施設の計画論を見直す転換期を迎えている. そのため，これまでの建築計画の教科書では，こうした住まいや施設を理解することが難しくなっている.

　そこで，本書は，暮らしと制度との関わりが深い住宅，福祉施設，高齢者施設，医療施設，教育施設に対象を絞り，多様化が進む住宅と施設について詳しく解説することを目的とした. 建築初学者を念頭において，それぞれの施設の歴史的な発展の経緯をたどり，関連する制度についても概説する. 続いて，各施設の現代的な施設計画について，具体的な事例を示しながら，そのポイントを解説する. そして，各施設の今日的な課題や今後の展望について説明する構成となっている.

　　また，今日的な課題を横断的に把握するための共通項目に触れつつ，それぞれの施設の理解を深めていく構成とした．本書は，建築計画を専門とする研究者が，これまでの建築計画研究の成果を基盤に各建物種別を解説しているため，各章はそれぞれに異なる構成となるが，共通項目として以下の7つを設定した．

- 1) **利用者の視点**：施設の利用者（管理者・スタッフ・教師・子ども・患者・入所者等）が使いやすい施設を計画するためにどのような工夫がなされているか．本当に利用者の代弁者となって計画がなされているか．
- 2) **災害・防災**：災害時の対応，防災対応としての計画がなされているか．
- 3) **地域**：地域住民や他施設との連携をどのように考えて計画しているか．
- 4) **設備・物品**：新しい設備や物品の導入に対して，どのような計画がなされているか．
- 5) **環境工学**：施設内の温熱環境・採光・通風・自然エネルギー活用について，どのような工夫や計画がなされているか．
- 6) **改修事例**：ストック活用社会への対応として，老朽化した既存施設をどのような方法で改修しているか．
- 7) **海外事例**：同種の施設を海外ではどのように計画しているか．

参考文献

1) 宮内庁所蔵資料詳細「家屋文鏡」, https://www.kunaicho.go.jp/culture/shoryobu/syuzou-r04.html, 閲覧日：2021年5月12日.
2) Pevsner, N.：*A History of Building Types*, Bollingen Foundation, 1979.
3) Perry, C. A.：近隣住区論──新しいコミュニティ計画のために, 鹿島出版会, 1975.
4) 内閣府政府広報室,「国民生活に関する世論調査」の概要, 2018, https://survey.gov-online.go.jp/r01/r01-life/2-2.html.pdf, 閲覧日：2021年11月7日.
5) Human Mortality Database, University of California, Barkeley and Max Planck Institute for Demographic Research, https://www.mortality.org, 閲覧日：2022年1月9日.
6) 国土交通省：第7回ライフスタイル・生活専門委員会 国土交通省提出資料, https://www.mlit.go.jp/singikai/kokudosin/keikaku/lifestyle/7/shiryou3-2.pdf, 閲覧日：2021年5月12日.
7) 総務省：通信利用動向調査, 令和2年度, https://www.soumu.go.jp/johotsusintokei/statistics/statistics05.html
8) 株式会社MM総研：ブロードバンド回線事業者の加入件数調査（2020年9月末時点）, https://www.m2ri.jp/release/detail.html?id=467, 閲覧日：2021年5月12日.
9) Oldenburg, R.：*The Great Good Place*, Marlowe & Company, 1991.
10) 吉武泰水：建築計画の研究　建物の使われ方に関する建築計画的研究, 鹿島研究所出版会, 1964.
11) 清家　清, 谷口汎邦：視空間に於ける高さの認識について：見え方の研究, 日本建築学会論文報告集, (60), 1958.
12) 小木曽定彰, 乾　正雄：Semantic Differential（意味微分）法による建物の色彩効果の測定, 日本建築学会論文報告集, (67), 1961.
13) 服部岑生：建築計画学とその方法,（新建築学大系23 建築計画）, 彰国社, 1982.
14) 厚生労働省：令和2年版厚生労働省白書, https://www.mhlw.go.jp/content/000735866.pdf, 閲覧日：2021年6月1日.
15) 文部科学省：令和2年度学校基本調査, https://www.mext.go.jp/content/20200825-mxt_chousa01-1419591_8.pdf, 閲覧日：2021年6月8日.
16) 国土交通省：住宅事情の変化と現状, https://www.mlit.go.jp/common/001036700.pdf, 閲覧日：2021年6月1日.
17) 総務省：平成30年住宅・土地統計調査結果の概要, https://www.stat.go.jp/data/jyutaku/2018/pdf/kihon_gaiyou.pdf, 閲覧日：2021年6月1日.

第1章

住まい
―個の住まい，共の住まい，公の住まい―

安武敦子

1.0 はじめに

住まいはビルディングタイプのなかで最も根源的なものといえる．風雨に耐えるシェルターであり，子を育み親を看るといった私的な行為を包む皮である．しかし世界中を見るとその形は様々で，それぞれの地域に住まいの文化があり，家族観や宗教観を表し，所有制度，供給方法，住まいの役割等が異なっている．

日本だけを見ても，住まいは戸建て住宅や集合住宅にとどまらず，古民家のリノベーションであったり，他人とシェアしたり，固定の家をもたない暮らし方等作り方や所有のし方にも幅がある．住まいの中身も日本的な住まいの遺伝子をもつもの，世界中の多くの住まいに関する情報から取捨選択したものが見られる．

都市の構成要素としての位置付けも認知されるようになってきた．明治時代に形成された個人の敷地内は何をしてもいいという認識は変わってきており，周辺景観と調和した住まいが少しずつ増えている．

さらに2020年の新型コロナによって，在宅ワークのために仕事場が住まいに求められるようになった．在宅ワークはこれまでの「都心から近い」「駅から近い」といった立地の優位性を薄めた．二地域居住も特定の人だけの暮らし方ではなくなりつつある．住まいに滞在する時間が長くなり，住まいを含む地域の住環境を考える機会が増え，住まい周辺の公園，カフェ等周囲を緩やかに領域化している人々が増えた．そのため周辺地域も含めて住環境ととらえ，管理や運営に参加するフェーズが近づいている．

ここでは今に至る住まいの変遷を辿り，現在の居住の広がりを見ながら，住まいを語れるようになってもらいたい．

1.1 住宅のなりたち

住まいは風土と密接に関わり，太古より天候や外敵から身を守るために地域ごとに独自に発展し，制度や流行の影響を受けながら変化をしてきた．そこには受け継がれる住文化の遺伝子を見出すことができる．現在ある様々な住まいを理解するため，住文化や制度を理解しよう．

1.1.1 中世にみる住まい

ヨーロッパの家具は重い．動かすことよりもその場に固定し，空間の構成要素として部屋を形作っている．一方で日本の畳（と座卓や座布団）は使う人数や使い方によって自在にレイアウトできる．中世の絵巻を見ると板間と柱からなる建物があり，可動のしつらえをセッティングすることで用途に合わせた場を形づくっている様子がわかる（**図 1.1**）．畳も床（とこ）も置くだけの可動式で，仕切りは御簾（みす），衝立等で構成される（**図 1.2**）．住まいは儀式の場でもあった．また外と家（内）は連続するものであり，庭と一体的に使う等外部と呼応し，庭，さらには山並み等を借景として取り込みながら住まう文

図 1.1 源氏物語の一場面[1]
柱と床からなり，奥の方では置き畳に座っている．建具でしつらえを変え，シーンに合わせることができる．

図 1.2 京都御所
間仕切りや遮光等のための御簾が見える．ウチとソトの境界が緩やかである．

化があった．日本は四季があるため季節に対応して間仕切り等の建具を変えて，調節しながら生活していた．

中世の儀式の場をもつ住まい像はその後も続き，戸建て住宅では戦後までケ（日常）に加え，住まいで冠婚葬祭（ハレ）を行った．可変性，特にハレの場では広さが求められるため，取り外し可能な間仕切りが必要であった．襖や障子といった間仕切りは今なお継承されている．

社会人類学者中根千枝は個人と家族と地域の関係が社会によって異なることを模式化した（**図1.3**）．日本は個の空間がなく，家の空間は機能で分かれ，家族全員で利用しているとし，家族内でのプライバシー観念は低い．それに対してイギリスは住まいのなかに個人の空間がしっかりとあり，家族とは家族の場（リビング等）が用意されている．インド・イタリアは共通の場が重要で，大半をそこで過ごす．

日本では近代化のなかでプライバシーの概念が入り，1970年代頃から子供部屋が確立し，現代の住まいでは個の空間が増えている．

1.1.2　格式としての座敷の誕生と広がり

中世の貴族の住まいである寝殿造*は武家の書院造へ変化し，書院造は武家の住宅が確立するなかで広く用いられるようになった．書院とは床の間の横に付けられた出窓のところを指し，明かりが採れるため元々は読み書きする場所で，書院のある部屋は主の居室であった．しかし書院の機能はだんだん形骸化し，床の間や違い棚のある床脇とセットになり定型化した接客空間として家の格式を象徴する場となっていく（**図1.4**）．江戸時代の，大棟梁平内家の家伝書『匠明』に「接客の部，家之子郎党の部，家族の部，の3つに区分せよ」とあるように，接客部分である座敷は家を代表する要素となっていた．さらに座敷は江戸時代を通して農家の名主や庄屋層にも取り入れられ，明治以降庶民の住まいにも拡がった．座敷の象徴である床の間はどんな小さな家にも見ることができ，半間しかない床や，釣床や織部床といった簡略化した床が，公営住宅やアパート，炭鉱住宅においても見られた．しかし現在，床の間のある家は減少し，家格を表す場ではなくなりつつある．

日本式

イギリス式

インド・イタリア式

図1.3　家族成員の配置と動き方[2]

寝殿造

10世紀以降に登場する貴族の邸宅で，壁を用いず開放的なことが特徴である．長くいわれていた南側に池を配置し，中央の寝殿に対して東西に対の屋を配すといった構成は現在では否定されている．

図1.4　定式化した床の間と簡略化された床の間
左は吉島家（岐阜県）床の間．床の間は本床で，左に付書院，右に床脇棚がある．右は戦後の1948年に作られた公営住宅の床の間．織部板があるだけの簡素な造りだがしつらえとして計画された．

図 1.5　農家の屋敷構成
山間の集落にある農家（新潟県）．桁行 13 m 梁間 8.2 m の寄棟造茅葺で，馬屋を内包していた．屋敷林が囲み，雪深いため池は融雪に使用する．

浜口ミホ
日本の女性建築家の第一人者．著書『日本住宅の封建制』[5] のなかで，男女差別，家長制度，不合理な因習を批判．生活に則った住まいを提案し続けた．床の間を廃止し，台所空間を表に移動させるなど，家族本位にすることを述べている．

1.1.3　近世以降の民家農家

　民家は農家，町家，漁家に大別できる．農家は家々が近接する塊村や通りに沿って並ぶ列状村，田畑のなかに分散する散居村等集落形態はいくつかのタイプがあり，個々は屋敷を構え，周囲に屋敷林を配し，庭は納屋や蔵等の付属屋や観賞用の庭，菜園等からなる（図1.5）．

　母屋（主屋）は木造の平屋が主流で，屋根は茅等草葺きであった．室内は土間と床上空間からなり，馬屋を棟続きにした南部曲り家，土間が独立する分棟型等もある．

　土間は台所であり，農作業の場でもある．床上部分は田の字に区切る四間取型（図1.6）が多く，その他三間取ともいわれる広間型等がある．部屋と部屋は建具で仕切られることが多い．住まいにはハレとケの空間があり，ハレの空間である座敷が南側の奥に置かれ，座敷を含む南側の 2 室は板戸や襖で仕切られ，冠婚葬祭の際は続き間として一体として使用された．ケの中心である居間は土間と連続して，そして寝室は北側の納屋等があてられた．床上部分は板敷から畳敷へと移行する．

　座敷は環境条件の良い南側の奥に置かれ，一方，家族の場である居間や寝室は北側に置かれたものが多い．戦後の民主化のなか浜口ミホ* は，南側に日常使用しない接客の部屋を置いておくことはナンセンスだと考え，南側に家族の場をおくことを提案した．しかしこの考えはなかなか受け入れられなかった．

図 1.6　農家の間取り
新潟県長岡市，江戸時代の四間取の農家．土間では馬を飼っていた．土間側のヒロマやチャノマは当初板敷であった．床の間の設置時期は不明．

コラム　世界のヴァナキュラーな住まい --

　ヴァナキュラー（vernacular）は土着の，風土の等に訳される．地形や気候といった自然や慣習に即して伝統的に築き上げられてきた民族固有の住まいに使われることが多い．

　日本では 1926 年に民芸運動が始まり，日常的な生活のなかの「用の美」を見出す運動がムーブメントを起こした．『日本農民建築』（1934 〜 1943 年）をまとめた石原憲治は民家が「その地の習慣，民度，気象条件に合った理想的な作り」であることに着目していた．

　建築家で著述家のバーナード・ルドフスキーは 1964 年に「建築家なしの建築」展を開き，のちに書籍化した．ルドフスキーは水上の住まいや地中の住まい，一夫多妻制の住まい等様々な国のヴァナキュラーな建築や集落を紹介している．著書は単なる紹介本ではなく「無名の工匠たちの哲学と知識が産業社会の人間に建築的霊感の豊かさで未知の源泉をあたえる」とヴァナキュラーな住まいへの畏敬の念を示し，当時の自然を克服できるという傲慢な建築に対する批判が見える．「建築家なしの建築」は，長年培われた伝統的な建築への敬意と，自然と科学が共存する建築が模索される契機を多くの建築家に与えた．

　同時代に日本では 1966 年から 10 年間，文化庁主導で日本の「民家緊急調査」が行われた．調査の不完全さも指摘されるが，これによって多くの住宅が文化財として指定され保護される契機となった．

町家（屋）

　町家はグリッド状の道路に面して建つ長屋型の都市住宅である．鎌倉時代にかけて都市が形成されるに伴い，生まれた．中世までの町家は敷地にゆとりがあり，菜園をもつものもあった．近世になると地割の影響を受け，通りに面して間口は狭く，奥行きの長い形状になる．細長い敷地に対して，道側にミセを構え，奥に居住のための空間を設け，通り土間（通り庭）で表と奥をつなぐ（**図1.7**）．また主屋には採光や通風のための坪庭が配置され，坪庭は隣りと連担することで環境を保ってきた（**図1.8**，**1.9**）．

　現在町家は都市部という立地で，高い容積率が設定されているため，大通りに面するものから次々に壊されている．一方で町家に価値を見出してリノベーションを行いゲストハウスや店舗等新たな使い方をしたり，平成の京町家*をはじめ現代的な町家の提案も見られる．

平成の京町家[6)]
2016年度京都観光総合調査によると京町家は約4万軒，うち空き家は5,800軒，過去7年間で5,600軒が消滅している．建て替えを受容しつつ，従来の地割や町家の知恵を生かし，現代的な技術を融合した「平成の京町家」は新しい技術で住宅性能を上げつつ，景観や人付き合いの継承を意識した住まいとして提案・建設された．

図1.7　通り庭
通り庭の奥に台所があり，上部にはその熱気や煙を逃がす火袋と呼ばれる吹き抜けがある．火災のときには火袋によって火が上に回り広がらない．

図1.8　京都四条河原町の街並み
（京都市景観まちづくりセンター復元模型，境界と庭を点線にて加筆）
環境的に不利な細長い敷地条件を克服するために庭を配置し，周辺と位置を揃えることで効果を上げている．

図1.9　町家の坪庭を見る
無名舎（京都市）
明かり取りや風の通り道として機能している．

1.1.4　近代の住まい

西洋のスタイルの受容

　1858年に鎖国が解かれ海外との交易が一気に拡大すると，海外要人との交渉や接待を行う場が必要になった．洋式スタイルの拡大は明治天皇の御幸

図1.10 和館と洋館の併設
旧松本邸（北九州市）は和風の日本館と洋館（1912年竣工）が併存する．ほか岩崎邸（東京都台東区）等上流階級の住まいに見られる（Google Earth より）．

図1.11 洋館付き住宅
和風の母屋の玄関脇（右手）に洋間が付いている（福岡市）．

の際，洋装のためにイス座が求められたことも一因といわれる．初期の対応としては伝統的な和風の住宅は生活のスペースのために残し，接客のために新たに洋館を建設するというものであった（**図1.10**）．また居留地を中心に外国人のための洋館が次々と建設され，これまでにないスタイルが身近なものとなった．建築家も試行錯誤しており，武田五一は西洋館（1907年）でアールヌーヴォーを取り入れ，洋式を基調としながら座敷を作っている．

洋館の建設は一部上流階級に限られていたが，大正時代から昭和の初期にかけて和式の住宅の前面の玄関脇に洋室を付属させる洋館付き住宅が登場する（**図1.11**）．外観が洋館型の部屋は姿を消していくが，玄関脇に洋間を設え，ソファセット等を置いた住宅は戦後しばらく見られる．

中廊下型住宅

間取りでは明治期に，伝統的な四間取を廊下で分ける中廊下型住宅が登場する．ほかの部屋を通らずに各部屋にアプローチすることができ，各部屋の独立性（プライバシー）が高まった．当初は伝統的な続き間を残したものであったが，オモテの座敷の位置に茶の間を配置したものも提案された（**図1.12**）．大正時代になると接客本位より家族本位をという主張が現れ，住宅改良会（1917年）や生活改善同盟会（1920年）は，家族本位でさらにイス座の設計競技を実施し，間取集が出版された．1922年の平和博覧会には家族の場を重視した居間中心型住宅が提案される（**図1.13**）．しかしこの間取りは世間ではあまり受け入れられなかった．

都市型住宅

集合住宅における近世来の木造長屋形式からの変化の第1号はT.ウォートルスによる銀座煉瓦街である（**図1.14**）．T.ウォートルスは銀座大火の後，不燃の洋風建築として銀座煉瓦街を計画，レンガ製造のための窯をつくること

コラム　日本の和室

伝統的な民家は高度経済成長期を通して失われ，その代表的な空間であった和室，和室の象徴である座敷は減っている．座敷をもつことは江戸時代から明治時代にかけて広まり，第二次世界大戦後も長く支持された．高度経済成長期の初期のプレハブ住宅にも座敷的な部屋が提案されている．図は1970年代に販売されたセキスイハイムのユニット住宅 M-1 である．

集合住宅では別の理由で和室をもつものが見られる．集合住宅では戸数をかせぐためフロンテージセーブ（間口を狭く奥行きを長くする）した縦長の住戸が供給されることが多く，住戸中央に無窓居室になる部屋が生じる．そこを和室とし，窓側の部屋と随時開放できる襖等で仕切ることで2室を1室としてみなせば法規をクリアできることによる．

総量として畳の消費量は減少している．ただし，畳のある部屋をもつ住宅はいまだ7割を超え，近年微増傾向にある等[5]，日本の伝統的な空間や要素が現代的な観点から見直されている．

セキスイハイム　M-1[14]
2階の和室には床の間が備え付けられた．

『住宅』誌競技設計1等当選案 設計：剣持初次郎 1917

図1.12 中廊下型住宅の間取り[7]

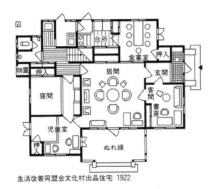

生活改善同盟会文化村出品住宅 1922

図1.13 居間中心型住宅の間取り[7]

からはじめ，1873年に2階にバルコニーのある店舗併用住宅を建設した．当時の図面は尺貫法であった．

明治期の産業革命による都市部への資本集中に伴い，労働者用の住宅需要が増えていく．丸の内では三菱が一丁倫敦と名付け，レンガ造のオフィスを建てるなか，集合住宅も建造された．住宅は6・7号館の2棟で，1904年に建設された．積層型ではなく長屋形式で，半地下に台所や使用人の部屋，1階に居間，2階に寝室，1階の裏手に浴室があった．図面には「八畳」等和式の部屋の記載があり，和室を主体に尺貫法で計画された．建設にあたってはレンガ造のためフィートへ換算された．

図1.14 銀座煉瓦街の街並
レンガの上に漆喰が塗られていた（江戸東京博物館展示模型）.

鉄筋コンクリート造は明治中期に日本に紹介され，橋や倉庫等でまず採用されるようになった．集合住宅としては1910年の三井同族アパート，1916年の軍艦島30号棟，1925年のお茶の水文化アパートがあげられる．

労働者のための住宅

イギリスで始まった産業革命による労働の集約によって工場付近には住まいが必要となり，企業は社宅を供給する．日本の紡績業では社宅運営にあたり海外の事例収集を行い，ロバート・オーウェン*やクルップ社の影響を受け，労働者を生産力の基本に据え，労働者のために町をつくる発想で建設されたところがある．鐘淵紡績は1905年に購買組合を設置，倉敷紡績でも1908年に既存の宿舎の改築と並行して，診療所や日用品売店を設置している．石炭産業では，明治末頃から徐々に企業直轄の住宅運営がされるようになり，娯楽施設や購買部が置かれた．住宅形式は，労働が単純作業から技能が求められる作業になるに伴い，長期に雇用するために単身者向けの寮から家族向けの長屋が主流となっていく．

日本は社宅の多い国で1968年には6.8％であったが，1961年のILOの勧告*を受け，企業は持ち家を奨励するようになり，現在では2.1％である[17]．

公営住宅の登場

都市部では増大する労働者の流入により劣悪な環境の住宅が増えていく．生活環境の問題は，インフラはもちろん，住まいは採光や通風が見込めない

ロバート・オーウェンとユートピア
スコットランドのニュー・ラナークで労働者のために住宅や教育，娯楽環境を整えた．その結果，労働意欲が増し，生産性を上げ，収益も上がるモデルを成功させた．現在は世界遺産になっている．

ILOの労働住宅勧告
社宅のように企業が従業員の住まいを供給することは企業が労働者の居住を掌握することと同じであり，健全な労使関係の観点から不適切だと指摘される．

棟割長屋等不衛生なものが建てられ，多くのルポルタージュが社会を啓発した．合わせて米騒動や労働運動が盛んになり，内務省は救済事業調査会を設置し住宅改良に取り組んでいく．1919年には福祉を目的に公営住宅建設が6大都市で始まった．東京の月島等で公営の木造長屋が建設された．木造が主流のなか，横浜市営中村町第一共同住宅館（1921年，2階建）や東京市営古石場住宅（1923年，3階建）のように鉄筋コンクリートブロックの耐火建築の建設が始まる．

1.1.5　関東大震災と同潤会アパート

1923年に発生した関東大震災[*]は集合住宅史におけるターニングポイントといえる．内務省社会局のもとハウジングセクターとして財団法人同潤会が1924年に設立され，震災後すぐに仮設住宅（仮住宅）事業（2,160戸）を行い，普通住宅事業（3,760戸），そしてアパートメント・ハウス事業（15カ所，2,508戸，3〜6階建，以下「同潤会アパート」）が展開された．並行して震災前からの住宅問題であった不良住宅改良事業（807戸，一部鉄筋コンクリート造）も行われた．さらに1928年からは個人や企業に対して木造による勤人向分譲住宅事業（507戸），職工向分譲住宅事業（1,122戸），住宅建設経営受託事業として社宅建設（1,121戸）等を行った[10]．

同潤会アパートは耐震・耐火構造として鉄筋コンクリート造が選ばれ，東京帝国大学の内田祥三研究室を中心に，海外事例に学びながら日本の風土に

関東大震災
1923年9月1日に起きた相模湾一帯を震源とするマグニチュード7.9の巨大地震．死者・行方不明者は約10万5千人，東京や横浜で市街地が大火災となり，火災による死者は約9万2千人にのぼる．建物の全半壊・焼失は約37万棟，うち住家全潰棟数は（旧）東京市で1万2千棟，横浜市で約1万6千棟．翌1924年に市街地建築物法が改正され耐震基準が規定された．

[補足]大塚女子アパート
同潤会大塚女子アパートは女性専用として建てられ，当時の女性の社会進出を背景に職業婦人を対象にした．アパート内には食堂や応接室，ミシン室，音楽室といった共用空間があり，シェアハウスの先駆けといえる．

コラム　西洋に習った生活改善と集まって住む価値が示されたアパート
―お茶の水文化アパートメント―

関東大震災前の不燃化住宅の流れは，木造に親しんできた日本人に対してどう介入するか腐心・配慮した形跡が見られるが，1925年に東京都文京区にて竣工したお茶の水文化アパートは完全なる洋式であった．自身がアメリカ留学の経験があり，科学的な生活改善やアメリカ式の大学教育の普及に努めていた森本厚吉により計画され，アメリカ人建築家のウィリアム・メレル・ヴォーリズが設計し，関東大震災前に着工した．

No luxury but every comfort を生活様式の標語とし，栄養の管理された食堂があり，室内は靴履き，最新の設備にベッドや椅子，マントルピースが備え付けられた．共用のゲストルームや社交室もあった．1943年に閉鎖され，戦後も活用されお茶の水のランドマークとなっていたが，建物は老朽化のため1986年に解体された．

お茶の水文化アパート外観（提供：株式会社一粒社ヴォーリズ建築事務所）
鉄筋コンクリート造地下1階，地上5階建て．

社交室の様子（提供：株式会社一粒社ヴォーリズ建築事務所）

合わせた通風等換気への配慮，ガスや水洗トイレといった当時の最新の設備，畳ではなくコルクの上に薄縁を敷いて和洋の生活への対応等，日本の住文化をベースに最新の技術を導入した新しい生活スタイルが熟慮された．また，建物のコーナーデザインや店舗付き住宅等，住宅を都市施設として位置付けた建物であった．

　同潤会はアパートメントブームを起こし，急激に集合住宅の建設戸数が伸びる．1927年の復興助成会社による今川小路共同住宅（九段下ビル）をはじめ，当時の東京府が区部に対して行った調査では1936年3月に鉄筋コンクリート造のアパートが159棟確認されている[12]．

　戦後，同潤会アパートの多くは払い下げられ個人所有となった．増改築が行われ住み続けられていたが1982年の平沼アパート（横浜市）の解体を皮切りに建て替えが進む．1988年に解体された中之郷アパート（墨田区）以降，容積的に余裕があることや，街区全体で設計されていたことから市街地再開発事業として行われたものが多い．しかし，再開発事業は合意形成に時間を要すること，仮住まい中のコミュニティの維持，零細権利者を追い出してしまうこと等課題もある．

▌1.1.6　第二次世界大戦と住まい

　同潤会アパートのモダンなデザインや，最先端の設備，街区を活かした配置やコーナーのデザインといった到達点は，戦争による資材不足で中断され，戦後に引き継がれなかった．戦時色が強まり資材統制が始まると民間の住宅建設は難しくなり，1939年の労務者住宅供給三カ年計画等，住まいの供給先は軍需関係に収斂していく．1941年には同潤会を吸収して住宅営団が

✎ コラム ▍軍艦島の鉱員住宅 ---

　炭鉱の鉱員住宅といえば木造が一般的だが，島に限ると鉄筋コンクリート造が多い．軍艦島と呼ばれる端島は長崎市の南西に位置し，1890年に三菱が買い取り，本格的な採炭を始めた．島は徐々に埋め立てにより拡張するものの，居住可能面積は狭小であるため，1916年に鉄筋コンクリート造による30号棟が建設された．三菱の買収前にグラバーが鍋島藩と炭鉱開発を行っていたこともあり「グラバーハウス」とも呼ばれる．

　プランはロの字型，当初4階建ですぐに7階建に増築された．住戸の室数は6畳一間の家族向けで，住戸の入り口には煮炊きをする窯が置かれた．水回りは共用で，炊事場は吹き抜け回りに，共同トイレは各階の端にあった．浴場は別棟であった．実測図からはメートル法の採用が見て取れる[9]．

　軍艦島は世界遺産「明治日本の産業革命遺産である製鉄・製鋼，造船，石炭産業」の構成資産の1つとなるが，30号棟をはじめとする建物は文化財には指定されていない．

30号棟外観
保存はあきらめられ，崩壊が進んでいる．

30号棟の吹き抜け
手すりは木製，階段はレンガ造．

発足し，30万戸の建設計画のもと各地で労務者住宅建設が始まった．当初は近隣住区論を取り入れ，小住区ごとに公園を配置したものも建設された．

住宅営団の間取りは大量生産のために省資源の標準設計が求められ，日本において「同じ空間が食室にも寝室にも客室にも「転用」される利点」を悪い意味で活かし，住宅の大きさが圧縮される風潮が高まった．営団職員だった西山夘三*は労働者住宅の調査を行い，食べる場所と寝る場所を分けることは「秩序ある生活にとって最低限の要求である」と食寝分離論を唱えた．営団の標準設計の面積・バリエーションは年々減り，1942年の特別住宅平面図は極小住宅のみの規格となった（**図1.15**）．一方構法では，簡便な施工の観点から，1941年には木製パネル式組立住宅の開発や試作が行われた．

食寝分離論や簡便な施工方法は，戦後の公営住宅をはじめとする大量供給に引き継がれていく．

西山夘三
1911～1994年．住宅営団の技師を経て京都大学で教鞭をとる．営団在任中に労働者住宅を対象に行った調査の方法や，導かれた食寝分離論は建築計画の原点といわれる．住宅に関する研究や計画，著作等活躍は多岐にわたる．

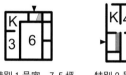

特別1号室　7.5坪　　特別2号室　9坪　　特別3号室　12坪
平屋4戸建　　　　　　平屋2戸建　　　　　平屋2戸建

図1.15 住宅営団特別住宅の間取り[13]

コラム 同潤会アパートの到達点と保存活動―江戸川アパートメント―

同潤会のアパートメント・ハウス事業は1926年の中之郷アパートに始まり，1934年の江戸川アパートに終わる．江戸川アパートは同潤会の10周年記念事業として，また，アパートメント・ハウス事業の集大成として「東洋一」が掲げられた．それまでのアパートは労働者をターゲットにしていたが，江戸川アパートは間取りのタイプも多く，面積も大きいタイプまであり，他のアパートとは明らかにグレードが異なる．

中庭を囲む2棟からなり，1号館は6階建てで5，6階に単身者向け住戸があり，2号館は4階建てで，両棟とも4階までは家族向け住戸となっていた．共用の施設として共同浴場・食堂・社交室・理髪室等があった．家族向住戸126戸は2室のものから4室のものまであり，完全な洋式住戸もあった．家族向け住戸は階段室型であるがその構成は様々で，同じ室数でも異なるタイプが設計された．独身室は131戸，こちらも和式と洋式があった．

老朽化，とくに1号館の不同沈下による傾きにより，改修や部分保存が検討された．その過程で膨大な資料が残っていることがわかり，2000年に資料整理や保存活用に向けて江戸川アパートメント研究会が結成され，多くの人が知恵と汗を出して検討したが，既存不適格等の法規制，バブル崩壊後の社会情勢等から保存は断念し，最後に記録と見学会を行った．2003年に建て替え決議が成立し，アトラス江戸川アパートメントとして従前のパーツの保存や空間構成の再現等が試みられている．

ほかに青山アパート（表参道ヒルズ），代官山アパート（代官山アドレス），清砂通アパート（イーストコモンズ清澄白河フロントタワー他）の再開発でも部分保存や再現が見出せる．

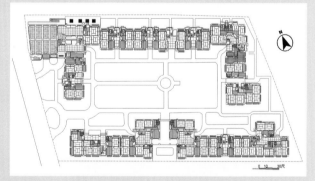

江戸川アパート平面図兼配置図
（敷地2,061坪，建坪752坪，建物延坪3,711坪83811）

1.2　戦後の住宅復興

　家屋の焼失や引揚者により 420 万戸の住宅不足のなか，1945 年 9 月には罹災都市を対象に応急簡易住宅 30 万戸建設計画が打ち出された．しかし，国の復興方針として居住の安定よりも重工業の復興に重きが置かれ，炭鉱や製鉄業の社宅建設が優先された．特に炭鉱は重点的に供給されたため戸数の多さから炭鉱住宅と呼ばれ社宅と区別される．

　住宅建設は戦災復興院が管轄し，当初は住宅営団も建設を担ったが（**図 1.16**），住宅営団は連合国軍最高司令官総司令部（GHQ）によって解散の対象となる（1946 年 12 月閉鎖）．国は予算の制約，資材不足のなか，営団住宅の払い下げや，既存の住宅の転用，余裕住宅の開放，バスや防空壕の住宅化等も実施した．

　戦争中の木造家屋の焼失を受けて不燃化住宅の機運が高まっていたため，戦災復興院は GHQ から資材を調達し，六大都市（東京市，横浜市，名古屋市，京都市，大阪市，神戸市）に鉄筋コンクリート造の集合住宅を計画する．住宅供給だけでなく，戦争で中断したコンクリート施工技術や技術者を回復させることも意図されていた．最初に建設されたのが 1947 年の東京都営高輪アパートである．4 階建ての階段室型で広さは 14 坪（約 46 m²），間取りは南側に 8 畳，北側に 6 畳，台所やトイレは北側に配置された（47 型）．住宅を検証するために構造，材料，設備，衛生，保健，住まい方，防災，管理といった研究項目ごとに入居者が選定された．1947 年は資材不足で高輪アパートの 2 棟に留まったが，翌 1948 年度は被害の甚大な広島市・長崎市等を加え，47 型の検証を踏まえた戦災復興院による 48 型が計 1,725 戸建設された（**図 1.17**）．48 型では収納不足の声を受け，床の間が押入に，半地下に倉庫が配置された．1949 年からは 1 戸あたりの面積が 12 坪（約 40 m²）に減り，標準設計に久米設計等民間設計会社や東京大学吉武研究室が参画する．1951 年に東京大学が提案した 51 C 型（1951 年度公営住宅標準設計 C型，**図 1.18**）は食寝分離と就寝分離（寝室分解）が意図された．居室 2 室は壁で隔て，台所は「台所兼食事室」となった．その隣りには当時浴室がないため行水と洗濯の場がある．それまでの台所は北側が主流であったが「台所兼食事室」は南側に配置され，戦後の民主化のなかで妻の家事労働の場が見直されたと見て取れる．1955 年に設立された日本住宅公団も大量建設のため型計画をもとに供給した．51 C 型で提案された台所兼食事室を，ステンレス流し台やテーブルを備え付け「ダイニングキッチン（DK）」と名付けた．公団の DK をはじめとする新しい生活像はあこがれの住まいとなり，DK は戸建て住宅にも波及していく．

　構法は，戦前のラーメン構造に対して，資材が少なくて済む壁式構造が取り入れられた．1952 年には日本建築学会より「鉄筋コンクリート壁式構造設計規準」がまとめられ普及する．戦後は鉄筋コンクリート造に限らず大量生産のために各種構法が検討され，木造は 1946 年に工場生産住宅協会が発足し，工場でのプレカットや木造のパネル構法が確立する．簡易コンクリ

図 1.16　営団による建設中の復興住宅
背景には鉄骨だけになった工場等焼野原に建設されたことがわかる（長崎市提供 米国国立公文書館蔵資料）．

図 1.17　48 型の間取り
1947 年と比べると，床の間が押入になり，台所と 6 畳の和室の間に配膳用のハッチが設けられた．

図 1.18　51 C 型の間取り[14]
台所が南側に，就寝分離のため 6 畳と 4 畳半の居室は壁で仕切るものが標準設計として提示された．実際は壁でなく間仕切りを採用したものが多い．

ト造は1947年に木材不足と不燃化から検討が始まり，基準が作成された．主要部材にプレキャストコンクリートを用い柱梁をボルトで組み立てる組立式鉄筋コンクリート構造のプレコンは1948年に組立耐火建築株式会社を設立して供給を始めた．鉄骨造は1955年に日本軽量鉄骨建築協会ができ，軽量鉄骨を用いた住宅の建設が始まった．これらは高度経済成長期のプレハブ住宅につながっていく．

1.2.1 戦後の建築家の試み

　戦後の住宅不足は建築家の設計テーマになり，プラン・構法両面での省設計が模索される．池辺陽による「立体最小限住宅No.3」（1950年）は，15坪の広さで，工業化を視野に入れて発表された．機能性と合理性を備え，非常にコンパクトでありながら吹き抜けを取り入れることで狭さを緩和している．増沢洵の「最小限の家」（1952年，**図1.19**）は3間×3間で，既存の工業製品の使用を前提に寸法が決められ，1階は吹き抜けのある居間があり玄関はなく居間から入るようになっている．清家清の「私の家」（1956年）は鉄筋コンクリート造の平屋で，10m×5mのワンルームが緩やかに仕切られている．居間と庭を鉄平石で仕上げて連続的にすることで視覚的に外につながり狭さを軽減している．1960年代には剣持昤によって規格構成材建築が構想された．流通している部品や材料を用いるオープン・システムによる住宅であった．

　外壁のサイディングや窓，車庫，水回り，照明等，住宅は多かれ少なかれ部品から成り立っている．供給される部品も，当初の最大公約数を読み取った画一的なデザインの大量生産ではなく，近年では個別生産や小ロット生産が増加している．今後はより建築家や居住者のニーズをくみ取ったデザインが可能になっていくだろう．

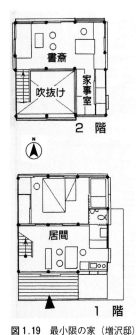

図1.19 最小限の家（増沢邸）の間取り[14]
2階建て，建築面積30 m²，延床面積50 m²．1×1.5間をモジュールとして12本の丸柱からなり，大きな開口部には鉄筋の筋交いが入れられている．デザイン的には和のテイストになっている．

コラム　日本のモデュラー・コーディネーション --------------------------------------

　江戸時代には木割術と畳割りによって寸法上の約束事が成立し，地方ごとのモデュラー・コーディネーションが存在していた．畳の縦横比は2：1だが，その大きさは地方によって異なり，大きい順に「京間」「中京間」「江戸間」「団地間」に分類される．

　「京間」は本間，関西間ともいい，西日本に多い．大きさは1.91 m×0.955 mで，畳割りで寸法を決める．

　「中京間」は愛知周辺に多く，大きさは1.82 m×0.91 m，縦が6尺，横が3尺となっているため三六間ともいう．

　「江戸間」は東京を中心とした東日本に多く，関東間や田舎間ともいう．京間と違い柱芯を尺モジュール（910 mm）の柱割りで寸法を決めるため，畳のサイズは柱のサイズや畳の敷き方によって変わる．おおよそ1.76 m×0.878 m程度となる．

　「団地間」は戦後に登場したタイプで，このなかで最も小さく，1.7 m×0.85 m程度である．

　家具や収納用品の世界ではモジュールを統一して，高さや奥行きを揃えたシリーズが増えている．オープン・システムにするには基準寸法の統一が必要だが住宅分野ではまだそうなっていない．

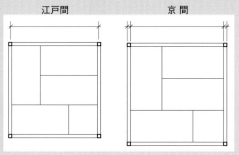

1.2.2 プレハブ住宅の誕生

戦前から徐々に培われた住宅の工業化の流れが，戦後復興期の住宅需要に応えるために進化し，新建材が現れた．1950年代にはラスボードやプリント合板が登場する．それらをコーディネートしたり自社生産して住宅として販売するプレハブ住宅が登場する．プレハブ住宅は構造部材の種類によって，木質系，鉄鋼系，ユニット系，コンクリート系に分けられる．

大和ハウス工業の「ミゼットハウス」は水回りのない離れの勉強部屋として1959年に発売された（**図1.20**）．プレハブ住宅の火付け役に位置付けられる．1960年代よりプレハブ住宅が在来工法に変わり着工数を伸ばすなか，積水化学工業は大野勝彦をプロジェクトに加え，居間や浴室等機能を組み込んだユニットを工場で90％生産し，現場で積み上げて組み立てる「セキスイハイム M-1」（p.18コラム）を開発し，1971年より販売した．安定した品質と低価格，短工期で成功した[16]．その後多くのプレハブ住宅メーカーが誕生し，日本の持ち家率を上げた一因になっている．プレハブ協会によると住宅着工数に占めるプレハブ住宅の割合は14％（2018年）[17]，多くのプレハブメーカーはまだまだ拡大の余地があると考えている．

図1.20　ミゼットハウス[15]
戦後のベビーブーマーのためのプラス1ルーム．鉄鋼とパネルのパーツを3時間で組み立てることができる．［提供：大和ハウス工業株式会社］

1.2.3 戦後住宅政策の3本柱

戦後の戸建て住宅建設を支えた住宅金融公庫は1950年に住宅金融公庫法のもと設立，続いて公営住宅法（1951年），日本住宅公団法（1955年）が整備され，これらは戦後の住宅政策の3本柱といわれる．これらは自力で持ち家を建設できる層に対しては住宅金融公庫による低利融資で自分で建ててもらい，低所得者層には福祉目的の低家賃の公営住宅を供給し，都市部に集まる若年世帯には持ち家所有までの過渡的住まいとして公団住宅を提供するという棲み分けが図られている．

住宅金融公庫

住宅は個人にとって高い買い物であるため一括で支払うことが困難である．住宅金融公庫は1950年に長期固定金利の住宅資金貸付を行うことを目的に設立された．

設立当初は個人の申込みが想定を下回り，融資の受け皿として企業のほか各地に住宅公社や住宅協会が発足した．企業は社宅を，公社等は共同建替えをはじめ公的な共同住宅を建設した．八幡市（現北九州市）の平和ビルなどユニークな市街地住宅を市街地の中心部に供給した．

当初低調だった個人への融資は徐々に拡大し，持ち家世帯は増え，1958年には71％に達する．その後大都市の賃貸住宅の増加で割合を落とし現在は6割程度で安定している．2018年度の日本の持ち家率は61.2％で，民営借家28.5％，公営住宅は3.6％，都市再生（UR）機構・公社1.4％[17]と続く．

個々人が住宅を所有する持ち家偏重は戦後の産物であり，戦前の持ち家率は2割程度であった．公庫による低利融資や，1971年の勤労者財産形成促進法による財形貯蓄・持ち家融資が後押しし，さらに1973年のオイルショッ

住宅公社・住宅協会
1965年の住宅供給公社法により住宅供給公社に組織変更された．当初の賃貸住宅建設に加え，戸建て住宅の宅地分譲も行った．公的な住宅供給機関として戦後の住宅需要に応えてきたが，現在は役割を終えたとして各地で閉鎖されつつある．

[補足]nLDK

日本では個室の数とリビング（L），ダイニング（D），キッチン（K）を備えているかによって「nLDK」で住宅の間取りを表示することが一般的である．個室は主寝室や子供部屋等からなる．広さよりもnの数が重要となり，マンションでは狭い個室が作られるようになる．「nLDK」という表示は間取りを簡便に捉えることができるが，一方でプランニングや広さに鈍感になるというデメリットをもたらした．nLDK型が想定していた家族像や住まい方が変わり，脱nLDK化が模索されている．

図1.21　都市再生機構による改修
たまむすびテラスは改修により単身者向けシェアハウスや貸し菜園併設のファミリー向け共同住宅等からなる（東京都／都市再生機構／1961年築，2011年改修）．

図1.22　公団住宅の建替え事例
シャレール荻窪は旧荻窪団地の建替えで，余剰地は民間に売却された．樹木の保存や屋上緑化，クラインガルテンなど緑環境を維持しながら再生された（東京都／2011年）．

ク以降，景気対策と住宅施策が連動し，個人消費による景気浮揚策として持ち家が促進された．公的な資金は家族向け分譲住宅に集中し，賃貸市場や単身者向け住宅にほとんど割かれなかった．単身者に対する融資は1980年代以降となる．

公営住宅

憲法第25条（生存権の保障）に則る公営住宅法に基づいて住宅に困窮する低額所得者に対して供給される．国の補助を受けて自治体が整備し，当初は原則同居者（家族）が必要だったが，1980年には入居者資格が見直され高齢者や身体障がい者は単身による入居が可能になった．1996年に法改正され，土地を取得して開発する手法から，民間住宅の買取りや借上げが可能になり，またグループホーム等としての使用が認められる等より弾力的な運営ができるようになっている．同時に応能応益の考えが導入され，収入や利便性に応じて家賃が設定されている．

公営住宅戸数は2005年の約220万戸をピークに減少に転じていたが災害による災害公営住宅の整備により近年微増している．入居者のうち60歳以上の高齢者世帯の割合は約6割（2014年）[18]と高く，増加傾向にある．自治体の財源不足による管理費の財政圧迫とセーフティネットとしての必要性から今後のあり方が検討されている．維持管理に関しては，点検の強化や早期の管理・修繕により更新コストの縮減を目指し，2009年には「公営住宅等長寿命化計画策定指針」（2016年改定）[19]が定められ，各自治体で計画づくりが進められている．

公団住宅

1955年に設立した日本住宅公団は，大都市地域における不燃住宅の集団的建設と大規模宅地開発を目指し設立された．これまでの総建設戸数は88万戸を超え，昭和40年代にはマンモス団地やバス便団地と呼ばれる駅からバスを経てアクセスする大規模団地を建設し，現在でもその時代の住戸が3分の1強を占める．2020年の管理団地は1,506団地，管理戸数約72万戸[20]で日本一の大家といわれる．

設立当初，ダイニングキッチンや団地族といった言葉を生み出し，憧れの住まいであった．1966年の応募倍率は平均51.4倍を記録した．賃貸だけでなく分譲マンションも手掛けていたが，バブル崩壊後の住宅需要の落ち込みにより，民間のマンションデベロッパーを圧迫していることを理由に1997年に分譲住宅事業からは撤退する方向となり，都市の再開発事業を重点的に行う方針が出された．賃貸住宅については日本の新しい住様式の実証実験の場として様々な試みがなされてきたが，徐々に削減する方針のもと，既存のストックの修繕（**図1.21**）を行いながら，必要最低限の建替え（**図1.22**）や社会のニーズに則った高齢者向けの賃貸住宅の供給を行っている．

現在は民間企業がなかなか手を出しづらい区画整理や災害復興で活躍しており，激甚災害後は土地区画整理事業や災害公営住宅の建設を担っている（**図1.23**）．

1.2.4　住宅建設計画とニュータウン

　戦後10年経っても都市部では人口流入や核家族化による世帯増によって住宅不足が続き，1955年に内閣は「住宅建設10ヶ年計画」を打ち立て，建設戸数の目標を立てながら公共住宅建設を推進した．

　日本住宅公団は日本の3大都市の周辺部でニュータウン開発に着手し，大阪に千里ニュータウン（**図1.24**），名古屋に高蔵寺ニュータウン，東京に多摩ニュータウンが造成された．宅地不足からニュータウンを通勤都市と位置付けることになり居住主体の街となる＊．千里ニュータウンは1960年に大阪府によって15万人の人口収容が目指され，住宅困窮世帯に配慮し，全体の3分の2が公共賃貸住宅であった．

　「住宅建設10ヶ年計画」に続いて，1966年からは住宅建設計画法のもと住宅建設五ヶ年計画が策定された．第1期の目標は一世帯一住宅，2期は一人一室の規模を有する住宅の建設，3期から最低面積等居住水準，5期からは誘導居住水準を示し，融資と紐付けすることで住宅のレベルを押し上げてきた．5年ごとに策定されてきたが目的は果たしたとして8期（2001～2005年度）で終了した．

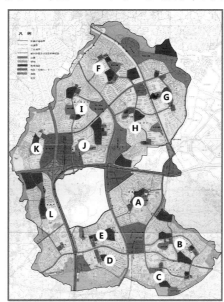

図1.24　千里ニュータウンの開発[21]
大阪府吹田市と豊中市にまたがる．小学校区で文節された住区で構成された．〔出典：大阪府：『千里ニュータウンの建設』〕

図1.23　熊本地震の災害公営住宅響原復興住宅
都市再生機構による低層・木造の災害公営住宅（熊本県／2019年）．

日本のニュータウン
日本住宅公団の浅野英はニュータウン建設にあたり「住い（住宅）の建設と同時に職場（工場）の建設をも考慮すべきである」[25]と述べており，ベッドタウンとすることに対して懸念していた．

1.2.5　3本柱の見直しと住生活基本法

　住宅政策の3本柱を補完するものとして1993年に中堅所得者向けに特定優良賃貸住宅，2001年に高齢者向けに高齢者向け優良賃貸住宅の制度が整備され補完されてきたが，3本柱の抜本的な見直しが求められるようになった．そして2006年に住生活基本法が制定され，4つの柱として「良質な住宅の供給」，「良好な居住環境の形成」，「住宅市場の整備（中古市場等）」，「セーフティネットの構築」が掲げられ，これまでの新築偏重からリフォームや中古住宅の流通が視野に入れられ，住まいは社会の構成要素であるとして居住者の責任も明示された．

　戦後の3本柱のうち日本住宅公団は統合改組を経て2004年に都市再生機構となり，公団時代からの賃貸集合住宅の運営や再開発や災害後の居住支援に注力するようになった．住宅金融公庫は2007年に住宅金融支援機構となり，個人への直接貸し付けはせず，民間金融機関と提携し，長期固定金利の融資を行っている．

1.3　住宅地の計画と運営

　計画的な住宅地の必要性が生じたのは産業革命に遡る．都市部への工場立地によって地方から労働者が流入し，無秩序に住宅地を広げた．下水等のインフラが追い付かないため，不衛生となり疫病の温床となった．ここでは住宅地という「面」の計画史や手法について見ていく．

1.3.1　住宅地計画前史

　産業革命が早かったイギリスでは，労働者の流入にインフラの整備が追い付かず，環境衛生が悪化し，劣悪な住宅が増加した．E.ハワードは物質的な環境改善の方法として田園都市論（1902年）[22]を著し，都市の利便性と農村の自然環境が融合する田園都市を提唱した．ダイアグラムでは6,000エーカー（約24.3 km^2）の土地に，5,000エーカーの大農場，そのなかに都市が建設され，都市周辺に工場が配置されている．中心には公共施設やレクリエーション施設，中央公園に沿って水晶宮と名付けられたアーケードがあり，大街路は多くの緑であふれ教育施設が建てられる（**図1.25**）．周辺部の居住者は大街路でも憩うことができる．ダイアグラムとはいえかなり具体的な都市イメージがあり，土地の所有や税制，事業方式から，弱者への配慮まで触れられ，都市問題を解決する方法として支持された．設計者R.アンウィンらによって実現されたレッチワース（イギリス）をはじめとする住宅地の計画や景観の秀逸さも手伝ってイギリス国内に留まらず世界各地で模倣された．レッチワース等では建設・供給において長い時間をかけ，多様なタイプの住宅を供給することで年齢構成や所得階層が画一的となることなく分

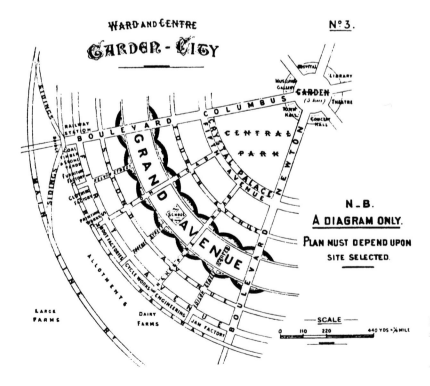

図1.25　田園都市の構成[22]
都市の6分の1を示したダイアグラム．同心円状に施設やゾーン構成が提示されている．

布し，職業も第一次産業から第三次産業までのソーシャルミックスが実現されている．ガイドラインや組織による町を守るしくみも併せて整備され，現在まで継承されている．

　田園都市の実践によりイギリスでは田園都市を後押しする「ニュータウン法」が1946年に成立した．アメリカ合衆国においてもニューヨークに田園都市を作ろうとする動きが起き，C. ペリーは具体案として「近隣住区論」（1923年）[23]を発表する．それは「小学校を基本単位とし，その境界は十分広い幹線道路で区切られ，住区内の通過交通を排除する．コミュニティを支援するためのオープンスペースをもち，中心部には学校を含む公共施設を配置する．店舗は交通の接点や他の住区の商店街に隣接して設ける．」これらの背景には住宅地でコミュニティによる交流や自治が行われ，住民が愛着をもつようになることが意図されている．この原則が実現されたのがラドバーン（アメリカ合衆国ニュージャージー州）である．ラドバーンはスーパー・ブロックで囲まれ，住区内は専用歩道が作られ，クルドサック（**図1.26**）が導入された．近隣住区論はイギリスで評価されて1944年の大ロンドン計画において取り入れられるとともにハーロウ（イギリス）で実現され，ニュータウンの計画手法として各国で採用された．

　日本における田園都市論は1906年に新聞で紹介され，官僚や民間の現地視察が行われた．鉄道事業者は沿線の住宅地開発手法として注目し，田園調布（東京都）等が計画・供給された．街路構成や住宅地のブランドを維持するための紳士協定等画期的な面もあるが，田園都市論が示す包括的な町には至っていない．ニュータウンとしては1961年に着手された千里ニュータウンで，近隣住区の構成が適用された（**図1.24**）．ただしイギリスのように工場等職場を併設する職住近接の自立都市にすることはできなかった．他のニュータウンも同様で，そのことが現在の通勤ラッシュにつながっている．

図1.26　クルドサック
フランス語の袋小路．末端で車が回転できるようになっている．住宅地内に通過交通が生じない．上の写真はラスベガス近郊[24]，下の写真は高須ボンエルフ（北九州市）．

1.3.2　住宅地運営

　E. ハワードは町の運営にあたり住民から運営委員を選出する等，住民によって運営や管理が行われることを考えていた．ラドバーンでは所有者の代表で構成される理事会と実務を行う専門家によって住宅地を運営する体制がとられた．それをひな形としてイギリスやアメリカ合衆国を中心に，特に富裕層向け住宅地において，統治組織としてHOA（Homeowners Association）が次々に組織されていく．公園や池等コモンスペースの管理や，街並みの維持，コミュニティ形成等が資産経営として行われている．財源は各戸からの管理費が主だが，各種アクティビティやイベント等を通しても収益を上げている．

　日本でもHOAは試行されており，地域環境の質を担保・向上させる体制としてHOAの存在価値を共有しうまくいっている例もある．しかし日本のように中古市場が活発でなく，住宅資産が建築後目減りする現状で，資産価値を上げるという目標設定は難しい．HOAは調整業務や違反者が出た際には裁判を伴う等，業務に見合う価値を見出せるかが課題である．法的な根拠をもたせるため，広場や駐車スペースを共有地として区分所有法に基づく管

[補足]ゲーテッド・コミュニティ
防犯性を高めるために周囲を塀で囲い，入口で人の出入りを監視する．アメリカ合衆国では1990年代以降急速に増え，中国やブラジル，東南アジア等でも増えている．敷地内に公園やプール，商業施設のほか，教会や学校があるものもある．HOAを組織してコモンスペースを管理するほか，警備員の配置，郵便配達やごみ処理等の公共サービスもエリア内で行っている例もある．日本では公道の占有が難しく塀で閉じることができないため事例は少ない．

理組合を組織した団地もある.

1.3.3 町の編集へ

　1980年代,車移動を前提とした住宅地開発に対して,持続可能な都市が模索されるようになる.アメリカ合衆国のP.カルソープは,公共交通を起点とするコンパクトな開発(Transit-Oriented Development(TOD))を提言し,P.カルソープを含む建築家らにより「アワニー原則」がまとめられた(**表1.1**).この活動はニューアーバニズムと呼ばれる.イギリスでは都市再生のコンセプトとしてこれをアーバンビレッジといい,伝統的なコミュニティを再評価する動きが生まれた.歩行を中心とした規模で,種々雑多な機能をもつ環境が推奨されている.近年ニューアーバニズムやアーバンビレッジは,コンパクトシティに置き換えられつつある.コンパクトシティは1970年代に提案され,1990年代に改めて持続可能な都市像として,無秩序なスプロール化を抑制し,徒歩圏の生活を単位とし,地域へのアイデンティティを高め,コミュニティを再生する都市再生モデルを表す言葉として広まった.日本においては人口減少社会の都市再編として2000年代から都市の集約がテーマとなり,拡大した市街地を集約し,医療や商業,公共交通サービス等を維持するコンパクト・プラス・ネットワークが進められている.

表1.1　アワニー原則[26]

---

　1. コミュニティの原則(Community Principles)(抜粋)
　　-すべてのコミュニティは,住宅,商店,勤務先,学校,公園,公共施設など,住民の
　　　生活に不可欠な様々な施設・活動拠点をあわせ持つような,多機能で,統一感のある
　　　ものとして設計されなければならない.
　　-できるだけ多くの施設や活動拠点が,公共交通機関の駅・停留所に簡単に歩いていけ
　　　る距離内に整備されるべきである.
　　-新たに作り出されるコミュニティの場所や性格は,そのコミュニティを包含する,よ
　　　り大きな交通ネットワークと調和がとれたものでなければならない.
　　-コミュニティは,商業活動,市民サービス,文化活動,レクリエーション活動などが
　　　集中的になされる中心地を保持しなければならない.
　　-それぞれのコミュニティや,いくつかのコミュニティがまとまったより大きな地域は,
　　　農業のグリーンベルト,野生生物の生息境界などによって明確な境界を保持しなけれ
　　　ばならない.またこの境界は,開発行為の対象とならないようにしなければならない.
　　-通り,歩行者用通路,自転車用道路などのコミュニティ内の様々な道路は,全体として,
　　　相互に緊密なネットワークを保持し,かつ,興味をそそられるようなルートを提供す
　　　るような道路システムを形成するものでなければならない.それらの道は,建物,木々,
　　　街頭など周囲の環境に工夫を凝らし,また,自動車利用を減退させるような小さく細
　　　かいものであることによって,徒歩や,自転車の利用が促進されるようなものでなけ
　　　ればならない.
　　-コミュニティの建設前から敷地内に存在していた,天然の地形,排水,植生などは,
　　　コミュニティ内の公園やグリーンベルトの中をはじめとして,可能な限り元の自然の
　　　ままの形でコミュニティ内に保存されるべきである.
　　-すべてのコミュニティは,資源を節約し,廃棄物が最小になるように設計されるべき
　　　である.
　　-エネルギー節約型のコミュニティを作り出すために,通りの方向性,建物の配置,日
　　　陰の活用などに充分な工夫を凝らすべきである.
　2. 複数のコミュニティを包含するリージョン(地域)の原則 (Regional Principles)
　　-地域の土地利用計画は,従来は,自動車専用の高速道路との整合性が第一に考えられ
　　　てきたが,これからは,公共交通路線を中心とする大規模な交通輸送ネットワークと

の整合性が先ず第一に考えられなければならない.
- 地域は, 自然条件によって決定されるグリーンベルトや野生生物の生息境界などの形で, 他の地域との境界線を保持し, かつ, この境界線を常に維持していかなければならない.
- 市庁舎やスタジアム, 博物館などのような, 地域の中心的な施設は, 都市の中心部に位置していなければならない.
- その地域の歴史, 文化, 気候に対応し, その地域の独自性が表現され, またそれが強化されるような建物の方法及び資材を採用するべきである.

3. **実現のための戦略**
- 全体計画は, 前述の諸原則に従い, 状況の変化に対応して常に柔軟に改訂されるものであるべきである.
- 特定の開発業者が主導権を握ったり, 地域のそれぞれの部分部分が地域全体との整合性もないままに乱開発されることを防ぐために, 地元の地方公共団体は, 開発の全体計画が策定される際の適正な計画プロセスの保持に責任を負うべきである. 全体計画では, 新規の開発, 人口の流入, 土地再開発などが許容される場所が明確に示されなければならない.
- 開発事業が実施される前に, 上記原則に基づいた詳細な計画が策定されていなければならない. 詳細な計画を策定することによって, 事業が順調に進捗していくことが可能になる.
- 計画の策定プロセスには誰でも参加できるようにするとともに, 計画策定への参加者に対しては, プロジェクトに対する様々な提案が視覚的に理解できるような資料が提供されるべきである.

1.4 持続可能な住まいに向けて

2015 年の国連サミットで SDGs「Sustainable Development Goals（持続可能な開発目標）」が採択された. 全部で 17 の目標があり, その 11 番目に「住み続けられるまちづくり」がある. 2030 年までの目標として, 住まいの確保だけでなく, 交通手段や都市の居場所の確保, 持続可能なまちづくりへの参加, 災害の軽減等があげられている.

▌1.4.1 住まいの長寿命化

第二次世界大戦後の「作っては壊す」スクラップ・アンド・ビルド型から,「良いものを作って, きちんと手入れをして長く大切に使う」ストック活用型の社会への転換が進んでいる. 長期にわたり住み続けられる優良な住宅（＝長期優良住宅）を普及させるため「長期優良住宅の普及の促進に関する法律」が 2009 年に施行された. 長寿命化のほか, バリアフリーへの対応や, 省エネルギー, 街並みとの調和等を満たせば, 税の優遇措置がある.

SI 住宅は構造躯体等のスケルトン（S, サポートともいう）と内装や設備といったインフィル（I）を分離して, 躯体は長寿命化し, インフィルは短い周期で模様替えや設備更新に対応できる工法で, オープン・ビルディング*の考え方が基本となっている. インフィルは各戸の私有財で, スケルトンは住棟全体の共有財としてとらえ, 間取りの変更等の改変が行いやすい.

▌1.4.2 ストックの活用

2006 年の住生活基本法はストック重視への転換点といえる. 既存の良いストックを活用することや, これから作る住まいは長寿命化を図ることが掲げられ, 既存ストックについては中古住宅の流通の促進, これから建てるも

オープン・ビルディング [16]
建築家 J. ハブラーケンは 1960 年代に, 長期にわたって建物を社会やライフスタイルに合わせていくため, サポートとインフィルに分ける供給を提案した. サポートは建物の利用者全体で意思決定し, インフィルは個人によって自由にアレンジできる. その後, サポートと都市の間に「ティッシュ」のレベルが加えられた. 道路や公園等の街の骨格や街並みをどう合意形成していくのか, 日本でティッシュのレベルが議論される状況はまだ遠いだろう.
日本におけるオープン・ビルディング理論は, 1970 年代に紹介され, SI 住宅へ引き継がれる.

[補足] 可変型住宅
居住者のニーズに合わせて居室の間仕切りを変更する試みは住宅公団の順応型住宅（1971）の可動間仕切りや KEP（Kodan Experimental Project, 1973）の部品のオープン化による可変性の向上等があった.

のは耐久性・耐震性・可変性が高く，環境負荷が少ないこと，今後，適切な維持管理が行われること等が求められるようになった．

2018年の空き家率は13.6％[17]，5年前の調査時から26万戸増えた．日本で空き家が増えている原因として地方の人口減少が大前提としてあるが，中古住宅に対する抵抗感があり中古住宅を買う人が少ないこと，空き家を流通させる（手放す）所有者が少ないことがあげられる．日本の2018年の中古住宅の流通シェアは14.5％で，欧米（アメリカやイギリスは8割以上，フランスは7割弱）と比べ5分の1以下とまだまだ少ない．

しなしながら中古住宅への抵抗感はリノベーション番組の影響もあって減ってきている．国も中古住宅の流通のために，減税措置やリフォーム補助，安心して購入するためのインスペクション（建物状況調査）の説明の義務化等環境整備を進めている．中古住宅を購入してリノベーションをして住まう選択肢は今後大きくなることが予想される．

▐ 1.4.3 新しい所有形式—定期借地権—

第二次世界大戦後に建設された戸建て住宅で代々住み続けられるものは少ない．核家族から子供が巣立ってエンプティ・ネスト*化するものが増えている．住まいを1世代単位で考えると土地を購入する必要性は低くなり，借

[補足]リバース・モーゲージ
自宅を担保に資金を借入れ，死亡したときに担保の不動産を処分して借入金を返済する仕組みで，主に融資の受けにくい高齢者らを対象とする．家を子世代が継がない傾向が顕著ななか，住宅を資産として残すことをやめ，生活資金だけでなくリフォームや住み替えに利用できる．

エンプティ・ネスト
直訳すると「空の巣」．家族の成長を考慮して建てた家が，家族周期の中で子世代が就学や就職で家を飛び立ち，老夫婦だけになった状態．

✏️ **コラム** 自由な設計と可変性／ネクスト21[27] ----------

SI住宅でインフィルの自由度を高めるには階高が必要である．階数が減り販売戸数が減ることから民間分譲マンションの導入は当初敬遠されたが，間取りの自由度から，供給実績は増えている．

大阪ガスによるNEXT 21（大阪市）は日本におけるSI住宅の嚆矢といえ，SI住宅以外にも緑地の復元や立体街路，燃料電池コージェネレーションシステム等実験が詰まった建物である．

積層する地盤という考え方で建設されたため，インテリアだけでなく住戸の輪郭も決めることができる．当初建築家によって各戸が設計され，長期居住可能なことを実証するため定期的にリフォームされている．404住戸では改修にあたり，台所に西日が当たるので北へ移したい，ベランダを集約して大きくしたい，和室が欲しい，風通しの良い浴室にしたいといった要望を叶えた．

いくつかのリフォーム実験から小規模現場に向く多能工の必要性や，工事騒音や建材の搬出入の問題，リフォームルールブックの必要性，部品がオープン（市場流通品）であることの重要性等が指摘されている．

NEXT 21の3階平面図[28]

404住戸の改修例（1室を2室に分割）[27]

1993年，地下1階，地上6階，18戸（当初）
[図版提供：近角よう子]

地も選択肢となる．1992 年に施行された借地借家法に創設された定期借地権制度は一定の期間で借地関係が終了する．この制度を利用した定期借地権付き住宅は長期（原則 50 年）の借入れが保証されているため土地取得費用を抑えつつ建物への投資が可能となった．契約期間が過ぎれば建物を壊し，更地にして地主に返すことになっており地主のリスクも少ない．当初は戸建て住宅が主流であったが，ここ 10 年ほどは資産活用や節税対策として賃貸住宅での利用が増えている．現状では契約期間後半の維持管理が懸念されている．

　定期借地権を使って考案された集合住宅につくば方式（スケルトン定借）がある[29]．土地については定期借地権のひとつである「建物譲渡特約付借地権」とし，建物のスケルトンは高耐久性のもので共有しながら，インフィルは各自自由に仕上げることができる．30 年の借地が保証されているためインフィルへの投資が可能である．31 年目以降は地主が建物譲渡特約を実行し地主がスケルトンを買い取れるようになっており，入居者はスケルトンを借りながらその後も住み続けることができる．

▎1.4.4　住まいの広がり

　様々な暮らしを支えるためには居住のニーズに応える多様な器が必要となる．生活をシェアし補い合うコレクティブハウス，生活を重ねることでプラスの価値を生み出すシェアハウス，個人のニーズを満たせるコーポラティブハウス，仕事という外のアクティビティを内包する SOHO 住宅，複数の住まいを行き来しながら生活する二地域居住について見ていく．

コレクティブハウス* （ハウジング）

　1970 年代に北欧で登場し，日本では小谷部育子を中心に紹介された．各人の生活を重ねることで家事負担の軽減ができる．共同で食事をするコモンミールが代表的で，コモンミールは大きな食事の場があり，順番で準備を担当し，みんなで食事を取る．担当以外のときは食事の準備から解放され，食事をみんなと取ることで食育や交流の場になる．得手不得手をカバーし合い，子育てをともに行う等合理的であり，交流や見守りといった付加価値のあるライフスタイルといえる．日本では 1990 年代以降にみられるようになった．

シェアハウス （共同居住型賃貸住宅）

　リビングや台所，水回りを他の入居者と共同で使用する住まいで，建築基準法上は寄宿舎の扱いとなる．空き家や空きビルを活用したものも多い．入居者間の適度なコミュニケーションのあるライフスタイルは都会の単身の若年層に受け入れられ，国土交通省の調査[30]によると居住者は 30 歳以下が過半を占める．若者だけでなくひとり親家庭や高齢者にとっても共同空間のある暮らしは自然と見守ってもらえる等のメリットがある．シェアハウスには，空間をシェアすることで家賃を割安にすることを目的としたものだけでなく，共用リビングでの交流を重視したものや，共用部分の維持管理を管理者が徹底して行い家事負担を軽減するもの，共通の趣味をテーマにした専用室のあるもの等がある．

コレクティブハウスかんかん森
東京都荒川区に 2003 年に建設されたコレクティブハウス．高齢者やひとり親家庭，学生等居住者はバラエティに富む．

コーポラティブハウス

入居希望者が集まり組合をつくり，その組合が事業主となって建設を進める．土地や，設計者，施工業者を自分らで決めることができる．時間短縮のため，あらかじめ土地が決まっていたり，業者がある程度までパッケージ化してスタートする方式もある．

土地取得時から税金が発生すること，途中でメンバーが組合を脱退すると計画が立ち行かなくなるといったリスクがあるが，メリットとして集合住宅でありながら自分の要望を取り入れることができること，入居したときにはコミュニティができあがっていること等があげられる．

SOHO住宅

Small Office Home Office の略語で，自宅や小さなオフィスを仕事場とすることや働き方を指す．SOHO向けの住宅では，仕事の動線と生活の動線が分けられ，家族の生活と併存するプランになっている．集合住宅のなかにはミーティングや会議用の共有スペースがあり，居住者以外が居住ゾーンに入らないよう配慮されているもの，アネックス（離れ）がありメインの住まいを出ることで公私の切り替えができるもの等がある．在宅ワークの増加に伴って地域にシェアオフィスやコワーキングスペースも増えている．

現都市再生機構によるSOHO住宅は2002年にシティーコート目黒（賃貸住宅，SOHOは11戸/484戸）が建設された．SOHO住宅は1階に配置され，中庭側にワークスペース専用の玄関がある．有料の集会所があり，ミー

■コラム■ 煩わしさを超え，集まって暮らす楽しさ—Mポート—[31]

Mポート（熊本市/1992年）はコーポラティブでありコレクティブな集合住宅．地上5階建．延藤安弘の1989年の講演をきっかけに，環境ウォッチングを通して参加者の建設の機運を醸成した．

土地探しから行い，建設の過程で多くの話し合いをし，材料集め等共同作業も行う等，土地取得から完成まで2年半を要した．16世帯からなり，シングルマザーや高齢の単身者，公務員や医者まで様々な年代や職業の人々が集まった．住戸は55 m^{2}から130 m^2．深い続きバルコニー，屋上の広場や集会所，絵本文庫等共用空間が多く，さらに共用空間だけでなく個人の空間のなかにも集まる場が生まれ，個々が場や機会を持ち出したり，融通しながら空間をシェアしている．

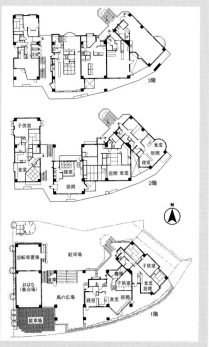

Mポート外観　　　　　Mポート1・2・3階平面図[29]

ティングや SOHO 間のコミュニケーションが可能な提案となっている．

二地域居住

　マルチハビテーションともいう．1 つの場所での定住にこだわらず，平日は都会で，休日は田舎で暮らす等複数の住まいをライフスタイルに合わせて使うことを指す．

　二地域居住は人口減少下の施策として近年注目されている．定住人口が減少する過疎地の持続のために，移住はハードルが高く，観光では一過性で終わってしまうため，2 地域目の拠点（住まいやホテル等）を構えてもらい，ある程度の時間を過ごしながら地域活動や地域活性化に参加してもらうというもので，国土交通省は 2021 年に全国二地域居住等促進協議会を立ち上げている．広域的な定額制居住サービス*も登場している．

1.4.5　地域との調和―景観―

　近年，景観に対する関心が徐々に高まっている．面的な景観の保全は伝統的建造物群保存地区の指定（1975 年）や同時期の金沢市や京都市等の先進都市の景観条例に始まる．協調して景観を形成する試みは建築基準法に基づく建築協定や，都市計画法及び建築基準法の改正時（1980 年）に創設された地区計画により可能となり，住民の合意に基づいて色や形態等が制限できる．そして 2005 年に景観法が制定され，2020 年現在，1,718 市町村中 717 市町村が景観行政団体となり，景観法を根拠にした「景観まちづくり」が各地で行われている．

　戸建て住宅地では 1980 年代から販売前に開発業者が地区計画をかけ，将来にわたり街並みが乱れないことを売りにするようになった．柏ビレジ（千葉県／1980 年）は宮脇檀*がコンサルティングした初期の代表例でレンガとアイビーによる外構で統一感をもたせている．高須ボンエルフ（北九州市

定額制居住サービス
定額制居住サービスは定額で複数の拠点のどこに住んでもいいというもので 2018 年以降，相次いでサービスが提供された．住まいを固定化しない新しい住まい方であり，地方の空き家や別荘等を活用するものもあり，空き家対策や多地域居住としても注目されている．

宮脇　檀
1936〜1998 年．建築家で住宅作品が多い．戸建て住宅地の街並み設計にも携わっており，積水ハウス等と組んで，町全体の調和を考えた環境創出を行った．著作には『それでも建てたい家』（1991），『宮脇檀の住宅』（1996）他多数．

> **コラム　都市居住―東雲キャナルコート CODAN―** --------------
>
> 　1990 年代のバブル崩壊後の地価下落や産業構造の転換を背景として東京湾臨海部で工業用地の居住地への土地利用転換が進み，都心居住を促進するため都市計画や建築規制が緩和され，超高層マンションが建設されるようになった．
> 　東雲キャナルコートは臨海部の大規模工場跡地開発のリーディングプロジェクトとして取り組まれ，16.4 ha の土地をゾーニングし，超高層マンションだけでなく，中央ゾーンに都市再生機構によって東雲キャナルコートCODAN（東京都江東区，2003 年）として賃貸住宅のほか店舗や保育所が配置された．住棟は 6 チームの建築家らにより高密度でありながら高さを抑え，各住棟はヴォイドが穿たれ，廊下と住戸だけになりがちな各フロアに抑揚を与えている．住戸も SOHO 住宅だけでなく，ホワイエルームやアネックスルーム等，新しい都市居住空間が提案された．

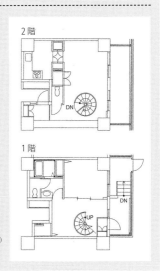

東雲キャナルコート CODAN　SOHO タイプ[32)]
メゾネットになっており上下階に玄関がある．SOHO には下階の外周道路から入れる．

ボンエルフ
ボンエルフはオランダ語で「生活の庭」を意味する．オランダのデルフト市が発祥といわれる．歩車共存道路等と訳されるが，人が優先で，道路全体を人が使うため，物理的に車のスピードを落とさせるデザインである．スピードを下げるため，車道を蛇行させたり，ハンプを設置する．

／1982年）ではボンエルフ*を軸にコモン空間が創出された．コモン空間を区分所有することで法的な拘束力を持ちながら運営されている事例もある．

　集合住宅ではマスターアーキテクト方式によるデザインコントロールがある．この方式は集合住宅に限らず広域に及ぶ計画の際に行われるが，日本ではベルコリーヌ南大沢（東京都八王子市／内井昭蔵）がまずあげられる．「南欧の丘陵都市」をコンセプトに配置や色彩，素材等がコントロールされた．単体では行えない統一性や空地の配置が実現できる．他に磯崎新をマスターアーキテクトとしたネクサスワールド（福岡市）等がある．幕張ベイタウンパティオス（千葉市）では，沿道囲み型のマスタープランのもと都市デザインガイドラインによって，屋根や色彩等の外観デザインの設計指針を示して制限しながら，設計調整の場を設ける等設計者の創意を汲む体制を組み込んでコントロールしている．

1.5　住み手の視点　利用者の視点

　空間のサイズを決める際には，そこで行われる活動や家具を考え，家具を使ったり，扉を開けたり，通り抜けたりする余裕を考える．必要最低限の寸法を確保しつつ，ライフスタイルを想定してゆとりを加え，空間を豊かにしていく．ここでは寸法の考え方，向きに対する知見を見ていく．

▌1.5.1　使い勝手

[補足]収納スペース
一般的な収納スペースの面積は延床面積の10〜20％といわれる．ライフスタイルに合わせて，造り付けの収納を考える．

　自分の部屋の模様替えを考えても，ベッドや机のサイズだけでなく，ベッドメイキングのための余裕や，机に座ったときにどのくらいのスペースが必要か等考えなくてはならない．人体の寸法や，物を取りやすい高さや奥行き等の動作寸法，機能寸法，それら一連の行為で規定される単位空間，さらに子供や高齢者といった年代による違い，車いす利用の場合等は体系化され設計資料集成*にまとめられている．最低限の寸法をおさえておきたい．

▌1.5.2　高さの計画

設計資料集成
日本建築学会の建築設計資料集成小史によると，1937年に建築設計資料集成委員会が設置され，建築設計実務者が新たに建物を設計する際に参考になるよう図を主体とした資料集の編纂が開始された．最新版は2001年に刊行され，次いでテーマごとのコンパクト版が出版されている．

　日本では江戸時代に明文化された規矩術に広さと高さの基準が示され，より広い部屋では天井高を高くする等体系化されていた．第二次世界大戦後，イス座が主流となり，住宅が商品化するに従い，高さは広さとの兼ね合いではなく経済性や可変性により決定される傾向にある．

　床の段差は目線がずれるため緩やかな空間の区切りとなる（**図1.27**）．ハウスメーカーもサンクンリビングや一段高い書斎等を提案している．段差は将来の高齢化を考えると不安があるが，ニーズに合わせて住み替えや内装の変更を行う計画であれば，今のライフスタイルに合う空間を考えればよい．

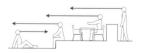

図1-27　高さによる視線の調整

▌1.5.3　住宅の向き

　高度経済成長期の核家族化の進展で地縁による付き合いは薄れた．現在，シェアハウスが支持される等一定の交流が求められている．

地縁のコミュニティが残る下町の調査から，屋外には生活のあふれだしだけでなく，表札や植木等外部へのメッセージとして表出したものがある．外に対して表出させる行為や見る行為，掃除等の管理行為は空間の領域化＝愛着につながり，個々人によって領域化された場所は良好に運営され，交流が起こりやすいことが明らかとなった[33]．また低層の集合住宅の研究から近隣交流のためには必然的に会う頻度を増やすことが有用であることが導かれた．出入り口のあるアクセス路は挨拶等の交流を生み，日常的に滞在している居間からの窓越しの見えは往来や活動を感じることができる．コミュニティに対して負荷のない参加も考えて計画したい．

現都市再生機構が建設した清新北ハイツ（東京都江東区／1983年）では，住戸をメゾネットにし，共用廊下側に居間を配置する「リビングアクセス」が提案された（**図 1.28**）．通常の集合住宅よりも共用廊下側へ植栽が表出し，領域化が促されている．

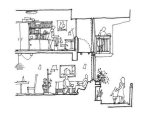

図 1.28 清新北ハイツのリビングアクセス[34]
共用廊下のレベルを下げることで自然な見る・見られる関係を演出している．

1.6 住まいの地域性の再生 地域

本来住宅とは地域固有の環境に即したものであった．第二次世界大戦後の公的住宅の量的な供給やプレハブ住宅の普及により，地方が独自に育んだ住まいの個性が失われた．そのようななか1983年に旧建設省は地域の住文化に根ざした，住まいづくり・まちづくりを掲げ，国の補助事業として「地域住宅計画」を創設した．当初は Housing with Proper Environment から HOPE計画と呼ばれ，以下の3つを目指し，市町村が主体となり進められた[35]．

①地域の特性をふまえた質の高い居住空間の整備：自然環境，伝統，文化等地域が持つ特性を重視し，これを生かしながら，将来に資産として継承しうる質の高い居住空間を整備し，良好な地域社会の形成をはかる．

②地域の発意と創意による住まいづくりの実施：住宅・住環境の整備について，地域の「自主性」や「多様性」を尊重することにより，地域の発意と創意による住まいづくりを推進する．

③地域住文化，地域住宅生産等にわたった広範な住宅政策の展開：住宅が単体のみならず，これらを取り巻く住環境，地域社会，地域の産業，地域経済，住宅文化等にまで広く関わり合いを持っていることから，これ

コラム　コモンスペースの領域化

低層集合住宅はテラスハウスとタウンハウスに分けられる．テラスハウスは長屋形式で専用の庭をもつ．タウンハウスはコモンスペースとして共用の広場や庭を囲む．生活の向きを広場に向けることで領域化が進む[32]．

テラスハウスや戸建住宅地では，アクセスの向きと生活の向きを合わせることで領域化が進み，近隣との関係性が生まれる．

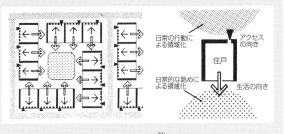

生活の向きとアクセスの向きと領域化[32]

らの広範な住宅関連施策を地域の場において統合し，展開をはかる．

この計画によって，地域型の公営住宅や住宅団地の建設，地域に適合した住宅の開発，さらにこの住宅による街並みの改善等が実施された．

地域住宅計画は形を変えながら継承され，現在は社会資本総合整備計画のなかで地域住宅計画に基づく事業を実施すると行政支援が受けられる．建物を建設する際に地域の文脈を考えることは浸透してきている．今後，さらなる共有や手法の成熟が期待される．

1.7　災害・防災 　　　　　　　　　　災害・防災

災害によるダメージの少ない家の考え方には，家を災害に対して強くする考え方と，ダメージを受けると移動する（捨てる）という考え方がある．江戸時代には火災が起これば家財をもって逃げ，命と家財を守り，家は新たに探すことが一般的であった．被災や住様式の変化を考えると賃貸住宅の方がいい面が多い．しかし日本では賃貸住宅を転々とする住まい方は困難である．集合住宅の持ち家（マンション）の平均延床面積 $75.1\,\mathrm{m}^2$ に対して，借家は $43.0\,\mathrm{m}^2$ で相対的にかなり狭く[17]，多様な居住像に応えられるとは言い難い．

関東大震災や戦災を経て地震や火災に強い住宅に向かい，災害への強さはストック型社会に移行するなかで，当然のスペックとして備えられるようになっている．木造戸建て用の制振装置や免震装置も登場している．敷地については自治体によりハザードマップや地盤の情報が公開されるようになり，危険度を把握した上で建設することができる．

▌1.7.1　家づくりにあたって —耐震等級の基準—

地震は，住まいの保険で他の災害と区別されるように遭うと被害が大きい．日本では大きな地震のたびに建築基準法が改正され耐震化が進んできた．耐震等級には1から3まであり，耐震等級1は震度6強〜7程度に対して倒壊・崩壊はせず，壊れても命は守れるレベル，耐震等級2は建築基準法の耐震基準の1.25倍の強度で，学校や病院に求められるレベルとなっている．被害に遭った場合，被害に応じて支援金が支給されるが，再建や復旧に十分な額ではないため，予算とリスクを勘案して耐震性能を設定する．

▌1.7.2　家を構えたら —災害への備え—

大きな災害では避難所が開設される．熊本地震では町の人口の3割が学校をはじめとする公共施設に避難した．近年では感染症予防の観点から分散避難が唱えられており，自宅の耐震性や危険度を理解し，在宅避難を選択肢として検討する．そのため災害の際に自宅で生活できるように備えておく．

家は居住可能でもライフライン*がストップすることが多い．東日本大震災の際には再生可能エネルギーの有効性が証明され，電気自動車は災害時等に移動式電源として活用できると唱っている．自然エネルギーや自動車と連動した住まいは今後増加するであろう．

ライフラインの復旧
内閣府による首都直下地震等による東京の被害想定によればライフラインの復旧目標日数は，電気6日，上水道30日，ガス55日となっている．電気は比較的早いが，設備的には発電や蓄電池があると良い．食事と排泄は避けられないため，1週間程度の備蓄のできるスペースを作り，トイレの停電対策を考えておく．水はある程度復旧すれば給水車が来るため，ある程度の備蓄のほか給水タンク等を準備しておく．ガスは時間がかかるため，調理や給湯がガスの場合は代替手段の準備が必要となる．

1.7.3　被災したら─被害の把握─

　被災すると建物内への立ち入りが安全かどうかを判定する調査が行われる．それを応急危険度判定という．調査は応急危険度判定士の資格をもつ建築士等が行い，余震等による倒壊や屋根や外壁が落下しないか二次被害の危険度を判断し，調査結果を緑（調査済み）・黄（要注意）・赤（危険）の3段階で区分し，建物に掲示する．罹災証明のための調査とは異なる．

　被害の程度を証明する罹災証明書を発行する調査は行政職員が行い，全壊・大規模半壊・半壊等の住宅の被害状況を，住宅の主要な構成要素の経済的被害の割合に応じて50％以上であれば全壊，40％以上50％未満であれば大規模半壊，20％以上40％未満であれば半壊と判断される．

1.7.4　被災したら─住まいの復興に対する支援─

　被災者生活再建支援制度により被害に応じて支援金（最大300万円）が支給される．修復による復旧が難しい場合は，解体することになる．全壊と判断されれば，公費によって解体*が可能である．解体後は自力再建や，災害公営住宅への入居，民間賃貸への移転等が考えられる．

　自力再建の場合は低利融資が用意される．ただしマンションの場合，修繕か建て替えかで意見が割れることがある．合意形成が難しく，裁判に至ると時間を要する．

1.7.5　被災したら─復興中の住まいの支援：仮設住宅─

　災害が甚大で，住宅に住めなくなると仮住まいのための仮設住宅が用意される．熊本地震では既存の空き住戸等を借り上げたみなし仮設と従来型の建設型仮設住宅（以下「仮設住宅」）が用意された．

　空き家が増えている昨今ではみなし仮設の量をおおよそ算定し，仮設住宅を建設する方向になっている．仮設住宅は阪神・淡路大震災以降，都道府県がプレハブ建築協会と協定を締結し，迅速に仮設住宅が供給される体制を整えた．災害を経るに従って機能性は向上し，段差の解消や，寒冷地における断熱性の向上が図られた．2017年の災害救助法の改正により，仮設住宅の標準規模が削除され，1戸あたりの予算がほぼ倍増したことにより，より高い居住性をもち，実状に合わせて柔軟に供給できる道筋ができた．近年では木造の仮設住宅や県産材の積極的使用（**図1.29**），コンテナ型の仮設住宅（ムービングハウス）の導入が見られる（**図1.30**）．2020年の熊本豪雨災害の仮設住宅は木造主体で，屋根は瓦葺，床下や天井裏に収納が付けられた．

　仮設住宅用地は公共用地がまず充てられ，農地と続く．学校用地は学校再開に支障をきたすため使用されなくなっている．熊本地震では，事前に集落ごとに設置された近隣公園に仮設住宅を建設した例（熊本県嘉島町）があり，生活や生業がスムーズに持続しており，好例として他地域でも検討の余地がある．

　仮設住宅における住居以外の利用はまだ限定的で中越地震の際に理髪店の例はあるが，店舗専用のゾーンを設定するのが一般的である．

[補足]公費解体
本来住まいは私有財産であるため処分は所有者の責任である．ただし災害の場合，公費（災害等廃棄物処理事業費補助金）を活用して解体することができる．公共事業のため年度会計となり，悩む所有者に解体を急がせる等の弊害も出ている．

図1.29　建設型応急仮設住宅
通常の仮設住宅は着工から3〜4週間で完成．コンクリート基礎にするとさらに2週間ほどかかる．熊本地震ではピーク時にみなし仮設が14,923戸（2017.5月），建設型仮設住宅が4,303戸にのぼった．建設型仮設住宅の多くに木造が採用された．木造仮設住宅は基礎をコンクリート造としたため公営住宅に転用されたものも多い．

図1.30　コンテナ型の仮設住宅
令和2年7月豪雨（熊本豪雨）で設置された「ムービングハウス」．1戸約30 m²．災害発生から1カ月あまりで入居が開始できた．

1.8　住宅設備と省エネ・省CO$_2$　　設備・物品

日本ではオイルショック（1973年）によりエネルギーへの注目が高まり，省エネ技術が進歩した．総合エネルギー統計によるエネルギー消費量は1973年と2018年を比較すると全体では1.2倍と持ちこたえている．しかし家庭用は電気製品の数，稼働時間がともに増え，1.9倍と大きく伸びた．気候変動対策として国土交通省・経済産業省・環境省は2050年のカーボンニュートラル実現を目指し，住宅の省エネ化・省CO$_2$化を重要な推進課題としている．加えて2011年の東日本大震災により，関東を中心に電力不足が起こり，再生可能エネルギーは注目されている．

住宅に実装できる環境共生技術には，自然エネルギーの活用，屋上や壁面の緑化，雨水の利用，資源のリサイクル等がある．近年，住宅では特に太陽光発電の設置が進んでいる．太陽エネルギーの利用方法としては暖房や給湯に熱として利用する方法と，電気に変換して利用する方法がある．太陽熱温水器はオイルショック以降に普及した太陽の赤外線を利用して水を温める装置で，低コストであることから再び注目されている．集熱部と貯湯部を分けたものはソーラーシステムといい，液体式と空気式がある．空気式は屋根裏の送風機で床下の蓄熱材に熱を送り冬季の暖房に利用する．太陽光発電は太陽の光エネルギーを太陽電池を用いて直接電気に変換する装置である．エネファームは家庭用燃料電池コージェネレーションシステムの名称で，ガスを水素ガスにして，酸素と反応させて電力を得，その際に出た熱で温水を作るものである．

1.9　住まいと環境共生　　環境工学

人々はもともと自然環境や地形，家族の形に合わせて住環境を形づくっていた．文明の発展とともに電気製品等を取り入れ，住環境を技術で調整するようになった．災害の頻発や地球温暖化のなか，自然の脅威を遮断できるシェルター的な側面も必要だが，できるだけ自然の恩恵を受け共存できる形態が求められる．

自然エネルギーを利用するパッシブデザインは，空間デザインや材料の工夫で空気や熱の流れをコントロールする手法で，太陽光や日射，風，夜間の冷気の利用だけでなく，庇や桟，樹木や植物によって光や熱を調整する．居住者は自然を最大限享受しながら快適に住まうことができる．

▌1.9.1　LCCM住宅・ZEH

パッシブデザインに加え，建設時には地場産材を活用して輸送エネルギーを抑え，解体のしやすい構法で建て，建物の外皮の断熱性能等を大幅に向上させ，高効率な設備システムを導入する等，建設から解体までの一次エネルギー消費量を抑える風潮が高まっている．さらに再生可能エネルギーを導入してCO$_2$の収支をライフサイクルを通じてマイナスにする住宅をLCCM（ラ

[補足]家庭用エネルギーの内訳
東京を例にとると，給湯が23%，暖房が16%，調理が4%，冷房が3%である．北海道は暖房が多く，沖縄では冷房が多い[36]．

[補足]ヒートショック
住戸内の寒暖差で起きる血圧や脈拍の変動により特に高齢者が脳梗塞や心筋梗塞等を引き起こすこと．室内はできるだけ一様で一定以上の温度がよいとされる．省エネのためには，適切な空調に加え，住まいの断熱性の向上が必要である．

[補足]OMソーラー
OMソーラーは空気集熱によるソーラーシステムを含むパッシブデザインによる住宅．1980年代，奥村昭雄のアイデアを浜松市の工務店を起点に全国の工務店で展開された[37]．

イフ・サイクル・カーボン・マイナス）住宅と位置付け，国は 2050 年まで
の普及を目指している．

　また ZEH（ゼッチ）はネット・ゼロ・エネルギー・ハウスの頭文字をとっ
たもので，一次エネルギー消費量をトータルでゼロとすることを目指してお
り，LCCM 住宅に次ぐ位置付けとなっている．ZEH を見据えた先進住宅と
して Nearly ZEH や，ZEH よりも LCCM 住宅に近い ZEH ＋等のグレード
がある．推進のためにグレードに応じた補助金が用意されている．

1.10　おわりに

　本章では現代の日本の住まいをとらえることを目標に，住まいの歴史や日
本に影響を与えた海外事例を取り上げた．住まいの歴史では時代の流れに合
わせて住まいをとらえてもらいたいと思い，戸建て住宅と集合住宅を分けず
に紹介している．

　第二次世界大戦後の量的不足から，居住水準を設定しながら質を改善し，
現在は多様なニーズへ対応できる段階になった．SI 住宅や，シェアハウス，
二地域居住等色々な住まいのあり方が見られる．一方で人口減少や空き家の
増加のなか，これまでの課題を解決し，いいものを後世に残していくための
試行も必要である．国は制度を作り，設計者は制度のなかで解決法を見出そ
うとしている．法制度も含めて解説を行っているので，建物の背景にあるも
のを知って，評価する目をもって欲しい．そうすれば新たな課題に直面して
も解決できる．

　現在の人々の暮らしを見ると，住まいは住宅内に留まらない．色々なとこ
ろに生活の場を見出している．社会全体に広がった生活の場に対して，それ
らにアクセスし，楽しみ，自分たちの場として責任を感じることができれ

コラム　欅ハウス

　樹齢 100 年を超える屋敷林を共通の価値として「森をつくって暮ら
そう」という呼びかけに集まった人々のための環境共生型のコーポラ
ティブハウスである．樹齢 250 年のケヤキが敷地中央に移植され，樹
を中心に住戸が配置されている．建物は屋上や壁面が緑化され，敷地
内にはビオトープが作られた．
　　　　　［企画・コーディネート，資料提供：株式会社チームネット］

欅ハウスの緑と建物の関係[38]
東京都世田谷区 / 2003 年 / 地下 1 階，地上 5 階，15 世帯

欅ハウス配置図[14]

ば，豊かな場が醸成できる．日本はこれまで所有に縛られてきたが，近い未来では所有と利用を切り離して，自分が管理しながらみんなで使う場，他人が管理しているなか使わせてもらえる場等多様な利用が登場するだろう．社会に出たら人と重なる空間的しくみを構築して欲しい．

参考文献

1) 紫式部：源氏物語，林和泉掾，1660，https://www.wul.waseda.ac.jp/kotenseki/html/bunko30/bunko30_a0153/index.html（早稲田大学図書館所蔵），閲覧日：2021年6月11日
2) 中根千枝：適応の条件，講談社，1972.
3) B・ルドフスキー著，渡辺武信訳：建築家なしの建築，鹿島出版会，1984.
4) アキュラホーム住生活研究所：「2017年住宅傾向調査」について，2017，https://www.aqura.co.jp/lab/ah/ah20170209/，閲覧日：2021年6月11日
5) 浜口ミホ：日本住宅の封建性，相模書房，1949.
6) 平成の京町家：http://www.h-kyomachiya.jp/about/concept，閲覧日：2021年6月11日
7) 高田光雄：間取り，日本大百科全書（ニッポニカ），小学館，1994.
8) 一粒社ヴォーリズ建築事務所：http://www.vories.co.jp/work/index.html（お茶の水文化アパート写真 http://www.vories.co.jp/work/residence/8.html#），閲覧日：2021年6月11日
9) 阿久井喜孝，滋賀秀実：軍艦島実測調査資料集―大正・昭和初期の近代建築群の実証的研究，東京電機大学出版局，1984.
10) 同潤会：同潤会十八年史，1942.
11) 橋本文隆，内田青蔵，大月敏雄：消えゆく同潤会アパートメント，河出書房新社，2003.
12) 東京府学務部社会課：アパートメント・ハウスに関する調査，社会調査資料，26，1936.
13) 西山夘三記念すまい・まちづくり文庫編：戦時・戦後復興期住宅政策資料 住宅営団，3，2000.
14) 日本建築学会：コンパクト建築設計資料集成「住居」，丸善出版，2006.
15) 大和ハウス工業株式会社：プレハブ住宅の原点 ミゼットハウス，https://www.daiwahouse.com/tech/midgethouse.html，閲覧日：2021年6月11日
16) 松村秀一：「住宅」という考え方―20世紀的住宅の系譜，東京大学出版会，1999.
17) 総務省統計局：住宅・土地統計調査，2018.
18) 国土交通省住宅局：社会資本整備審議会 住宅宅地分科会新たな住宅セーフティネット検討小委員会参考資料，2016，https://www.mlit.go.jp/common/001139782.pdf，閲覧日：2021年6月11日
19) 国土交通省住宅局住宅総合整備課：公営住宅等長寿命化計画策定指針（改定），2016.
20) 都市再生機構：個別団地類型（案）一覧，https://www.ur-net.go.jp/chintai_portal/stock/lrmhph000000ebqe-att/stocktype.pdf，閲覧日：2021年6月11日
21) 大阪府：千里ニュータウンの建設，https://senri-nt.com/ourtown/ja/（千里ニュータウン情報館より），閲覧日：2021年6月11日
22) E・ハワード著，長 素連訳：明日の田園都市，鹿島出版会，1968.
23) クラレンス・ペリー著，倉田和四生訳：近隣近隣住区論―新しいコミュニティ計画のために，鹿島出版会，1975.
24) Googleマップ，36.84422290183688，-114.05726778210347
25) 浅野 英：日本住宅公団の概要について，新都市，9(11)，1955.
26) 国土交通省 都市・地域整備局：平成12年度 関西文化学術研究都市 パイロットモデル都市形成促進調査，2001.
27) 「NEXT 21」編集委員会：NEXT 21 その設計スピリッツと居住実験10年の全貌，大阪ガス，2005.
28) 日本建築学会：コンパクト建築設計資料集成，丸善出版，2005.
29) 小林秀樹：新・集合住宅の時代―つくば方式マンションの衝撃，日本放送出版協会，1997.
30) 国土交通省：H29 シェアハウス運営管理事業者に対するアンケート調査，2017.
31) 延藤安弘：集住の作法―トモニ住むカタチ，住宅生産振興財団，まちなみ大学講義録，3(1)，1999
32) 都市再生機構：東雲キャナルコートプロジェクトガイドブック，2017.
33) 小林秀樹：集住のなわばり学，彰国社，1992.
34) 長澤 泰，西出和彦，在塚礼子：建築計画 改訂版，市ヶ谷出版社，2011.
35) 岩田 司：HOPE計画の20年，国土技術政策総合研究所 No151，国土交通省，2004.
36) 国土交通省国土技術政策総合研究所・独立行政法人建築研究所監修：自立循環型住宅への設計ガイドライン，財団法人建築環境・省エネルギー機構，2005.
37) OMソーラー株式会社：OMソーラーの歴史，https://omsolar.jp/about/history.php，閲覧日：2021年6月11日
38) 甲斐徹郎：第15回 住みたくなる街の魅力のつくり方(1)（PPPまちづくり：「新・公民連携最前線」コラム），2021，https://project.nikkeibp.co.jp/atclppp/PPP/032300072/121000018/，閲覧日：2021年6月11日

第2章

障害者に配慮した施設・まち
―共生社会の実現をめざして―

石橋達勇

2.0　はじめに

ノーマライゼーション
1950年代に北欧諸国にて普及
した理念．障害の有無にかかわ
らず，互いに支え合って地域社
会生活をともにする考え方．

バリアフリー[2]
高齢者や障害者が社会生活をす
ごす上で障壁となる，物理的，
社会的，制度的，心理的な障壁
や情報面での障壁等を除去する
考え方．

共生社会[3]
これまで必ずしも十分に社会参
加できるような環境になかった
障害者らが，積極的に参加・貢
献していくことができる社会の
こと．誰もが相互に人格と個性
を尊重し支え合い，人々の多様
な在り方を相互に認め合える全
員参加型の社会とされている．

[補足]インクルーシブ
包括的という概念．障害者も含
むあらゆる人が分け隔てなく援
護し，支え合うという意味で用
いられる．

「障害者が暮らしやすい街は健常者にとっても暮らしやすい街である」という考えがある．多様な人々が地域で共生するノーマライゼーション*の実現を目指し，近年は障害者が地域で自立して生活している場面が散見される．重症心身障害児を外出させる運動会（1967年）や仙台市の身体障害者の生活圏域拡張運動（1969年）[1]等1960年代から始まった福祉のまちづくりを目指した当事者らの働きかけや運動を発端とした社会的な認識の広まりにより，サービスの主体的な選択や公的施設のバリアフリー*化（以下，BF化）を推進する法制度の整備が進められた．またこれとともに，障害者自身の特性を理解する機運の高まり，様々な福祉用具の開発・販売，自宅と目的地を結ぶ移動環境や地域全体の面的な整備，そしてこれら情報の提供等，多種多様な立場の関係者の努力や取り組みも見逃せない．本章では，障害者等の社会的弱者や少数の人も他の健常者と同様に安全・安心な生活を過ごす「権利」があり，この生活を担保するためにも共生社会*の実現と推進に貢献する建築を考える上で必要となる視点や知識を学ぶ．

2.1　安全・安心の共生社会の実現に向けた取り組み

2.1.1　共生社会の実現をすすめるための法制度

戦後に公布された日本国憲法において「福祉」が位置付けられた後，児童福祉法（1947年），身体障害者福祉法（1949年），生活保護法（1950年）の福祉三法が制定され，行政の措置として障害者への各種サービスが提供されるようになった（**表2.1**）．その後，精神障害者や知的障害者らを対象とし

表2.1　社会福祉や福祉のまちづくりに関係する主な法制度の制定

年	法制度名
1947年〜50年	福祉三法（児童福祉法，身体障害者福祉法，生活保護法）の制定
1950年	精神保健福祉法
1960年	精神薄弱者福祉法（現在は知的障害者福祉法）
1963年	老人福祉法
1964年	母子及び寡婦福祉法（現在は母子及び父子並びに寡婦福祉法）
1970年	心身障害者対策基本法（1993年障害者基本法に改正）
1981年	国際障害者年
1983年〜92年	国連障害者の十年
1994年	ハートビル法（2006年廃止）
2000年	交通バリアフリー法（2006年廃止），社会福祉の増進のための社会福祉事業法等の一部を改正する等の法律（2003年支援費制度の導入）
2005年	障害者自立支援法（2012年同法廃止），ユニバーサルデザイン政策大綱
2006年	住生活基本法，バリアフリー法（2011年同法改正）
2012年	障害者総合支援法
2013年	障害者差別解消法，国連における障害者の権利に関する条約の批准

た社会福祉関連の基本的な法制度が 1960 年代に整備された．国際連合において採択された国際障害者年（1981 年），国連・障害者の十年（1983～1992 年）を迎え，障害者が社会に参加して自分らしい生活を過ごす自立の機運が高まり，障害者施策に関する基本法である心身障害者対策基本法は障害者基本法（1993 年）に改正された．そして，社会福祉の増進のための社会福祉事業法等の一部を改正する等の法律に伴う支援費制度により障害者自らが受けるサービス支援を選択できるようになり，障害者自立支援法（2005 年）（2012 年障害者総合支援法に改正）にてその体制が整えられた．

　障害者が自立して地域に居住し，健常者と同じように街に出歩くようになると，様々な公共施設や交通機関の利用ができない問題が指摘されるようになった．そこで全国の地方自治体において福祉のまちづくり条例が制定され，建築や設備の整備や工夫による BF 化が推進された．この動きは全国統一の基準づくりとして公共施設の BF 化を目指したハートビル法や公共交通機関の BF 化を目指した交通バリアフリー法の制定につながり，後にこれらの一体的な BF 化，特に利用が見込まれる地域の面的整備や心の BF をも包含した高齢者，障害者等の移動等の円滑化の促進に関する法律（バリアフリー法）の制定（2006 年）につながる（**図 2.1**）．またニーズに合わせて環境を変える BF の考えではなく，はじめからなるべく多くの人々が利用やアプローチできるユニバーサルデザイン*の考えも紹介され，国のユニバーサルデザイン政策大綱の制定（2005 年）もあり，建築・設備に止まらず道具や機器の開発においてもこの考えが取り入れられるようになった．

　以上の取り組みもあり，国連の障害者の権利に関する条約の批准とともに，すべての国民が障害の有無によって分け隔てられることなく，相互に人格と個性を尊重し合いながら共生する社会の実現に向け，障害を理由とする

ユニバーサルデザイン[4]
対象者の年齢，性別，能力，状況によらず，できる限り多くの人が最初から利用可能とするデザイン概念．米国，ロンメイスが 1985 年に提唱した．「誰にでも公平に利用できる」「使う上で自由度が高い」「使い方が簡単ですぐにわかる」「必要な情報がすぐに理解できる」「うっかりミスや危険につながらない」「無理な姿勢をとることなく少ない力でも使用できる」「アクセスしやすいスペースと大きさを確保する」という 7 つの原則を掲げている．

1．国が定める基本方針
● 移動等円滑化の意識及び目標　● 施設設置管理者が講ずべき措置　● 移動等円滑化促進方針（マスタープラン）の指針
● 基本構想の指針　　　　　　　● 国民の理解の推進及び協力の確保に関する事項
● 情報提供に関する事項　　　　● その他移動等円滑化の促進に関する事項

2．国、地方公共団体、施設設置管理者、国民の責務

3．公共交通施設や建築物等のバリアフリー化の推進
● ハード面の移動等円滑化基準の適合については、新設等は義務、既存は努力義務
　・ バリアフリー基準適合義務の対象施設：旅客施設及び車両等、道路/路外駐車場、都市公園、建築物
● 新設等・既存にかかわらず、基本方針において各施設の整備目標を設定し、整備推進
● 各施設設置管理者に対し、情報提供、優先席・車椅子用駐車施設等の適正利用推進のための広報・啓発活動の努力義務
● 公共交通事業者等に対し、以下の事項を義務・努力義務化
　・ 旅客施設等を使用した役務の提供の方法に関するソフト基準の遵守（新設等は義務、既存は努力義務）
　・ 他の公共交通事業者等からの協議への応諾義務
　・ 旅客支援、職員に対する教育訓練の努力義務
　・ ハード・ソフト取組計画の作成・取組状況の報告・公表義務（一定規模以上の公共交通事業者等）

4．地域における重点的・一体的なバリアフリー化の推進
● 市町村が作成するマスタープランや基本構想に基づき、地域における重点的かつ一体的なバリアフリー化を推進
● 基本構想には、ハード整備に関する各特定事業及び「心のバリアフリー」に関する教育啓発特定事業を位置づけることで、関係者による事業の実施を促進（マスタープランには具体的な事業について位置づけることは不要）
● 定期的な評価・見直しの努力義務

5．当事者による評価
● 高齢者、障害者等の関係者で構成する会議を設置し、定期的に、移動等円滑化の進展の状況を把握・評価（移動等円滑化評価会議）

図 2.1　バリアフリー法の概要（文献 6）を一部改変）

差別の解消を推進することを目的とする障害を理由とする差別の解消の推進に関する法律（障害者差別解消法）が制定（2013年）され，様々な機関や場面において障害を理由とした不当な差別が禁止されるようになった．また同時に障害者の利用や対応において合理的配慮*の義務・努力が求められ，行政機関や事業者はハードだけではなく人的対応等ソフトによる手立てによる対応を促されることとなった．

2.1.2　障害者の居住生活の支援

　障害者自立支援法の施行以降，障害児・者や難病患者は，日中活動と夜間の居住の場のサービスを選択し，自らの生活を構築する（図2.2，図2.3）．そして，その生活の基盤となる「住まい」の環境を整えることが非常に重要となる．具体的には自宅，グループホーム*，障害者支援施設*等を選択し，そこで様々なサービス支援を受けながらその人らしい生活を過ごすこととなる．

　自宅にてサービス支援を受けながらその人らしい生活を送ることが理想的であるが，そのためには経済的裏付けとともに身体特性に応じた建築空間の改修や設備の整備が必要となる場合がある．しかし借家の場合はこれら改修や整備が困難であることが多い．その中で特に近年，グループホームが注目されている．例えば，施設ではなく家をつくるというコンセプトのもとで計画された重度身体障害者のグループホームであるやじろべえ（図2.4）では，管理エリアと入所者利用エリアを部分的に混在させることで，入所者は常に介護スタッフの見守りも含めた介護を受けることが可能になっている．単に家庭的な雰囲気をつくるだけではなく，利用者の特性もふまえた個人の自宅では実現が困難であろう数々の工夫を凝らすことで，地域での居住が実現できている．

合理的配慮[5]
障害者から社会の中にあるバリアを取り除くために何らかの対応を必要としているとの意志が伝えられた際，行政機関は負担が重すぎない範囲で対応すること，（ボランティア活動をするグループも含む）事業者は上記対応の努力を行うことが義務付けられている．また負担が重すぎる場合は，障害者に負担が重い理由を説明し別の方法を提案することも含め，話し合い，理解を得るよう努めることが重要とされている．

障害者総合支援法におけるグループホーム
複数入所者による共同生活において相談，入浴，排泄または食事の介護，家事等の日常生活上の支援を提供する．1以上のユニットを有し，ユニットの入居定員は2〜10人，居室（原則個室）および居室に近接して設けられる相互に交流を図ることができる設備を設ける．介護サービス包括型と外部サービス利用型がある．

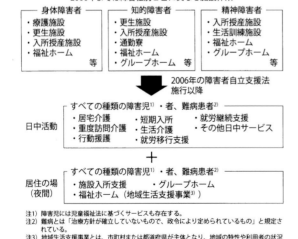

図2.2　障害者に関するサービス体系の変化[7]

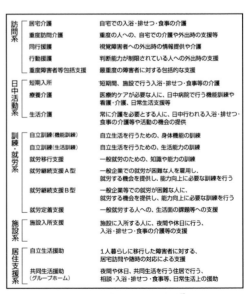

図2.3　障害者総合支援法のサービス体系[7]

▌2.1.3　海外のグループホーム事例　　　海外事例

フィンランドのエスポー市にあるアスパ・コティ・シャールンヘルムでは発達障害児・者を対象として5棟のアパートと2棟のグループホームにてデイプログラムと居住サービスを提供している．13人が居住しているタウンハウス形式のグループホーム（**図2.5**）には，24〜40歳の発達障害者が居住している．共用の食堂の他にフィンランドというお国柄もありサウナも備えている．ここでは，施設の玄関の他に直接外部から各居室にアクセスできる専用の玄関を有している．専用玄関の前は屋根が付いたポーチが設置され，専用の屋外空間としても使われている．つまり共同生活を送りながらも個々の入所者の生活やプライバシーを尊重している姿勢が建築空間から読み取れる．

障害者支援施設

常時介護が必要で一定の支援区分以上の身体・知的障害者が入所する施設で，昼間は「生活介護」「自立訓練」「就労移行支援」，夜間は「施設入所支援」の各種サービスを行う．

[補足]福祉ホーム

地域生活支援事業として，低額料金で障害者が居室その他の設備を利用でき，日常生活に必要な便宜を受ける入所施設．定員は5人以上，原則個室の居室の他，共用室，浴室，便所等を備えている．

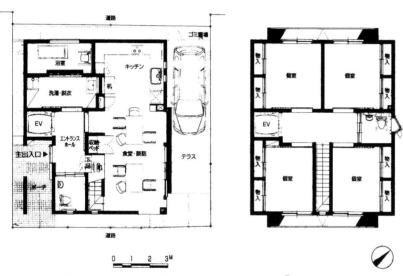

図2.4　重度身体障害者グループホームやじろべえ（設計：飯野高明）[8]

図2.5　シャールンヘルムの発達障害者向けのグループホーム

[補足]放課後等デイサービス事業所[11]
学校へ通学している障害児を放課後や休業日に通所によりサポートする事業所. 自立した日常生活を営むために必要な訓練, 創作的・作業活動, 地域交流の機会の提供, 余暇の提供, 等のメニューを本人の希望をふまえてサービスを提供する.

2.1.4　公共施設や交通機関のバリアフリー化

　日常生活の諸機能が外部化・集中化された公共施設や, 住居からそこに至るまでの交通機関なくして現代社会は成り立たない. これは利用者の障害の有無にかかわらず普遍的であることから, 公共施設や交通機関の BF 化は社会的にも必須といえる. 前述の福祉のまちづくり条例やバリアフリー法等の法整備等もあり, 近年はこれらの BF 化が進展している. 例えば鉄軌道駅舎やバスターミナル等 1 日あたり平均利用者数が 3,000 人以上の鉄道駅等旅客施設では, 視覚障害者誘導用ブロック, 段差の解消, 障害者用トイレの整備が進められ最近は各々 90% 前後の施設で整備が完了していることが分かる（図 2.6）.

　またこれら施設が個々に BF 化を進めても, それら施設に至る交通機関や歩行空間等の移動環境の BF 化が連続的に実現されなければ実際には施設を利用できず, 意味をなさない. そこでバリアフリー法では市町村は主要な公共施設, 交通機関や歩行空間等を含めた重点整備地区を定め, これら地区の BF 化を計画的・面的に進めることが義務付けられている. 例えば札幌市が制定した新・札幌市バリアフリー基本構想では, 1 日平均の乗降客数が 5,000 人以上の地下鉄・JR 駅と区役所を中心に生活利便機能が集積する等して区の役割を担う地域の地域交流拠点を中心とした徒歩圏について生活関連施設の立地状況をふまえて 53 の重点整備地区（2021 年現在）を設定して, 面的な BF 化の整備を進めている（図 2.7）.

　このようにバリアフリー法により, 公共施設や交通機関の BF 化が伸展し, さらに「心のバリアフリー」として, 障害者の理解をすすめる様々な啓蒙活動も併せて実施されているが, 今後の課題としては, 例えばバリアフリー法や自治体が定めた福祉のまちづくり条例の対象外となっている比較的小規模の民間施設の BF 化があげられる（表 2.2）. これらの実現に際しては, 対象施設の所有者の理解とともに, 後支えする経済的支援や物的・人的支援方法の開発・提案も期待される.

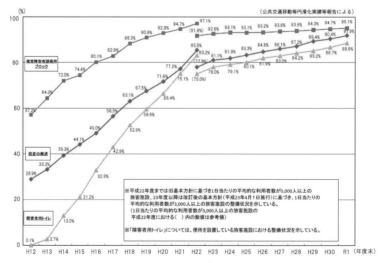

図 2.6　旅客施設におけるバリアフリー化の推移[9]

▌2.1.5　日常生活の質的向上を目指した環境整備

　地域における各種施設の利用や移動の担保に加え，質の高い充実した日常生活を過ごすためには，例えば余暇や社会学習を受けることが考えられ，近年はこれらを行うための環境整備も進められている．パラリンピックにおいて広く知られるようになった障害者スポーツ*を行う場所の確保や，視覚障

障害者スポーツ

ニーズに応じて既存のスポーツのルール等を一部変更したものや，独自に新たに考案されたものがある．特に身体障害者を対象としたスポーツは，第二次世界大戦時に負傷した退役兵に対するリハビリテーションのプログラムから発展したものもある．

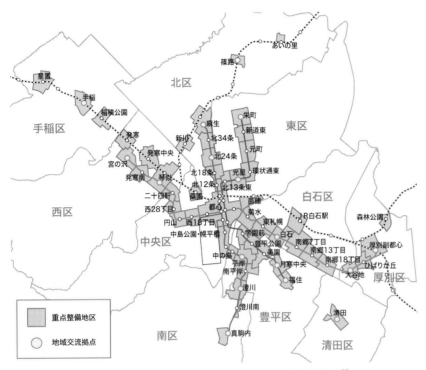

図2.7　新・札幌市バリアフリー基本構想における重点整備地区と地域交流拠点[12]

表2.2　2,000 m² 未満の店舗・飲食店等のバリアフリー化の実態把握に関する調査結果（文献10）から作成）

施設種	面積規模	適	不適	適の割合	施設種	面積規模	適	不適	適の割合
郵便の業務の用に供する施設	〜 299 m²	3	5	38 %	理髪店，美容院等	〜 299 m²	29	333	8 %
	300 〜 999 m²	0	0	—		300 〜 999 m²	4	6	40 %
	1,000 〜 1,999 m²	0	0	—		1,000 〜 1,999 m²	0	0	—
日用品販売店舗	〜 299 m²	81	510	14 %	銀行の支店等	〜 299 m²	6	23	21 %
	300 〜 999 m²	8	23	26 %		300 〜 999 m²	14	21	40 %
	1,000 〜 1,999 m²	9	8	53 %		1,000 〜 1,999 m²	3	2	60 %
百貨店，マーケット，物販販売店舗	〜 299 m²	143	516	22 %	物品販売業を営む店舗以外の店舗	〜 299 m²	13	128	9 %
	300 〜 999 m²	64	142	31 %		300 〜 999 m²	4	17	19 %
	1,000 〜 1,999 m²	64	101	39 %		1,000 〜 1,999 m²	5	7	42 %
飲食店	〜 299 m²	70	426	14 %	料理店	〜 299 m²	0	1	0 %
	300 〜 999 m²	39	69	36 %		300 〜 999 m²	0	0	—
	1,000 〜 1,999 m²	9	2	82 %		1,000 〜 1,999 m²	0	0	—
食堂または喫茶店	〜 299 m²	8	73	10 %					
	300 〜 999 m²	0	3	0 %					
	1,000 〜 1,999 m²	0	0	—					

〈注〉表中の「適」「不適」は，バリアフリー法施行令で定める建築物移動等円滑化基準への適合状況を示す．

[補足]劇場,競技場等の車いす使用者用客席・観覧席[13]

(可動席スペースを含む)席数は,施設内容や規模に応じて総席数の0.5〜1%以上とし,車いす使用者が選択できるように2カ所以上の異なる階や異なる水平位置に分散して設けることが望ましい.また個々の客席・観覧席は少なくとも同時に2以上の車いす使用者が利用できる専用スペースを確保する.床は水平とし,他の客席・観覧席より高い位置にある場合は,端部に脱輪防止用の立ち上がりを設ける.また前後の席の位置,高低差を考慮し,舞台やスクリーン,競技スペース等へのサイトライン(可視線)を確保する.

なおサイトラインとは,前列の人の頭または肩を越して舞台や競技場(視焦点)を見ることのできる視野の限界線のことである.観客が着座または立ち上がること等を予想して検討する(下図参照).

害者も利用できる博物館・美術館の整備等はその一例としてあげられる.

　障害者スポーツを行う場所は,周囲の理解が進んでいない場合は実施場所の確保に困難を伴う.障害者スポーツを行うことを前提として計画設計されていない運動施設も多い(**図2.8**).また実施する場所だけではなく,そこに至るアプローチの方法や普段の練習場所の確保の問題等,解決しなければいけない多くの問題が指摘されている.

　視覚障害者も利用できる博物館・美術館では,展示物に触れることができる,点字や音声ガイドによる解説,サイン表示の工夫等を行っている他に,鑑賞支援等により作品をより深く理解するため取り組みを行っている事例もある.

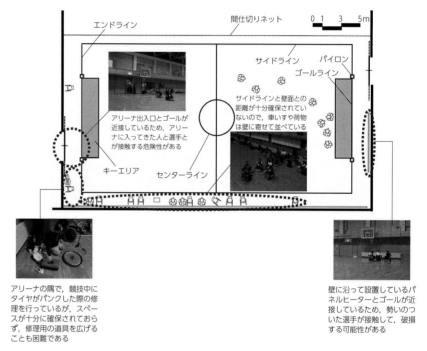

図2.8　Dセンターのアリーナでのウィルチェアラグビーの練習の様子[14]

＝コラム＝　パラリンピックとまちづくり　--------------------------------　海外事例｜環境工学

　パラリンピックは「もう一つの(Parallel)オリンピック」と言われ,4年に1度オリンピック競技大会の終了後に同じ開催都市で行われている.夏季と冬季の競技大会がある.1948年に病院内で開催された車いすを使用する英国退役軍人患者たちによるアーチェリーの競技会が原点とされている.その後1952年に国際競技会となり,1960年ローマ大会が第1回(夏季)パラリンピックとして位置付けられている.当初は,限られた障害者のリハビリテーションの一環・延長としての競技会であったが,回を重ねて様々な障害種をもつ競技者が参加するようになるに従い,より競技性の高い大会となった.

　この運営を取り仕切る国際パラリンピック委員会(IPC:International Paralympic Committee)は,開催国に大会運営に関わるハード・ソフト両面のバリアフリー化を目的とするガイドラインの策定を求め,これを基にして対象施設の管理者等の大会関係者に整備の働きかけを行うとともに,仮設施設の整備やソフト的対応もふまえた大会運営を行う.また大会後の利用ニーズ等を勘案し,開催都市において障害者の利用に配慮したまちづくりを促すものも含まれている.

2.2 利用者の特性をふまえた計画・設計 [利用者の視点]

2.2.1 障害の種類と特性

　施設の計画設計時に必要な基本的な姿勢として，利用者の特性を理解し，ニーズを丁寧に汲み取り，それを建築的課題として向き合うことがあげられる．これはその利用者が障害者であっても変わることはない．本節では代表

表 2.3 主な種障害別の特性（文献 15）を一部改変）

障害種	特　性
肢体不自由	手や足，身体のどこかが動かないあるいは動かしにくい，関節が曲がったまま固まってしまう，力が入らない，自分の思いとは関係なく動いてしまう，欠損している等様々な状態がある．この状態を補うために車いすや杖等の福祉用具や補装具を使うことがある．障害のある部位別に下肢障害，上肢障害，体幹障害に分けることができる．
内部障害	心臓や腎臓，呼吸器，膀胱，直腸，小腸，肝臓のいずれかの障害，あるいはヒト免疫不全ウイルス（HIV）による免疫機能に障害を有している状態である．身体の中の障害のため，外見からは障害を有しているのか，元気なのかがわかりにくい．一般に疲れやすく，長い時間立っていることや長い距離を歩くことが難しいことが多い．鼻にチューブを通し，携帯用ボンベを台車に載せて持ち歩いている人もいる．
視覚障害	視力と視野の障害がある状態である．また視力障害には全盲と弱視がある．全盲者は文字を読めないので，点字を読んだり，録音された音声を聞く．全盲者は視覚障害者の2割程度といわれる．一方，弱視者は見えづらさにも個人差があり，中には目の見える人と同じように印刷した文字や拡大した文字を福祉用具等も用いて読める人もいる．したがって視覚障害者が全員，点字を使えるとは限らない．視野障害は，目を動かさないで見たときに見える範囲が狭い状態である．目からの情報が得にくいため，音声や手で触ること等により情報を得ている．
聴覚障害	音が聞こえない，または聞こえにくい状態をいう．聾（ろう）者は，全く聞こえない人，難聴者は，少し聞こえる人である．中途失聴者は，言葉を身に付けた後，聞こえなくなった者である．コミュニケーションの手段には，手話，筆談，口話，身振り手振り等があり，また声を出して話せる人と，話すのが難しい人がいる．聴覚障害者全員が手話を使えるとは限らない．耳からの情報が得にくいため，文字や図等の視覚（目）により情報を得ている．手話通訳や要約筆記等の支援を受けて社会参加している人もいる．
知的障害	知的機能の障害がおおむね18歳までに現れ，日常生活に支障が生じているため，何らかの特別な支援を要する状態にある者である．障害の状態は，人によって様々である．
精神障害	脳をはじめとした神経系の何らかの精神疾患によって，やる気が起きない，何をやっても楽しめない等の意欲や興味の低下，あるいは強い不安や心配が頭から離れず，勉強や仕事が手につかない，眠れない等の様々な症状が現れる状態である．それにより周囲の理解が得られずに，社会生活や日常生活に困難が生じる場合がある．また，現実にはあり得ないことを信じ込んでしまう（妄想），他の人には聞こえていない声が聞こえる（幻聴），見えないものが見える（幻視）等の症状がある者もいる．治療や服薬，リハビリテーション，そして周囲の理解等によって回復し，安定して地域での生活ができるようになる一方，ストレスや服薬の中断等により，症状が不安定になることがある．
発達障害	広汎性発達障害（自閉症等），注意欠陥多動性障害，学習障害等，脳機能の発達に関係する障害である．他人との関係づくりやコミュニケーション等が苦手だが，優れた能力が発揮されている場合もあり，周りから見てアンバランスな様子が理解されにくい．個々の能力を伸ばし，社会の中で自立していくためには，子どものうちからの気付きと適切なサポート等の周囲の理解が必要である．
高次脳機能障害	交通事故，スポーツ事故，転落事故等による頭部外傷や，脳血管障害，脳腫瘍，低酸素脳症等の脳疾患等により脳に損傷を受け，記憶障害，注意障害，失語や感情のコントロールの低下といった社会的行動障害等が引き起こされるものである．症状は脳の損傷部位により様々であり，後天的な障害であるため，これまで当たり前にできていたことができなくなったことへの対応に，本人も周囲も戸惑ってしまう場面が多くある．
言語障害	失語症と構音障害がある．失語症は，脳梗塞，脳卒中や脳腫瘍等により，脳の一部分が傷ついたために言葉がうまく使えない状態をいう．失語症は，聞いて理解することはできるが，話すことがうまくできず，ぎこちない話し方になる場合や，なめらかに話せるものの言い間違いが多く，聞いて理解することも困難になる場合等がある．さらに，すべての言語機能に重度の障害の起きる全失語もある．構音障害は，会話の内容に問題はないが，何らかの原因により発音が正しくできない状態のことをいう．ろれつが回らない人や，食べ物を噛んだり，飲み込んだりすることが難しい者もいる．
難病	難病とは，医学的に明確に定義された病気の名称ではない．症例数が少ないものもあり，原因不明で根本的な治療は今のところない．症状や病態に個人差があり，同じ疾病でも，重篤で全面介助の生活を送っている人もいれば，ほとんど問題なく日常生活を送っている人もいる．外見からは障害があることがわかりにくい症例も多く，社会の理解が得られず，就学・就業等社会生活への参加が進みにくい状態にある．

的な障害種とそれに対して建築・設備に配慮する基本的な考え方を解説する．

　障害は大きく分けて，身体障害（肢体不自由，内部障害，視覚障害，聴覚障害），知的障害，発達障害を含む精神障害，高次機能障害に分けることができる．また盲聾者のようにこれら障害が重複している人や難病を抱えて日常生活を過ごす上で大きな問題を抱えている人たちもいる．これら障害者の障害種とその特性を**表2.3**に示しているが，これはその代表的，概観を示しているに過ぎず，障害の程度や年齢等によりその様相は個々で異なる．

　また疾病や大きな荷物を抱えている状態等一時的に障害者と類似した状況となり，諸行為や生活に支障が発生する場合は誰にでもあり得ることである．繰り返すが障害者が安全安心して利用できる施設や環境整備は特別なことではなく，健常者にとっても使いやすい施設や環境である場合が多いことを認識したい．

表2.4　利用者の特性に対応する建築的対応の考え方（文献16）を一部改変）

対象者		建築的対応の考え方
高齢者		・加齢による移動の困難，視認性の低下，認知症の発症に伴う記憶障害，見当識障害，理解 ・判断力の低下等による転倒等の事故を未然に防ぎ，安全性確保（適度な照明，手すり，滑りにくい床材）への配慮が求められる ・機器類の操作性の確保が求められる
身体障害者	肢体不自由者	・高低差がバリアとなるため，上下移動に対する配慮や，高低差・段の解消が求められる ・スイッチ・ボタン類，機器類の設置位置，操作性の確保等への配慮が求められる ・上肢障害者に対しては，設備や器具等の操作の容易性確保への配慮が求められる
	視覚障害者	・視覚情報を聴覚等の情報として伝達することが求められる ・建築物等の認識や理解を助けるため，動線や配置のわかりやすさ，建物の用途や運営方法に応じた建築的対応，ガイドヘルプ・人的対応等のソフト面での対応が求められる ・視覚障害者誘導用ブロック等や音声誘導装置の適切な配置等，安全性や適切な誘導，注意喚起への配慮が求められる ・視覚障害者誘導用ブロック等の敷設方法，スイッチ・ボタン類等の位置，配置・形状の統一，標準化が求められる
	聴覚障害者	・音情報を視覚情報として伝達することが求められる ・建物の用途や運営方法に応じた建築的対応と，手話・文字情報，人的対応等のソフト面での対応が求められる ・ヒアリングループの設置が求められる
	内部障害者	・腎臓，心臓，呼吸器障害の内部障害者は，階段の昇降等が困難であるため，特に長い移動，上下移動に対する配慮が求められる ・人工肛門・人工膀胱保有者（オストメイト）に対しては，特に便所設備での配慮が求められる
知的障害者		・建築物等の認識や理解を助けるため，動線や配置のわかりやすさの確保等，建築物の用途や運営方法に応じた建築的対応と，人的対応等のソフト面での対応が求められる ・案内表示には，図記号（ピクトグラム）やひらがなの併記が求められる
精神障害者		・建築物等の認識や理解を助けるため，動線や配置のわかりやすさの確保等，建築物の用途や運営方法に応じた建築的対応が求められるほか，人的対応等のソフト面での対応が求められる場合もある ・投薬や療養によって疲れやすい場合もあるため，休憩できる場（部屋やスペース）が必要となる
発達障害者		・建築物等の認識や理解を助けるため，動線や配置のわかりやすさの確保等，建築物の用途や運営方法に応じた建築的対応と，人的対応等のソフト面での対応が求められる ・言葉による認知が難しいこともあるため，案内表示には，図記号（ピクトグラム）の併記が求められる ・音や光に敏感な障害でもあるため，外部から音や光を遮り，一人で静かに過ごせる場（カームダウン・クールダウン室）が必要となる ・便所では，保護者等の異性同伴への配慮・工夫が求められる場合もある

2.2.2 障害特性に応じた各種建築空間の考え方

前節で示した障害者の特性をふまえた建築的対応の考え方の一例を**表2.4**に示す．障害者が空間内で諸行為を実施する際は，個々が有している特性により健常者とは異なる動作を行ったり様々な制約を受ける場合がある．多様なニーズをもつ障害者が使用することが前提となる公共施設等を計画設計する場合は，それらニーズを満たすための建築要件を重ね併せたものが設計条件として立ち現れる．

しかし実際の計画設計段階では，対象のすべての空間や場面について上記の検討を行うことは，時間的・経済的な制約もあり現実的ではない．したがって手がかりとなる様々な基準やガイドライン等を参考にすることがある．例えば国土交通省から提示されている「高齢者，障害者等の円滑な移動等に配慮した建築設計標準*」では，計画設計時の考え方とともに様々な空間において設置すべき設備，空間の形状や寸法等が示されている（**図2.9**）．しかしこれらの基準やガイドラインは，一般的な場面や単純化した条件下における建築的対応の考え方を示しているに過ぎない．つまり，計画設計者が実際に特定の建築物の計画設計を行う際には，これらの寸法や形状を満たすだけではなく，より安全性や利便性が高い提案を行う姿勢が求められる．例えば下る階段の手前には視覚障害者誘導用ブロック*の設置等が求められる（**図2.10**）．しかし**図2.11**の施設ではブロックの色と周辺床材の色との明度差が小さく，段鼻部分も認識しにくいために弱視者にとってわかりにくく安全とはいえない．これは当時の各種基準やガイドラインを遵守しつつも意匠を優先して計画設計を行ったためと考えられる．基準やガイドラインに示されている寸法や形状も重要であるが，それらを決定するに至った過程に目を向け理解することが肝要である．

高齢者，障害者等の円滑な移動等に配慮した建築設計標準
高齢者，障害者が公的施設等を円滑に利用できることを目的として，建築企画・計画・設計段階で必要とされる情報をバリアフリー法に定められた基準に加えて，ハード面やソフト面の標準的な整備内容等を示したガイドライン．

視覚障害者誘導用ブロック
視覚障害者の屋内外での移動を支援するために，表面に点状や線状の突起を有した床材．JIS規格においてその突起の形状・寸法およびその配列が標準化され，点状ブロックと線状ブロックが定められている．様々な色や材質等があるが，選択時は周辺の床材の色の明度，色相または彩度の差を大きくする（例えば輝度比2.0以上）ことや材質も考慮して，弱視者も容易に識別できるようにする．また滞水や雨滴によるすべりにも配慮が必要である．

[補足]主要な経路上にある傾斜路
幅員は，階段に代わる場合は120 cm以上，階段に併設する場合は90 cm以上．勾配は12分の1を超えないものとし，高さが16 cm以下のものは8分の1を超えない．高さが75 cmを超えるもの（勾配が20分の1を超えるもの）は，高さ75 cm以内ごとに踏幅150 cm以上の踊場を設ける．また屋外に設置する場合は，滞水や雨滴のすべりに配慮して勾配を考慮することが望まれる．12分の1超＋高さ16 cm超＋勾配20分の1超の部分には手すりを設ける．

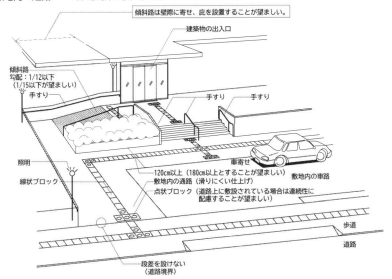

<敷地内の通路> ※図は敷地内の通路に段を設けざるを得ない場合の例

傾斜路は壁際に寄せ，庇を設置することが望ましい．
建築物の出入口
傾斜路 勾配：1/12以下（1/15以下が望ましい）
手すり
手すり 手すり
照明
線状ブロック
車寄せ
120cm以上（180cm以上とすることが望ましい）敷地内の通路（滑りにくい仕上げ）
点状ブロック（道路上に敷設されている場合は連続性に配慮することが望ましい）
敷地内の車路
歩道
道路
段差を設けない（道路境界）

図2.9 高齢者，障害者等の円滑な移動等に配慮した建築設計標準で示されている敷地内の通路の計画モデル[13]

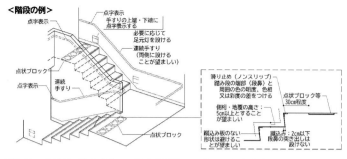

図2.10　高齢者，障害者等の円滑な移動等に配慮した建築設計標準で示されている階段の計画モデル[13]

図2.11　視覚障害者にとって利用しにくいと思われる階段の整備例

図2.12　お茶の水・井上眼科クリニック（設計：間瀬樹省，フォントデザイン等：桑波田謙）[17]

[補足]主たる階段

視覚障害者の方向感覚が失われやすく部分により踏面寸法が異なる回り階段は避ける．段鼻やノンスリップはつまずきの原因とならない形状・材料として，段差を認識しやすい色彩とする．下り方向の階段の手前（30 cm程度）に視覚障害者誘導用（点状）ブロックを配置する．手すりは途中で途切れないように両側に設け，階段上端は水平に45 cm以上，下端は斜め部分を含めて段鼻から45 cm以上延長することが望ましい．

お茶の水・井上眼科クリニックでは，眼科疾患を有している患者が安全で使いやすい医療機関を目指して，独自にユニバーサルデザインの思想に基づいて計画設計を行っている（**図2.12**）．患者への調査を行った結果もふまえて床仕上材の選択，照明・家具や各種案内サインのデザインを検討し，利用者同士が交錯する危険性を減らした平面計画を行ったという．建築主の強い意向がこの取り組みの背景にあったとのことであるが，基準やガイドラインで示されている以上の考えや意識に基づいた提案を，計画設計者から建築主に示して理解を求める事例が増えることが期待される．

2.2.3　様々な環境要素を活用した計画・設計　　環境工学

障害者への建築的対応として，複数の手段による対応やバックアップとなる手段を準備する必要性もある．例えば地方にある無人駅においては，様々な建築的対応や設備の整備により障害者の利用が可能になったが，プラットホーム等からの転落等の事故が発生した際には駅員が常駐していないために迅速な対応は困難ときく．また東日本大震災時に実施された計画停電時では，車いす使用者にとって唯一の移動手段であったエレベーターが停止したために移動に支障があったとの例もある．このような場合に対して，同一空間において複数の異なる種類の設備を整備して対応することも考えられるが，その空間の環境要素を活用する手法も検討したい．

例えば北海道札幌視覚支援学校の廊下では，天井から廊下への採光を一方向にすることで，廊下にいる弱視の視覚障害児は自らが向かう方向をこの採光の方向を手がかりに直感的に判断できる（**図2.13**）．また視覚障害者が街

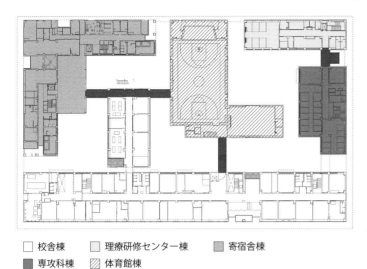

□ 校舎棟　　　□ 理療研修センター棟　　　■ 寄宿舎棟
■ 専攻科棟　　▨ 体育館棟

図 2.13　北海道札幌視覚支援学校　（平面図（左）は文献 18) を一部改変）

中を歩行する際は，建物の間からの風の方向や飲食店から漂ってくる匂い等
をもとにして自らの現在位置を確認することはよく知られている．このよう
な環境要素を活用したサインは，特に周囲から視覚情報や音声情報の収集が
困難である障害者にとっては移動や判断を行う際の重要な手がかりとなり，
健常者にとっても無意識・直感的に認識でき，有用性が大きいと考えられ
る．

コラム　**高齢者障害者等用便房（バリアフリートイレ）**[13]　- - - - - - - - - - - - -

　障害者の利用に配慮した便房は，当初は車いす使用者専用便房として整備されたが，その後オストメイト用
設備や乳幼児用設備を付加し多様なニーズに対応するための多機能便房に進化した．ところがこの便房の利用
が集中し，本来必要とする車いす使用者が利用できないという声が多く寄せられるようになった．これらの意
見もふまえ，多様な利用者の利用を促進するために従来の多機能便房内にあった各種設備・機能を便所全体に分散するために個別機能を備えた便房（車いす使用者用便房，オストメイト用設備を有する便房，乳幼児設備を有する便房）を配置することが現在求められる．

　なお車いす使用者用便房は内法寸法が 200 cm 以上×200 cm 以上，自動的／容易に開閉する構造の扉をもつ出入口の有効寸法が 80 cm 以上，車いす使用者が円滑に 360°回転できるように直径 150 cm 以上の円が内接するスペースを設ける他に，腰掛け便座，手すり等を適切に配置する（右図参照）．

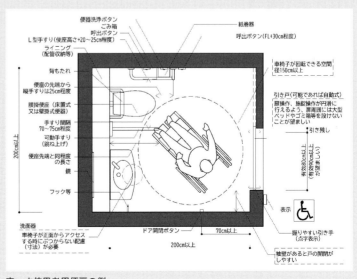

車いす使用者用便房の例

2.3　建築と人間を仲立ちする様々な設備・道具　　設備・物品

2.3.1　障害の特性や状況に応じて利用する福祉用具の機能と目的

福祉用具法
福祉用具の研究開発及び普及の促進に関する法律の略称で，1993年に制定された．福祉用具に関する総合的施策の実施のための基本法として位置付けられる．

障害者はある行為を行う上で自らの特性により問題に直面する場合，様々な福祉用具を用いて解決することがある．したがって計画設計時は，その行為が行われる空間と障害者を橋渡ししている存在の福祉用具や設備の利用を前提として検討することが必要となる．本節では福祉用具についての基本的な知識と建築との関係について述べる．

福祉用具は，近年の人口の急速な高齢化に伴い広く普及し，その種類も豊富である．また研究開発や技術的向上により既存のものが短期間で陳腐化する場合や，障害の特性によっては特注品として制作される場合もある．したがって福祉用具に関する最新状況を常に把握する姿勢が重要となる．

福祉用具は福祉用具法*で「心身の機能が低下し日常生活を営むのに支障がある老人又は心身障害者の日常生活上の便宜を図るための用具及びこれらの者の機能訓練のための用具並びに補装具」（下線部は筆者）と定義されている．具体的には，テクノエイド協会における福祉用具情報システムに登録されているものは約15,000件あり，その中で「移動機器」と「家具・建具，建築設備」等建築空間との関わりが深いものが占める割合が特に高い（**表2.5**）．

表2.5　用具情報の内訳[19]

大分類	件数	構成比
治療訓練用具	953件	6.5%
義肢・装具	18件	0.1%
パーソナルケア関連用具	1,406件	9.6%
移動機器	5,910件	40.4%
家事用具	27件	0.2%
家具・建具，建築設備	5,449件	37.3%
コミュニケーション関連用具	764件	5.2%
操作用具	20件	0.1%
環境改善機器・作業用具	44件	0.3%
レクリエーション用具	5件	0.1%
その他	16件	0.1%
合　計	14,612件	100%

福祉用具の例として車いすを考える（**図2.14**）．車いすは大きく分けて手動車いすと電動車いすに分類できる．そして同じ手動車いすであっても障害者自身が主に操作するものと介助者が操作するものでは種類が異なり，また障害者の身体特性や使用する場面に応じても形状や動きが異なる（**図2.15**）．また全身性障害を有している当事者が使用することが多い電動車いすは，障害の特性に応じて個別仕様となっている場合が多く，操作方法も様々である．

2.3.2　福祉道具の使用を想定した計画・設計の必要性

[補足]日本産業規格
JIS(Japanese Industrial Standards) とも呼称され，わが国の産業製品に関する規格や測定法等が定められた国家規格．産業製品やその生産に関するもの，情報処理，サービスに関するもの等がある．

福祉用具の使用を想定した計画設計の例として，まず前節に引き続き車いすを使用する場面を考える．車いす使用者の目線の高さ（眼高）は110cm前後，また手の届く範囲は**図2.16**に示すとおりとされる．これら寸法は例えば目線の高さはサインの設置やコミュニケーションの場面を検討する際の手がかりとなり，手の届く範囲は例えばスイッチ等の設置位置を決定する根拠となるが，立位の人間とは様相が異なることを確認したい．また車いす使用者が単独で屋内通路を移動する際には，有効幅員90cm以上が必要とされるが，状況が変わり立位の人間とすれ違う場合は150cm以上，車いす使用者同士のすれ違いの場合は180cm以上とされ（**図2.17**），これらは施設内の様々な空間や場面の平面計画を検討する際の基本的な情報となる．また同じ車いすでも種類が異なる場合，例えば自走用手動車いすと電動車いすを比べた場合，車いす自体の大きさが異なる他に，それらを用いた動作に要する寸法も異なる（**図2.18**）．つまり建築空間の計画設計時に福祉用具の使用

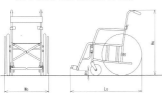

■ 自走用標準型車椅子の例
　（JIS T 9201の車椅子寸法図をもとに作成）

■ JIS T 9201（手動車椅子）
　における手動車椅子の寸
　法（単位：mm）

部位	寸法値[b]
全長　（L₀）	1200以下
全幅　（W₀）	700以下
フットサポート高（H₇）	50以上
全高　（H₀）[a]	1200以下

a）ヘッドサポートを外した時
b）リクライニング機構及び/
　又はティルト機構を装備
　する車椅子は、標準状態の
　寸法とする。

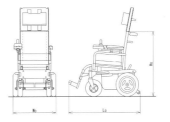

■ 電動車椅子（自操用標準型）の例
　（JIS T 9203の自操用標準型車椅子の図をもとに作成）

■ JIS T 9203（電動車椅子）
　における電動車椅子の最
　大寸法（単位：mm）

区分	最大寸法[a]
全長　（L₀）	1200
全幅　（W₀）	700
全高　（H₀）[b]	1200

a）リクライニング機構、リフ
　ト機構及びティルト機構
　を装備する電動車椅子は、
　標準状態の寸法とする。
b）ヘッドサポート取外し時。
　ただし、バックミラーを持
　つ場合、その高さは1090mm
　とする。

図 2.14　車いすの寸法[20]

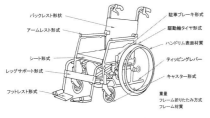

＜標準型手動車いすの例＞　　　＜介助用車いすの例＞

＜6輪車いすの例＞

＜片手駆動式車いすの例＞

＜前輪駆動式車いすの例＞

＜標準型電動車いすの例＞

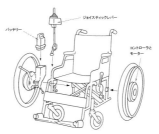

＜簡易型電動車いすの例＞

図 2.15　様々な種類の車いすの例[21]

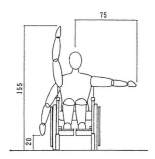

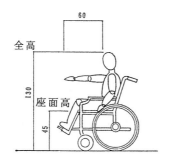

図 2.16　車いす使用者の手の届く範囲[22]

[補足]主要な経路上のエレベーター[13]

カゴ・昇降路の出入口の幅は80 cm 以上、乗降ロビーの幅・奥行きは各々 150 cm 以上とする。

乗降ロビーには、車いす使用者が利用しやすい位置に乗り場ボタン、到着する籠の昇降方向を表示する装置や音声により知らせる装置を設ける。

カゴの奥行きは135 cm 以上、床面積の合計が 2,000 m² 以上の不特定多数の者が利用する建築物ではカゴの幅は 140 cm 以上とし、車いすの転回に支障がない構造とする。またカゴ内には、車いす使用者が利用しやすい位置に操作盤、カゴが停止する予定の階や現在位置を表示する装置、カゴが到着する階・カゴ・昇降路の出入口の戸の閉鎖・到着するカゴの昇降方向を音声により知らせる装置を設ける（下図参照）。

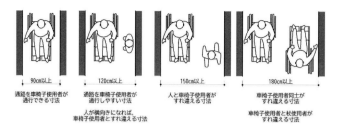

90cm以上
通路を車椅子使用者が
通行できる寸法

120cm以上
通路を車椅子使用者が
通行しやすい寸法
人が横向きになれば，
車椅子使用者とすれ違える寸法

150cm以上
人と車椅子使用者が
すれ違える寸法

180cm以上
車椅子使用者同士が
すれ違える寸法
車椅子使用者と杖使用者が
すれ違える寸法

図2.17　車いす使用者と歩行者，車いす使用者同士のすれ違いに必要となる寸法[20]

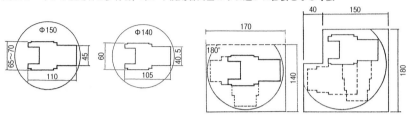

＜手動車いすの最小回転円（左）と電動車い
すの360°回転（車軸中央を中心）（右）＞

＜手動車いす（左）と電動車いす（右）の車輪／車軸
中央を中心とした180°回転に必要な最小動作空間＞

図2.18　手動車いすと電動車いすの最小動作空間の違い（文献22）を一部改変）

を想定する際は，同じ福祉用具であっても仕様の違いにより使用や操作時に必要となる建築的要件が異なる可能性がある．

　また新たに出現する福祉用具の利用を想定した計画設計の場面は，今後も継続的に発生すると考える．例えばハンドル形電動車いす*は屋外空間での使用を想定して開発されたが，最近は屋内で使用する場合も散見され，使用時の空間要件に関する知見は乏しい（**図2.19**）．また危険・注意を要する・複雑な判断を要する空間下で人間がそれを認知する際に大きな役割を果たすサインについて，例えば図記号（ピクトグラム*）のように内容は標準化され多様な人々にとってわかりやすくなっている一方で（**図2.20**），それをどのような方法で掲示することで人間が混乱することなく空間を認識できるのか，未だ試行錯誤されている場面が見受けられる．

　いずれにせよ，計画設計者は福祉用具を使用する際に必要となる空間要件に加えて，その前提となる用具の種類・使い方等を併せて理解する必要がある．

ハンドル形電動車いす
操舵を直接ハンドル操作によって使用する自操用電動車いす．JIS規格上の「T 9208 自操用ハンドル形」として規定されている．3輪または4輪で構成したものがあるが，安定性から4輪が主流となっている．「シニアカー」とも呼ばれている．

図2.19　ハンドル形電動車いすの屋内利用の例

案内
Information

案内所
Question & answer

病院
Hospital

救護所
First aid

警察
Police

障害のある人が
使える設備
Accessible facility

スロープ
Slope

飲料水
Drinkingwater

喫煙所
Smoking area

チェックイン／受付
Check-in/Reception

図記号（ピクトグラム）

「絵文字」「絵単語」等とも呼ばれ，様々な情報や注意を示すために表示されるサインの一種．地と図に明度差のある2色を用いて，表す概念を単純な図として表現されている．安全・禁止・注意・指示を示す一部図記号は JIS 規格上の「JIS Z 8210 案内用図記号」として基本形状，色，および使い方が規定されている．

図 2.20　図記号（ピクトグラム）の例[23]

2.4　地域性や多様性への配慮

2.4.1　気候特性への対応

　公共施設が様々な地域に存在している以上，その地域性との関係は無視できない．事実，地域特有の気候が建築空間に与える影響は大きく，一般には環境工学の視点から検討される．しかし障害者の施設利用等にも影響を及ぼす場合がある．特に積雪寒冷地での屋外移動時は，夏季とは環境が大きく異なり，その建築的対応が必要になる．具体的には歩行空間に積雪がある場合，表面の凹凸や滑りにより車いす使用者や下肢不自由者にとっては移動が著しく困難になる．また視覚障害者にとっては，側道の積雪や雪に覆われた路面により限られた視野による見え方が大きく変化するとともに雪の吸音効果により歩行時の手がかりを失い，普段慣れ親しんだ歩行空間であっても単独歩行は困難となる．したがって，このような地域においては積雪の時期は外出を控えたり，出発地の出入口近くから目的地の出入口近くまで移動できる自動車による移動手段に切り替える人が多いと聞く．なおこの自動車利用を想定した場合は，例えば出入口周辺の大型庇の設置や駐車場からのアクセス空間の融雪・除雪の徹底等が不可欠となる．

　また歩道面上の積雪を除雪する際に敷設された視覚障害者用誘導ブロックが削り取られても補修や交換が行われていない場面もしばしば見受けられる（図 2.21）．このような空間や設備の整備後の適切な点検や維持管理の重要性は気候特性の違いに限らず，普遍的に留意すべき点である．

コラム　BF の情報伝達の必要性 --

　BF 化を目指して建築空間や設備が整備され，障害者や高齢者が新たに利用できるようになった公共施設が日々増加しているが，これらの情報を障害者や高齢者が正しく把握・認識していないと実際にこれらの施設の利用が進まず意味をなさない．近年はこの BF の情報を利用者に伝達する必要性が施設管理者にも認識され，積極的に発信する事例も見られるようになった．例えば東京メトロのホームページでは，安心への取り組みの一環として各駅のバリアフリーの整備状況を説明する中で，視覚障害者向けに音声読み上げソフトへの対応を配慮している．また情報を発信する場合は，いつの時点の情報であるのか，工事による使用停止の可能性等，きめの細かい配慮が必要である．

図2.21　維持管理が行き届いていない視覚障害者用誘導ブロックの例

2.4.2　歴史や文化との共存

　次に考えるのがそれまで地域が培ってきた歴史や文化との共存である．その象徴的な空間としてあげられるのが歴史的建造物である．特に普遍的な価値が認められた建築物は国や地方自治体からの文化財の指定を受け，保存や修復が行われる．その一方で，このような建築物に来訪する障害者数も社会的なBF化の伸展により増加していると考える．しかし歴史的建造物は，屋内に段差が多いことや現代的な衛生設備を有していないことが多く，近年まで訪問は困難であった．しかし新しい設備の開発や工夫により近年はBF化された事例が見られるようになっている．

　中原悌二郎記念旭川彫刻美術館は旧日本陸軍の社交場として使われていた建築物を用途転用した事例である．国の文化財の指定による歴史的価値の保存とBF化の両立に取り組み，例えば1階と2階との垂直移動のために大がかりな工事が必要となるエレベーターの設置を避け，いす式階段昇降機を設置したり，正面玄関ではなく建物側面にスロープを設けて車いす使用者のアプローチを可能としている（**図2.22**）．前述のBF化のあるべき姿から考えると最善の方法とは言えないものの，重要文化財としてわが国でも珍しい2階建ての洋風木造建築がもつ普遍的価値を損なわない範囲で改修が行われた．

　建物がもつ歴史的価値の保存とBF化の整備は，一般に相反・対立するものとしてとらえられてきた．法制度の制約についても考慮する必要があるものの，ノーマライゼーションの実現を目指した中で利用者である障害者と関係者らの議論や意見交換により解決策をともに見出す機会が増えることが求められる．

図2.22　中原悌二郎記念旭川彫刻美術館（旧日本陸軍・偕行社）

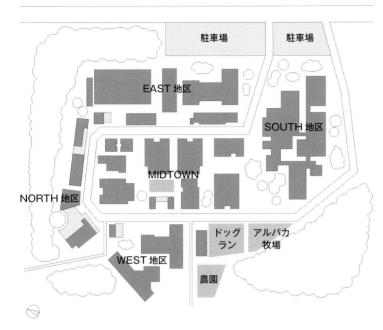

図2.23 Share金沢（Share金沢 Area map を一部改変）

SOUTH 地区	天然温泉，レストラン，配食サービス，高齢者デイサービス・生活介護・訪問介護
EAST 地区	児童入所施設，クリーニング・コインランドリー，児童発達支援センター，キッズスポーツスクール，自然教室，アトリエ付き学生向け住宅，全天候型グラウンド等
MID-TOWN	児童入所施設，サービス付き高齢者向け住宅，学生向け住宅，産前産後ケア金沢
NORTH 地区	日用品・生活雑貨売店，ボディケア，セレクトショップ，デザイン会社，バー，料理教室
WEST 地区	アトリエ付き学生向け住宅，サービス付き高齢者住宅，ウクレレ教室

2.4.3 ユーザーの多様性を考える　利用者の視点

　これまで障害者を生活者や施設利用者の中心に据えて考えてきたが，最近のわが国の実情をみると，日常生活において生きづらさや困難をもつ様々な属性の人々が存在することに気付く．例えば感覚過敏の特性をもつ人々，引きこもりの人々，外国人，LGBTQ＋と呼ばれる人々等である．このような多様な人々が地域の中でその人らしい生活を送るために，まず居住環境を整えることが肝要であることは，**2.1.2**項で述べたことと同様である．

　Share金沢は，多様な住民が分け隔てなくふれ合う環境が備えられている「ごちゃ混ぜ」の街をコンセプトに据えて，敷地内で障害者，高齢者，子ども，学生ら多様な人々が一体となり生活している．またその周辺に居住する人々とも交流を図る施設として商業施設，料理教室，温泉やレストラン等も有し，まさに多様な人々が尊重し助け合って生活している街そのものの縮図としてとらえることができる（**図2.23**）．

2.5 災害時の備え　災害・防災

　火災等の災害を想定し，施設に滞在している障害者が災害から身を守り安全な場所に避難するための様々な建築的対応が必要である．災害発生時の情報の伝達から避難場所への誘導等一連の流れが途切れないように，災害の発生通知，円滑な避難誘導，避難経路の確保，一時退避スペースの確保等を目的とした各種設備の整備が求められる．具体的には，周辺環境からの情報の取得に制約を受けている視覚障害者や聴覚障害者向けのものとして，音声放

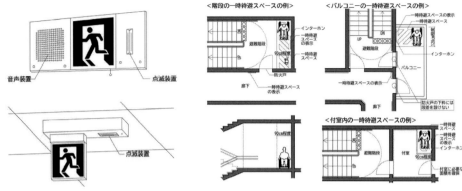

図 2.24　点滅式誘導灯の例[13]　　　　　図 2.25　非常階段／バルコニーにおける一時退避スペースの例[13]

送や誘視・文字情報サイン，避難経路を導くサイン等がある（**図 2.24**）．また車いす使用者向けのものは，救助隊による救助を待つための一時退避スペースを避難階段の踊場やバルコニーに設けるものがある（**図 2.25**）．

2.6　改修事例　　　　　　　　　　　　　　　　　　　　改修事例

2.6.1　住宅の改修

　住居や施設の寿命は長いが故に，当初から BF 化が行われていない場合は改修して対応する場合が多い．本節ではその事例を紹介する．

　住宅の改修は，障害者が居住する自宅の安全性・利便性等を向上させるために部屋の用途転用，間取りの変更，各種設備や撤去・新設，福祉用具の設置等を内容とする（**図 2.26**，**図 2.27**）．国による日常生活用具給付等事業*においては，重度の障害者を対象として，①手すりの取り付け，②段差の解消，③滑り防止および移動の円滑化等のための床または通路面の材料の変更，④引き戸等への扉の取り替え，⑤洋式便所等への便器の取り替え等住宅における生活動作等を円滑にする用具の設置とそれに伴う小規模な住宅改修を伴うものを対象として購入費および改修工事費の一部が助成される．

　改修時は①ニーズの発見，②家屋状況や当事者の身体機能の確認，③場所と動作の絞り込み，④専門家を交えたプランの検討・作成・修正，⑤工務店への依頼・施工，⑥完成後のフォローアップ，というプロセスで進められ[24]，将来の変化の可能性をも検討しつつ多職種専門家を含めた協働で進められることが望ましい．

2.6.2　鉄道駅舎の BF 化改修

　各自治体の福祉のまちづくり条例や福祉のバリアフリー法の施行以後，一定規模以上の新築公共空間の BF 化に加え，既存の公共空間の BF 化を目的として改修した事例は数多い．特に鉄道駅舎は，利用者数が多いことに加え，出入口からプラットホームや車両の乗降時までの垂直移動の機会の頻度

日常生活用具給付等事業
障害者総合支援法の地域生活支援事業のうち，市町村が行う必須事業として規定．重度障害者を対象として，自立生活支援用具等の日常生活用具の給付・貸与等により日常生活の便宜を図り，その福祉の増進に資することを目的としている．また基準額加算，種目の対象者拡大，単独種目の上乗せ等の都道府県や市町村による単独事業もある．

図 2.26　住宅改修の例 1[25]

　脳性麻痺（15 歳，全介助）の当事者が家族 4 人と同居している集合住宅（持家）において，本人の自立を促し介護負担の軽減を図ることを目的として，天井走行式リフトの導入，浴室に据置き型リフトを設置，便所への建具の間口を広げ扉の交換を行った．屋内移動が車いすになったこと，すべての移乗場面にリフトが導入されていること，排泄時の姿勢保持介助が不要になったこと等から，本人の自立を促し，介護負担がきわめて軽減されたという．

図 2.27　住宅改修の例 2（文献 26）を一部改変

　脊髄損傷（66 歳，両下肢麻痺，要介護 1）の当事者が妻と同居している戸建て住宅（持家）において，入浴と排泄の自立と自力でガレージまで移動して外出を自由に行うことを目的として，水回りを庭側に広げる，浴室の改修（出入口の改修，入浴台と新規浴槽の設置），便所の改修（出入口の段差解消と扉交換，洋式便器と手すりの設置），自己導尿用機器の洗浄のための洗面器の設置を行った．車いす生活での自立や外出の自由はほぼ満足・できるようになったが，浴室，脱衣，トイレを一カ所にまとめたために少し移動には窮屈な感があることや，雨天時の車への移乗に問題があるという．

が高い，複雑な操作が必要となる自動券売機が設置されている，プラットホームにおける列車との接触の危険性が大きい，他の交通機関との乗り換えの場合がある等を背景として積極的に BF 化の改修が行われてきた．例えば車いす使用者の垂直移動を可能とするエレベーターや視覚障害者がプラットホームから転落することを防止するホームドアの設置は，大がかりな工事が必要となるが障害者が単独で安心・安全に移動することを可能とする（**図 2.28**）．またこれらの取り組みは，駅員の体力的な負担減少や配置人数の減少に対応する手法としても有効と考えられる．

2.6.3　空き家・空き施設の用途転用による活用

　近年の人口減少に伴い，空き家や空き施設の数が増加していることはよく知られている．地域の社会的資源である空き家や空き施設を，障害者が地域

[補足]LRT[27]

Light Rail Transit の略で，低床式車両（LRV）の活用や軌道・電停の改良による乗降の容易性，定時性，速達性，快適性等の面で優れた特徴を有する次世代の軌道系交通システム．わが国では富山市等で既存路線の転換・延長・新設を行った事例がある．（下図はフランス・ストラスブールの LRT）

図 2.28　鉄道駅舎における二方向エレベーター（左，中）とプラットホームのホームドアの設置例（右）

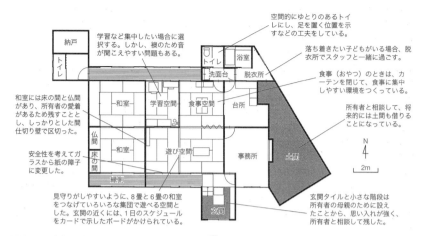

図 2.29　障害児デイサービス ちゃれっこくらぶ[28]

で生活する上で必要とする施設に用途転用して活用する発想は難しくない.

　自閉症児を対象とした放課後等デイサービスちゃれっこくらぶは古い民家を用途転用した事例である（**図 2.29**）.民家を改修したため,音が他の部屋に伝わりやすいこともあり自閉症に有効とされる視覚的な構造化を実現するには難しい間取りであったが,少し離れた脱衣所に子どもを連れて行き落ち着かせることや食事・おやつ時はカーテンを引いて集中しやすい環境をつくる等様々な工夫を行っている.また建物所有者の意向により愛着をもっている箇所を保存しながら改修している点も用途転用時の要点となる.

　なおこの他にも用途転用の事例は数多く見られるが,改修時は法制度の適応に加えて施設利用者が障害者であることをふまえた各種消防設備や防災設備の設置等の計画も必要である.

2.7　おわりに

　本章では障害者の利用に配慮した施設やまちづくりを考える上で必要となる視点を中心に述べた.近年では施設種類を問わず障害者や高齢者ための建築空間の要件や設備の設置等の対応を行うことが当然のこととされ,本章で紹介したような計画設計を進める上での知見や整備事例の蓄積が進んでい

コラム　障害者の就労支援 --

　働くことは,自立した生活を送る上での経済的な裏付けを得るとともに,社会での共生の意識を高め,自尊心を養う上でも非常に重要である.一般企業での就労については障害者雇用促進法等により事業主に一定数以上の障害者の雇用を義務付けるとともに,給付・調整金による事業主の経済的負担の調整や,施設の設置や介助者の配置に必要となる助成金の交付を行っている.また一般企業への就労が困難である場合は,障害福祉サービスの中で就労移行支援事業や就労継続支援事業が実施されている.

　これらの就労の場における環境を考える上で,BF 化等の建築設備の整備や事業者や職場での理解等が不可欠であるが,特に一般企業では進んでいるとはいえず,今後の取り組みが期待される.

る．これらの背景にある障害者の特性を理解・配慮した「利用者本位」の建築空間を考えることは，建築計画学の本質的・普遍的課題であることを改めて認識しておきたい．

建築設備のBF化についてこれまでは量的な整備を推進してきたが，今後はその内容の質的向上が課題としてあげられる．本章ですでに一部述べたように，例えば当事者が選択できるように異なる複数の手段の提供，就労・スポーツ・娯楽等の環境整備，同時多数の当事者への対応方法等の検討が求められよう．また，当事者が日常的に利用する機器や道具の進化により建築空間のありようが劇的に変化する可能性もある．したがって計画設計者は，これらの最新情報の収集と建築空間に及ぼす影響を想定する姿勢が求められる．

多様性を認めた成熟した社会に向かうわが国では，今後も障害者の利用には配慮した施設やまちづくりが進むと予想される．既存の社会制度・風習・文化等との衝突する場面も増加すると考えるが，これからの新しい社会を構築するに向けて相互理解とともに考え続けることが必要である．

参考文献

1) 髙橋儀平：日本におけるバリアフリーの歴史，日本義肢装具学会誌，36(1)，62-67，2020.
2) 国土交通省住宅局建築指導課：令和3年3月改正「高齢者，障害者等の円滑な移動等に配慮した建築設計標準」の解説，「高齢者，障害者等の円滑な移動等に配慮した建築設計標準」の講習会（令和3年3月開催）資料，2021.
3) 国立特別支援教育総合研究所：「共生社会」とは？，http://www.nise.go.jp/nc/inclusive_center/kyosya，閲覧日：2021年6月8日.
4) 建築研究所：ユニバーサルデザイン7原則，住宅・都市研究グループのトピックス，https://www.kenken.go.jp/japanese/research/hou/topics/universal/7udp.pdf，閲覧日：2021年6月8日.
5) 内閣府：「合理的配慮」を知っていますか？，https://www8.cao.go.jp/shougai/suishin/pdf/gouriteki_hairyo/print.pdf，閲覧日：2021年5月31日.
6) 国土交通省：高齢者，障害者等の移動等の円滑化の促進に関する法律（バリアフリー法）の概要，バリアフリー法関連情報，https://www.mlit.go.jp/sogoseisaku/barrierfree/content/001349371.pdf，閲覧日：2021年5月31日.
7) 松田雄二：「1章 福祉施設の事例 解説 障害者施設」，二井清治，二井るり子編著，福祉施設の設計 障害者・子ども・高齢者 地域との共生を目指して，10-11，彰国社，2020.
8) 飯野高明：重度身体障害者グループホームやじろべえ，医療福祉建築，171，14-15，2011.
9) 国土交通省：旅客施設におけるバリアフリー化の推移，公共交通移動等円滑化実績報告，バリアフリー整備状況，https://www.mlit.go.jp/sogoseisaku/barrierfree/content/001373598.pdf，閲覧日：2021年5月31日.
10) 国土交通省：2,000 m² 未満の店舗・飲食店等のバリアフリー化の実態把握に関する調査結果，建築物におけるバリアフリーについて，https://www.mlit.go.jp/common/001304176.pdf，閲覧日：2021年6月8日.
11) 福祉医療機構：放課後等デイサービス事業所，WAM NET，https://www.wam.go.jp/content/wamnet/pcpub/top/fukushiworkguide/jobguideworkplace/jobguide_wkpl25.html，閲覧日：2021年6月8日.
12) 札幌市：新・札幌市バリアフリー基本構想 概要版，https://www.city.sapporo.jp/sogokotsu/barrier/basic/documents/h27gaiyoall.pdf，閲覧日：2021年5月31日.
13) 国土交通省：単位空間等の設計，高齢者，障害者等の円滑な移動等に配慮した建築設計標準，高齢者，障害者等の円滑な移動等に配慮した建築設計標準，2021.
14) 石橋達勇，松田雄二，永峰麻衣子，稲垣具志，井本佐保里，玉井直希，白戸翔大：S市および近郊における障害者の屋内スポーツ施設の利用に関する事例的研究，日本建築学会北海道支部研究報告集，89，193-196，2016.
15) 札幌市：ともに生きるまちづくり 心のバリアフリーガイド〜障がいのある人や高齢の人に対する心のバリアを取り除こう〜，https://www.city.sapporo.jp/fukushi/machizukuri/documents/kokorono_web_a4.pdf，閲覧日：2021年5月31日.
16) 国土交通省：高齢者，障害者等に配慮した環境整備の促進について，高齢者，障害者等の円滑な移動等に配慮した建築設計標準，高齢者，障害者等の円滑な移動等に配慮した建築設計標準，2-3，2021.
17) 桑波田謙，間瀬樹省：お茶の水・井上眼科クリニックのユニバーサルデザイン，医療福祉建築，171，32-33，2011.

18) 北海道札幌視覚支援学校：BNK 2017 65 Works, 4-5

19) 公益財団法人テクノエイド協会：福祉用具情報システム（TAIS），http://www.techno-aids.or.jp/system/，閲覧日：2021 年 4 月 4 日.

20) 国土交通省：基本寸法，高齢者，障害者等の円滑な移動等に配慮した建築設計標準，高齢者，障害者等の円滑な移動等に配慮した建築設計標準，2-286，2021.

21) 公益財団法人テクノエイド協会：福祉用具の種類，http://www.techno-aids.or.jp/howto/sakuin.shtml，閲覧日：2021 年 5 月 31 日.

22) 建設省：身体障害者の利用を配慮した建築設計標準，1982.

23) 国土交通省：案内用図記号（JIS Z 8210）（令和元年 7 月 20 日），https://www.mlit.go.jp/common/001315215.pdf，閲覧日：2021 年 5 月 31 日.

24) 公益財団法人テクノエイド協会：住宅改修の具体的なプロセス，住宅改修の手順，住宅改修情報，http://www.techno-aids.or.jp/jyutaku/#tejyun，閲覧日：2021 年 5 月 24 日.

25) 公益財団法人テクノエイド協会：リフトやトイレキャリーなど各種機器類の導入により，介助負担が軽減され，本人の意欲が向上した例，住宅改修情報，http://www.techno-aids.or.jp/jyutaku/jirei.php?page=22，閲覧日：2021 年 5 月 24 日.

26) 公益財団法人テクノエイド協会：浴槽・トイレなど水回りをまとめ，広く使いやすくした例，住宅改修事例，住宅改修情報，http://www.techno-aids.or.jp/jyutaku/jirei.php?page=24，閲覧日：2021 年 5 月 24 日.

27) 国土交通省：LRT（次世代型路面電車システム）とは，https://www.mlit.go.jp/road/sisaku/lrt/lrt_index.html#2，閲覧日：2021 年 6 月 8 日.

28) 日本建築学会編：事例 6 ちゃれっこくらぶ，事例に見る工夫，空き家・空きビルの福祉転用　地域資源のコンバージョン，45-46，学芸出版社，2012.

第3章

高齢者介護施設
—高齢期の豊かな暮らしを支えるために—

石井 敏

3.0　はじめに

　人生100年時代．私たちは長い高齢期の時間を得ることとなった．数十年続く高齢期の時間を豊かに暮らすことができれば，これほど素晴らしいことはない．多くの高齢者は健康で活動的である．高齢期になっても生き生きと暮らすことができる社会や環境を構築することが何よりも必要である．

　しかし，高齢になれば身体は衰えていく．様々な疾病を抱えながら暮らすことも想定されるし，介護が必要な状態で暮らすことを余儀なくされるかもしれない．特に身体的に大きな変化をもたらし，介護の問題が顕著に発生するのは75歳以上であることをふまえると，特に注目すべきは75歳以上人口の数と割合である．

　要介護者数が未就学児数を上回った現代，もはや介護は社会の問題である．介護が必要となったり認知症になることは誰にでも起こり得る．介護や療養のための施設や環境づくりから，その人がその人らしく暮らすための場づくり，まちづくりに視点は移ってきている．豊かな高齢期を支える環境づくりにおいて建築計画が果たす役割は大きい．どのような理念や思想のもとで施設を計画するのか．計画の背景にある時代と社会の状況を読み込んで建築の姿をとらえてほしい．

3.1　高齢者介護施設をとりまく状況

　高齢者介護施設（以下，介護施設）をとりまく状況は，社会や私たちの生活や価値観の変化，高齢社会の進展とともに大きく変化している．特に介護保険制度が創設された2000年前後からの変化は著しい．以下では，施設計画に影響を与える3つの変化から，その状況を読み解く．

▍3.1.1　施設の住宅化と住宅の施設化

　1963年の老人福祉法制定以来の大テーマは，介護を必要とする高齢者のための介護の場の創出とその拡充（施設の整備），介護の質の充実だった．いかに適切かつ効率的に介護を提供することができるか，という介護を提供する側の視点で施設は計画されてきた（**図3.1, 3.2**）．

　介護施設が「施設」として充実していく中で，見過ごされてきたことがあった．介護の場である以前に生活の場である，という介護を受ける側の視点である．生活の場として施設を計画する視点は，施設を住まいにしていくということであり「施設の住宅化」にほかならない．介護の場として計画してきた従来の計画手法は大きく変わる．

　一方，住宅にも変化がもたらされた．高齢期になっても，安心して暮らせるための住宅には加齢に対応したバリアフリーの設備や仕様といったハード面はもちろん，安心を保証するしくみ，いざというときに頼ることができる支援体制等ソフトも兼ね備えたものである必要に迫られた．住宅にも施設が備えている安全・安心が求められるようになってきた．「住宅の施設化」の

図3.1　典型的な施設の空間

図3.2　介護の視点からカーテン仕様のトイレ

流れである．

3.1.2　在宅居住の促進と施設利用者の重度化

　介護施設の整備は必要である．その一方で，誰もができる限り自宅や地域の中で暮らし続けたいと願う．社会保障の観点から見ても，介護施設の整備とその運営には相応の社会的コストがかかる．したがって，できる限り自宅で暮らし続けられる環境と状況をつくっていくという流れは必然である．それが「地域包括ケア」という概念につながる．

　一方，できる限り在宅で暮らせるようになると，介護施設を利用する人は介護度がより重度で，各種の在宅サービスだけでは対応仕切れない状況，認知症が重くなり在宅生活や家族介護が困難となる状況，医療的なニーズも合わさり，医療・介護両面から支えなければならない状況等をもつ人が対象となる．利用者の重度化は，それに対応する人的・物的体制，環境や設備が求められることとなり，その先には看取りの課題も避けられなくなる．介護施設の住宅化の流れの一方で，より重度化した利用者への対応が不可欠となる難しさも抱える．

3.1.3　施設種別を超えた多様な施設づくりと地域づくり　　地域

　「縦割り行政」といわれるが，そのもとでつくられる日本の制度も縦割りであり，その制度により位置付けられる介護施設も例外ではない．介護や支援という観点からいえば，高齢者も障がいのある人も，子どもも様々な状況やニーズに重なりがあるが，制度が異なれば対象とする施設やサービスも異なり，一般的にはそれぞれ独立して整備・運営される．

　結果として機能の分化，細分化を促す．施設単体としての完成度は高まるが，外側にある「地域」と関わりや接点をもたなくても存在し得るものとなり，施設はますます閉鎖的になり孤立していく．その結果，「人里離れた」場所に施設がつくられる等ノーマライゼーションの思想とは真逆の姿を作りだしてしまった．

　ここにきて，そのあり方に疑問が呈されるようになってきた．普通の社会とは何か．様々な人が同じ地域に暮らし，お互いに感じながら，また助け合い補完しながら暮らしていく共生社会の追求と実現である．種別を超えて施設を整備し，融合させ，積極的に地域に開き，地域とのつながりの中で各施設が機能するように計画する動きである．単体・単独で完結するような閉じた形で施設を整備するのではなく，地域に開きながら，お互いに共有できることを共有しながら，地域の中で生活が展開されるような仕掛けやしくみをもたせて施設を整備する流れである（**図 3.3**）．

図 3.3　認知症のある人も地域の中で暮らす（普通の暮らしができる環境に施設をおく）

3.2　高齢者介護施設の成り立ち〜制度と建築

　約 100 年前の日本人の平均寿命は 42〜43 歳だった．100 年経って 2 倍に延びた．多くが「高齢者」になる前に亡くなっていたわけで，高齢に伴う課

題は社会化しなかった．平均寿命が65歳を超えたのは，女性が1952年頃，男性で1960年頃である．その頃から介護問題が顕在化してきた．そして老人福祉法が制定された1963年から国として介護問題に向き合うことになる．以来，高齢者の介護施設の建築は制度とともに歩むことになる．

3.2.1　老人福祉法制定以前〜制定後〜ゴールドプラン

　　かつては介護より生活困窮が社会的な課題で，その中で高齢者の問題は扱われてきた．救貧施設からスタートした「施設」は，1929年の救護法制定により子どもと成人の年齢による区分が導入された．孤児院（小児）と養老院（成人）への分化である．さらに1950年の新生活保護法により更生施設，救護施設や養老施設等に分化され，「老齢性」の視点が導入された．機能の分化は制度の分化でもあり，その先に1963年の老人福祉法*制定がある．

　　老人福祉法制定により，介護の必要度，さらには経済状況に応じた施設種別が整えられた．現在ある特別養護老人ホーム*や養護老人ホーム，有料老人ホーム等は同法制定時から存在する施設種別である．

　　高齢化のさらなる進展，高齢者人口の急激な増加，その他の制度・施策の拡充にあわせて，各種施設やサービスは発展した．1982年には老人保健法*が制定され，在宅と施設の間をつなぐ役割を期待して老人保健施設*が登場した．

　　全国の地域による格差をなくし，高齢者健康福祉施策を国家的に推し進める観点から，「高齢者保健福祉推進10ヵ年戦略」（通称ゴールドプラン）の

老人福祉法
「老人の福祉」を図ることを目的とした法律で，高齢者に関わる各種の施設種別とその整備のあり方が規定されている．**特別養護老人ホーム**は最も介護を必要とする人を対象とする入居施設で，現在は要介護度3以上が入居の対象となる．

[補足]社会福祉事業
社会福祉法人と行政しか経営できない特別養護老人ホーム等の第一種社会福祉事業，認知症高齢者グループホーム等の株式会社等でも経営できる第二種，さらには社会福祉事業以外で位置付けられる有料老人ホーム等に区分される．

老人保健法
疾病の予防・治療・リハビリを総合的に推進する法律で，介護を必要とする人の自立を支援し，家庭への復帰を目指す施設として**老人保健施設**も創設された．

■コラム　北欧の高齢者介護　- 　海外事例

　　北欧の高齢者福祉の思想や取り組みが日本に与えた影響は大きい．高齢者介護の大きな方向性は，日本と同様に可能な限り在宅で暮らせるしくみづくりと一人ひとりの尊厳を守る環境づくりである．施設から住宅・在宅へという流れと取り組みは日本よりも明確で，実質的である．スウェーデンやデンマークは制度上の「介護施設」を廃止して，住宅政策の中で高齢者支援や介護を進めている．フィンランドは介護施設を残しながらも，住宅施策の中での展開を推進し，介護施設の数（割合）をこの30年で激減させた．北欧では1980年代から，日本のサービス付き高齢者向け住宅に相当するサービスハウス等のケア付き住宅を施設に代わるものとして多く建設してきた．現在はエレベーター設備のない集合住宅の改修（エレベーター設置）等を積極的に行い，住宅で暮らし続けられるアクセシブルな環境の保障に力を入れている．

　　北欧では高齢者福祉サービスの整備と提供は自治体の義務である．日本のような保険制度によらず国と自治体による税金で対応する．法律上，直接的な介護を家族が負うことは考えていない．成人になったら子どもは家を出て暮らし，高齢期にも子どもと同居することはまれである．夫婦で，そして一人で，自宅で暮らす．だからこそ自宅で暮らすしくみと環境づくりに力を注

サービスハウス（高齢者住宅）の外部空間と地域交流エリア（カフェ）に集まる地域住民（フィンランド，Welfare Center Onni）

ぐ．各自治体が，その地域の事情に合わせて，また支援を必要とする一人ひとりの（身体的・経済的）状況に応じて適切な介護サービスを整備・提供し，運用する．福祉に限らないが，北欧では自治体の裁量で柔軟に制度を運用し，住民の一人ひとりのニーズや状況に合わせて対応するところが特徴である．

中でサービスや施設整備の目標量が設定され，国が戦略的に施設等整備を推進した．施設整備には国が莫大な補助金*を投入し整備を促した．

3.2.2 介護保険

　2000 年 4 月から介護保険制度が始まった．それまでは，措置制度*のもと，税金と一部の個人負担とで施設の運営（介護が提供）がされていた．それを医療と同様，国民が介護のための保険料を納入する義務を負う代わりに，介護に必要なサービスや施設を自分で選べる権利を得るしくみとした．

補助金
国によるある特定の目的のための資金補助．介護施設の建設には多くの補助金が投入された．その結果 1980 年代以降，全国で多くの介護施設が建設された．「地域交流スペース」等も補助金がその設置を促した．

措置制度
「措置」とは，行政により受ける介護の内容や入所（利用）する施設が行政の権限と責任によって決められることを意味する．介護保険により提供される介護は「サービス」と呼ばれるようになり，利用者は「客」（サービス受給者）と位置付けられた．

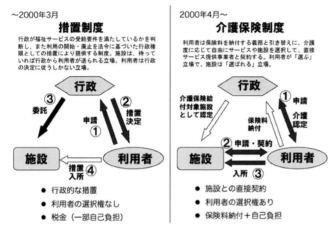

図 3.4 措置制度と契約制度（介護保険制度）

　利用者とサービス提供者（事業者）との直接的な契約に基づくことから契約制度と言い換えられる．措置制度と契約制度（介護保険）の違いを理解するためには，自治体（市町村等），事業者そして利用者（高齢者）三者の関係性を理解する必要がある（**図 3.4**）．簡単にいえば，措置制度では利用者の立場は最も弱く，施設等のサービス選択権もなく，事業者は措置により送致される利用者に介護を提供するしくみである．事業者が特に「営業」しなくても利用者は自治体から送り込まれる．

　一方，介護保険制度では介護保険を納付（義務）している利用者にサービスや施設（事業者）を選ぶ権利が与えられる．事業者は利用者に「選ばれる努力」つまりは一般企業同様「営業」が必須となる．選ばれ利用されてはじめて介護報酬（運営費）が与えられる．事業者間でよりよい「サービス」を提供することを目指して競い合うことで，介護の質も向上し，利用者（客）から選ばれない事業者（施設）は淘汰され，日本全体の介護の質，施設の質が向上する，という理念である．介護保険導入の背景には超高齢社会を前に，税金で国民の介護を保障することが困難になった現実的事情もある．介護保険料を国民が負担することで，介護を社会化し，社会全体として超高齢社会に備えることを目指した．

3.2.3 地域包括ケアシステム

　国は，団塊の世代が 75 歳以上を迎える 2025 年を念頭に，医療と介護，さらには各種の生活支援サービスが連携しながら，住み慣れた地域で，かつ

地域包括ケアシステム
特に都市部で急増する後期高齢者（75 歳以上）を見据えたシステム．公的サービスだけでその体制を維持していくことが困難であることもふまえて，「地域」の力を活用しながら「住まい」（自宅や他の住宅）での暮らしを実現するしくみ．また高齢者自身も介護予防に取り組み心身健康に暮らし続けることを目指す．

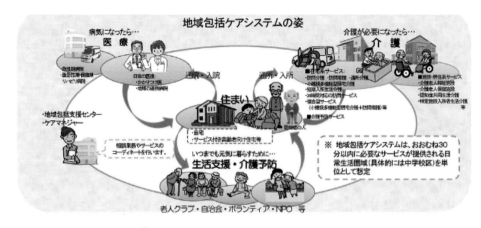

図3.5　地域包括ケアシステム[1]

ケアマネージャー

正式名称は介護支援専門員．略して**ケアマネ**と呼ばれる．各種サービスを組み合わせて，利用者にあったオーダーメイドのケアのプランを立てる役割を担い，市町村，事業者，家族等との調整を図る．

［補足］介護療養型医療施設

慢性疾患を有し，長期の療養が必要な人のために介護職員が手厚く配置された医療施設．ただし介護保険の対象施設でもある．医療と療養，介護，生活の線引きが曖昧で制度上の位置付けが難しいこともあり，長くそのあり方が議論された結果，2017年度末廃止，2024年度末までに他施設への転換が決まった．合わせて医療・介護・生活機能を備える「介護医療院」という新たな施設を創設し，転換の受け皿としても位置付けた．

「住まい」で暮らし続けられるようなしくみ・体制づくりを目指した．いわゆる「地域包括ケアシステム*」である．図の中心に住まいがあることに注目したい（**図3.5**）．自助，共助，互助，公助の4つの「助」が連携することでこのシステムの実現を目指している．2014年の「医療介護総合確保推進法」で地域包括ケアシステムの構築化が促進され，介護の課題がまちづくりとリンクして議論されるようになった．

3.2.4　介護サービスの種別と施設の種別

介護保険では心身の状態（要介護度），家庭や経済事情により，その人にあった介護サービスを選択し，利用する．その調整をする役割を担うのがケアマネ*と呼ばれる専門職である．介護サービスには大きく3タイプある．1つ目は「訪問型」として，自宅に介護サービス等が来てくれる訪問介護・看護，訪問入浴等である．2つ目として自宅で生活しながら，日中の一定時間だけ利用者が赴いて利用する「通所型」のデイサービスやデイケアがある．3つ目として，生活の場を移して居住する「入居（入所）型」の施設サービスである．期間を限定して短期的に利用する短期入所（ショートステイ）もある．特に重要となるのは，長期の居住，つまりは家の代わりとして過ごす場となる入居型の介護施設の計画である．

入居施設と呼ばれるものに類型される施設種別は，日本では制度の発展・改正とともに細分化し，多くのものが存在し複雑化している．老人福祉法制定時から存在する特別養護老人ホーム，有料老人ホーム等から，老人保健施設，ケアハウス，認知症高齢者グループホーム，近年では宿泊機能をもつ在宅支援拠点となる小規模多機能型居宅介護や，住宅に位置付けられるサービス付き高齢者向け住宅等も登場した．**図3.6**は居住機能をもつ主要施設・住宅の利用者数（戸数）を示している．いずれも対象者等は制度（基準）で規定され，それにあわせた施設の整備や運営の基準があ

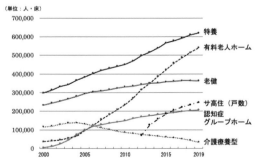

図3.6　高齢者向けの居住系施設・住宅の利用者数
文献2）等をもとに作成．

表3.1　居住系の施設種別にみた主な基準

施設種別名称等	施設					施設〜住居	(共同生活)住居	住居	
	介護老人福祉施設（介護保険法）特別養護老人ホーム（老人福祉法）従来型	ユニット型	介護老人保健施設（介護保険法）老人保健施設（老人保健法）従来型	ユニット型	介護医療院	特定施設入居者生活介護 有料老人ホーム 介護付／住宅型／健康型	認知症対応型共同生活介護（介護保険法）（認知症高齢者グループ（通称））	サービス付き高齢者向け住宅 居室25㎡以上	居室18㎡以上
居室面積	有効：10.65㎡以上		有効：8.0㎡以上	有効：10.65㎡以上	8㎡以上（転換型6.4㎡以上）	有効：13㎡以上	7.43㎡以上	壁芯：25㎡以上	壁芯：18㎡以上
居室定員	4人以下	1人	4人以下	1人	4人以下	1人（2人）	1人（2人）	1人	1人
基準単位	なし	おおむね10人以下／ユニット 2021年以降整備されるものは15人以下／ユニット	なし	おおむね10人以下／ユニット 2021年以降整備されるものは15人以下／ユニット	60人以下／棟	なし	5〜9人／ユニット	なし	なし
居室内設備	規定なし	規定なし	規定なし	規定なし	規定なし	規定なし	規定なし	便所・洗面 規定なし	規定なし
機能訓練室	3㎡／人以上	—	1㎡／人以上	1㎡／人以上	40㎡以上	3㎡／人以上	—	—	—
食堂	面積規定なし	共同生活室：2㎡／人以上	2㎡／人以上	共同生活室：2㎡／人以上	1㎡／人以上	（指導）	必要	—	必要
廊下幅：m 片側／両側	1.8/2.7	1.8/2.7 支障ない場合 1.5/1.8	1.8/2.7	1.8/2.7 支障ない場合 1.5/1.8	1.8/2.7（転換型は1.2/1.6）	1.8/2.7 居室面積18㎡以上，トイレ・洗面設備付は緩和 1.4/1.8	規定なし（建築基準法による）	1.2/1.6（共同住宅） 提供サービスにより有料老人ホームに該当，都道府県・市町村の条例により諸基準あり	1.8/2.7（老人ホーム）
注記	静養室必置。地域密着型は29人以下，市町村自治体が指定・監督（←→広域型：都道府県・政令市が指定・監督）要介護度3以上が対象	東京都は12人／ユニット可	要介護度1〜5以上が対象 医師による医学的管理の下，看護・介護といったケアをもとより，作業療法士や理学療法士によるリハビリテーション，また，栄養管理・食事・入浴等の日常サービスまで併せて提供．		2017年度末で廃止の療養型医療施設に代わる施設（2018年度〜）．療養型医療施設の転換型は緩和基準あり．	入浴，排せつまたは食事の介護，食事の提供，洗濯，掃除等の家事，健康管理のいずれかを提供していれば該当	対象は認知症高齢者 3ユニット以下（2021年〜）地域密着型サービスに該当	厚生労働省と国土交通省の共管 登録制度 サービスを提供すること（少なくとも安否確認・生活相談サービスを提供）	
運営母体	地方自治体／社会福祉法人		地方自治体／医療法人		地方自治体／社会福祉法人／医療法人	限定なし（営利法人中心）	限定なし（営利法人中心）	限定なし（営利法人中心）	
根拠法	老人福祉法／介護保険法		老人保健法／介護保険法		介護保険法／医療法	老人福祉法／介護保険法	老人福祉法／介護保険法	高齢者住まい法	

✍コラム　サービス付き高齢者向け住宅（サ高住）

　改正高齢者住まい法（高齢者の居住の安定確保に関する法律）の公布と施行（2011年）に伴い，新たに創設された住宅制度．診療所や訪問看護ステーション，デイサービスセンター等を併設させながら，高齢者の単身・夫婦世帯が安心して住み慣れた環境で，必要なサービスを受けながら暮らし続けることが可能な賃貸等の住まいである．多くの有料老人ホームで採用する，入居の際に一時金を支払う利用権方式とは異なる．制度改正により，高齢者円滑入居賃貸住宅（高円賃），高齢者専用賃貸住宅（高専賃），高齢者向け優良賃貸住宅（高優賃）が廃止され，サ高住として一本化された．

　サ高住は都道府県知事への登録制によるが，この登録制度は国土交通省と厚生労働省が連携して創設したもので共管制度となっている．登録基準は，規模・設備面では各専用部分の床面積は原則25㎡以上（ただし，居間，食堂，台所その他の住宅の部分が共同して利用するために十分な面積を有する場合には18㎡以上），原則各居住部分に台所，水洗便所，収納設備，洗面設備，浴室を備えること，バリアフリー構造であることが条件となる．サービス面では，看護・介護等に関わる有資格者が日中常駐し，少なくとも状況把握（安否確認）と生活相談サービスを提供しているものとしている．設置主体に限定はなく，国による補助金誘導もあり，営利法人も多く参入し事業を展開している．

サービス付き高齢者向け住宅の事例（株式会社 学研ココファン）

図3.7 典型的な従来型の施設での光景〜集団でスケジュール化された生活

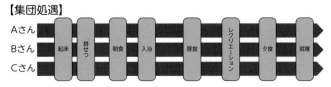

【集団処遇】
Aさん
Bさん
Cさん
起床　排せつ　朝食　入浴　昼食　レクリエーション　夕食　就寝

【個別ケア】
Aさん　起床　排せつ　朝食　散歩　昼食　昼寝　夕食　入浴　就寝
Bさん　起床　排せつ　朝食　入浴　昼食　昼寝　夕食　就寝
Cさん　起床　排せつ　朝食　趣味活動　昼食　テレビ　入浴　夕食　就寝

図3.8　集団処遇と個別ケアのしくみ
【集団処遇】生活行為や介護を集団・一括でプログラムとして処遇するしくみ
職員の勤務体制に合わせて1日の生活をスケジュール化して運営側の視点で組み立てる
【個別ケア】個々の異なる生活リズムや嗜好に合わせて介護をするしくみ
利用者の生活に合わせて職員配置等も柔軟にし，個別に対応する利用者視点で組み立てる

る．まさに施設は「institution＝制度」である．定員，居室の最低面積，廊下幅，必要諸室や設備等建物整備に関わる基準が老人福祉法や介護保険法に記載されており，介護施設の計画では，それら法律や基準の理解も重要となる（**表3.1**）．

3.3　計画理念の変遷

　施設の平面計画は計画理念との関連性が高い．計画の背景と意図を理解することで平面計画が理解できる．介護施設の建物の計画（ハード整備）は，特に介護や運営のあり方（いわゆるソフト）と密接に結び付く．ソフトの理解なくして，ハードの計画はできない．

3.3.1　集団処遇から個別ケアへ

　措置制度が長く続いた高齢者介護の世界では，特に三大介護と呼ばれる「食事・入浴・排せつ」の介助・介護をいかに効率的に行うかが追求され，それに合わせて施設は計画された．大人数の集団を，限られた数の職員で対応することを考えたとき，利用者を一斉に処遇することは効率的だったし，そうすることで確実に「介護のニーズ」に応えることができた（**図3.7**）．いわゆる集団処遇である．

　それに対し，一人ひとりのニーズをくみ取り，個々に合わせた介護を目指すケアの概念（個別ケア）が登場したのが1990年代後半である．3.4.5項で後述する「ユニットケア」はこの個別ケアを目指す1つの形である．例えば，排せつのリズムやパターンは個々で異なる．また朝に入浴したい人もいれば夜間に望む人もいるだろう．ゆっくり起きて朝食を食べたい人もいる．一斉に決まった時間に起こしたり，トイレ誘導やおむつ交換をしたりするのではなく，またプログラムとして入浴を設定するのではなく，施設に入らな

ければ継続できていた個々のリズムや嗜好を把握し，尊重しながらケアにあたるのが個別ケアである（**図3.8**）．個別ケアの実践にはその実現を支える環境が不可欠となる．居室の個室化や，家庭的な小さな規模で食事ができる環境を整えること（ユニット化）も個別ケアの実践の１つである．集団処遇の対極にあるケアの概念として個別ケアをとらえたい．

3.3.2　介護の場から暮らしの場，そして看取りの場へ

1990年代後半あたりから介護施設の考え方に大きな変化が訪れる．施設利用者は，要介護者である以前に生活者であるという視点に立ち戻ったとき，介護施設の意味は大きく変わった．一人ひとりの生活者が，その人らしい生活を取り戻すために必要なものが介護である．介護は手段であり，本質は要介護になっても，その人がその人らしく生きる，そのための場として施設を計画することである．生活の場として施設を位置付けることで施設は大きく変わる．生活という概念がもたらされることで，介護優先で考えられてきた施設計画のあり方は根底から揺らぐ．

さらに高齢期，要介護での生活の延長線上にあるものは死である．介護施設で生活するほぼすべての人が，その施設もしくは病院で最期を迎える．そう考えると，生活の場であると同時に，その延長線上にある看取りの場でもある．人生最後の時間を過ごし，最期を迎える場所であるという視点を含めると，さらに介護施設の意味は変わる．

3.3.3　多床室から個室へ

かつては6〜8人部屋等もあったが，長らく4人部屋（4床室）が日本の介護施設の標準居室タイプだった．カーテンや家具等で領域が区切られた一室の空間で4人が就寝と生活をともにする（**図3.9**）．ベッドサイドにポータブルトイレを置き，夜間の排せつ介助等も行い，当然音や臭いといったものが遮蔽されることはなく，プライバシーも十分保障されない状況があった．それでも多床室（4床室）が残ってきたのは，効率的に介護を行うためという大義もあったし，重度化した人にプライバシーが必要なのかという議論もあった．それらを正当化するための理論としては，個室で独りになるよりも，複数人で過ごしていた方が安心で交流もできてよいというものもあった．

図3.9　プライバシーが確保できない典型的な多床室（4床室）

生活の場という概念が入ってきたことで，多床室の利点はなくなった．プライバシーが確保できない，お気に入りの家具さえも持ち込めない，そのような環境で生活はできないということである．さらに人生の最期を過ごす場所としてふさわしい環境なのかということになると，もはや個室に舵を切るしか選択肢はなくなった（**図3.10**）．

3.3.4　大規模化から小規模化と複合化へ

特別養護老人ホームの標準的な規模は定員80人程度である．地方部では50〜80人，大都市部では100〜200人以上といったものもある．また，平均的には一人あたりの延べ面積は50〜60 m² 程度とされている．1つの建物で

図3.10　個室居室での家具の持ち込みとしつらえの様子

これら定員を収める規模で計画しようとすれば, 平屋建てなら3,000〜4,000 m²の規模の大きな建物が広い敷地に連なることになる. 都市部であれば複層させてボリュームのある建物となる. 結果として, 敷地が限定されることとなり市街地から離れた場所, 人家が少ない場所等「人里離れた」場所に建設された. 介護施設が迷惑施設の扱いをされてきた時代も長く続いた.

　そのあり方を大きく変えたのが認知症高齢者グループホームである. 定員9人以下を1つの単位として, 住宅の規模でつくることで住宅地でも計画でき, また既存の建物（空き家等）も使えるようにした. この登場と前後して, 大きな介護施設も変化を遂げる. 例えば50人の施設であれば, 10人の単位が5つ合わさり1つの施設を構成するという考え方である. それにより建物の姿も大きなものから, 小さな単位に分節化され姿が変わる. また, 定員が29人以下の地域密着型*の介護施設も創設されることで, より小さく, 地域の中で計画・建設できるようになった.

　介護施設だけではなく, 他の機能も複合化させて施設を計画する動きも出てきた. 障がい者, 子育て施設, 地域文化施設, 各種生活施設等を複合化させて, その一部として高齢者の介護施設を位置付け, まちづくりの中で介護施設をとらえ, 位置付けようとするものである（**図2.24**参照）.

3.3.5　閉鎖から開放, そして地域へ 地域

　もともと施設は, 閉ざされた環境の中でも必要な機能を最大限発揮することが適う形態としくみでつくられてきた. 利用者は一歩も外出することなく生きていける. 刑務所や病院等と同様に, 介護施設も「全制的施設*」であったし, 一度施設に足を踏み入れれば衣食住が備わった環境で, 外の社会と接点をもたずとも生きていくことができる. ある意味では完璧なしくみをもつもので, だからこそ閉鎖・完結型で介護施設は成立した.

　しかし, 近年では施設を不完全なものとして計画する, つまりは私たちの暮らしそのものがそうであるように, 一般の社会や地域とつながることで得られることを重視しながら介護施設を位置付けるようになってきた. 要介護状態になっても, 介護施設に入っても, 地域社会の一員であることを意識することで生きる意欲を高め, また慣れ親しんだ地域の生活環境や人々とつながりを保つことで, その人らしく生き続けることを支えるという考えである. 施設は必然的に閉鎖から開放に向かう.

3.3.6　施設から住宅へ

　以上の流れを総括すると, 施設は介護のためではなく, 介護を必要とする人が地域の中で生活し続けるため, それを支えるための場ととらえ直される（**図3.11**）. 難しく考える必要はなく, 介護が必要な人が利用する住宅と考えればよい. 一方で通常の住宅とは異なり, 家族ではない人たちが集まって暮らす場であり, 介護をする人と介護を要する人とがいる場である. だからこそプライバシーの保障という概念はより大切になる.

地域密着型サービス
地域包括ケアの実現のために, 要介護者の住み慣れた地域での生活を支えるために創設された, 身近な市町村で提供されることが適当なサービス類型. 小規模多機能型居宅介護, 認知症高齢者グループホーム, 小規模な特別養護老人ホーム等が該当する.

全制的施設（total institution：トータルインスティテューション）
社会学者のE.ゴフマンは, 多数の類似の境遇にある個々人が, 一緒に, 相当期間にわたって包括社会から遮断されて, 閉鎖的で形式的に管理された日常生活を送る居住と仕事の場所を全制的施設（トータルインスティテューション）と定義した.

図3.11　ユニット型施設での家庭的な環境

▌3.3.7 利用者視点の計画

　介護施設の利用者は誰か，という建築計画の原点に立ち戻ることも大切である．介護を必要とする人（要介護者）あっての施設だが，介護者（職員）あっての施設でもある．そのバランスを考えて計画することが問われる．介護の視点からの施設計画から脱却し，介護を必要とする人の視点からの施設計画の重要性を示してきたが，最後はあらためて適切に介護ができるように介護者の就労の場の視点からとらえ直すことも必要である．

　いずれも介護施設の利用者である．利用者視点においてバランスを欠いた計画は，必ず時代の変化の中で立ちゆかなくなる．要介護者の視点を重視するあまり，職員の視点をおろそかにすれば，働き手（介護人材）を失い，介護施設は成立しなくなる．また，施設の中のことだけを考えて，社会や地域の中での施設のあり方を忘れてしまうと，地域社会の中で孤立したものとなってしまう．施設に関係する利用者を認識した上で，どのような優先順位で利用者をとらえ，どのようなバランスで利用者のニーズに応え，いかに建築として形にするか，その点に建築計画の役割と意義がある．さらに今後は，弱い立場にある当事者*（例えば要介護者，認知症や障がいのある人）の声にも耳を傾け，その意見を採り入れた真の当事者視点の計画の重要性も増す．

当事者視点の計画
近年では例えば認知症の当事者が声をあげるようになってきた．障がいや病気，子育てや介助等の暮らしの困難，苦労を抱えた本人の視点に立って，その意見（声）をふまえて計画していく手法．利用者の立場に立って考える建築計画の原点でもある．

3.4　プランニングの変遷

　介護施設の平面計画（プランニング）には時代の背景と意図が反映している．それを読み解くことで未来の計画につながるヒントも浮かび上がる．

▌3.4.1　医療モデルから生活モデルへ

　介護施設が登場した当時，その計画手法が明確ではなかった時代に参照とされたのは医療施設（病院）である．医療を介護に，患者を要介護者に置き換えて考えられた．決定的に異なることは，病院は一時的な滞在（療養）の場であり，介護施設は長期に続く生活の場であるということだが，生活モデルの考えに到達するのには時間がかかった．

　介護施設が医療モデルでつくられた時代の事例が**図3.12**である．病院としても使えそうな平面構成である．多床室と廊下で構成されている．それでも中央に小さな食堂が設置されたことが画期的だった．しかし，定員100人

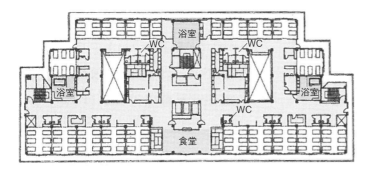

図3.12　1970年代の病院モデルの介護施設事例（設計：東京都財務局営繕工事部＋久米設計）（文献3）を一部改変）
居室は6床室（12室），4床室（6室）と2床室（2室）で構成されており，典型的なダブルコリドー型の病院のつくりである．わずかなスペースの食堂が設けられたが「寝たきり（寝かせきり）」介護前提だった介護施設においては画期的だった．

の施設としてはかなり小さい．その理由は，多くはベッド上で食事を摂ることが前提で，一部の自立した人だけが食堂に来て食事することを前提としていたことを意味する．「寝たきり」が当然の姿だった時代である．その後，寝たきりにさせない離床の重要性が意識され，食事は食堂でという流れになり，全員が一同に集えるホールのような食堂が登場することとなる．

3.4.2　豊かな居住空間の追求

　1980年代以降，医療モデルからの脱却を目指した施設づくり，生活という視点のもと，生活を豊かにするための空間づくりが試行された．「芙蓉荘」では，多床室で寝ているか，大食堂の集団の中で過ごすか，それしか選択肢がなかった施設空間に居場所となる大小の空間を設置し，多様な滞在場所を確保しようとした（**図3.13**）．

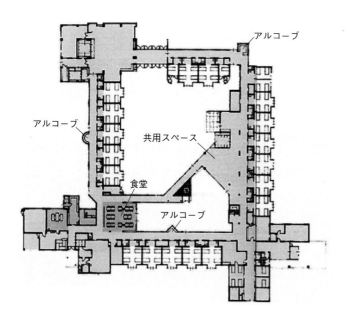

図3.13　共用空間の分散した介護施設事例（1981年，芙蓉荘（山形県），設計：小滝一正＋宇野哲生アトリエ）（文献3）を一部改変）
4床室主体の構成だが，共用空間を豊かにして，居場所づくりを意識した計画である．居室の前にトイレと洗面を設置し，分散させた．廊下，コーナーのアルコーブスペースも施設環境を向上させようとする建築的な試みである．

3.4.3　居室の個室化

最低基準
制度では最低基準が設けられることが多い．満たさなければならない最低の基準である．面積，人数，設備設置等がある．居室一室の人数も同様である．最低基準が4人以下であれば個室にすることは可能である．しかし，4人室を基準として施設整備の補助金が算定されることから，最低基準が「標準」となって認識されるようになる．

　それでも施設の基本は多床室だった．制度上，居室の最低基準*は一室4人以下で定められ，国の補助基準も多床室で設定されていた．介護施設に「個室はぜいたく」という風潮も根強くあった．そのため従来施設での個室は隔離的な意味合いで設置されることが主だった．一方で，人権保障の観点からも日本の多床室中心の介護施設は大きな問題であることも提起されていた．その流れを変えるべく登場したのが全室個室型の特別養護老人ホーム「めぐみ園（東京老人ホーム）」である（**図3.14**）．結果的には全室個室を目指したものの国に認められず，代替策として一部を2床室の構成として，間仕切り壁を設置していずれ全個室化が可能なつくりとした（2年後に改修して全室個室化完了）．

　全居室の個室化を目指した計画は，長らく多床室を原則としてきた日本の介護施設計画において画期的な一事例として位置付けられる．一方，長い廊

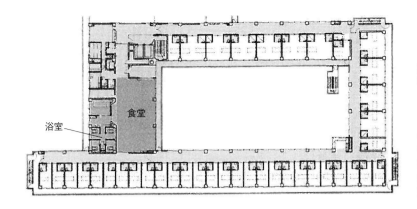

図 3.14 日本で初めての全室個室型の特別養護老人ホーム（1990 年，めぐみ園（東京都），設計：張忠信＋信設計事務所（文献 3）を一部改変）
日本で初めての全室個室の特別養護老人ホーム．当初全室個室を目指したが適わず，一部 2 床室とした．居室の個室化は画期的だったが，基本的な構成は従来と変わらず，介護の本質を変えるまでには至っていない．

表 3.2 段階的空間構成による 4 つの領域と定義

領域（ゾーン）	（介護施設での）定義	ユニット型施設での空間応用例	従来の多床室型施設での空間	領域の利用／管理主体
プライベート	プライバシーが確保され，入居者自身の所有物を持ち込み，管理できる領域	居室	なし	入居者／入居者
セミ・プライベート	プライベートゾーンの外側にあって少人数の利用者により利用される，もしくは利用者が守られた感覚で落ち着いて過ごせる領域	共同生活室（リビング）	居室	ユニット内の複数の入居者／ユニット職員
セミ・パブリック	セミ・プライベートゾーンとパブリックゾーンをつなぐところにあり，施設全体での行為が行われる領域，もしくは入居者や家族が思い思いに過ごせる領域	ユニットをつなぐ共用空間等	食堂や共用空間	ユニットを超えた複数の入居者・職員・家族／施設
パブリック	施設内部者・外部者双方がアクセスでき，外部の社会・地域とつながる，また開かれた領域	地域交流スペースやカフェ等（外部に対して開いている場合が多い）	デイサービスや地域交流スペース（外部に対して閉じている場合が多い）	入居者・職員・家族・住民等／施設・外部組織等

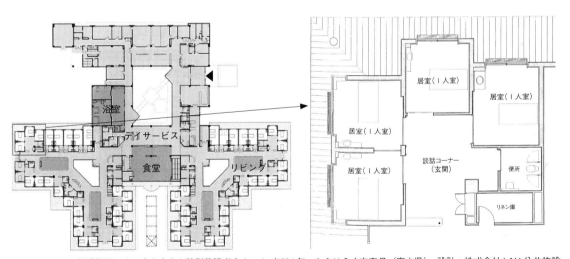

図 3.15 のちの施設計画のあり方を変えた特別養護老人ホーム（1994 年，おらはうす宇奈月（富山県），設計：株式会社 LAU 公共施設研究所＋外山義）（文献 7）を一部改変）

図 3.16 多様な居場所の計画

その後の介護施設の計画のあり方を変えた歴史に残る事例．個室，小さな単位での生活空間の構成，段階的な空間構成等のちにつながるポイントが満載．本施設を対象とした数多くの計画研究が，豊かな空間が豊かな暮らしを生み出すことを実証した．

下と集団で使う大食堂や浴室といった空間構成と介護のやり方は，従来的な集団生活を前提としたもので本質は変わっていない．

3.4.4　段階的空間構成の導入と単位の小規模化

　世界に誇れる介護施設を目指して富山県宇奈月町（黒部市）は特別養護老人ホーム「おらはうす宇奈月」を計画した．そこで採用されたのが全室個室，そして15人のグループで空間を分ける空間構成と，段階的空間構成を導入した施設計画だった（**図3.15**，**表3.2**）．のちに実現するユニット型に向けて動き出すきっかけを作った介護施設の計画史上に残る施設である．個室化や空間のグループ化だけではなく，居室と共用空間をつなぐ緩衝空間の計画，畳の小上がり空間の挿入等随所にきめ細やかな計画的配慮を施した豊かな空間は，同施設をフィールドに行われた数々の建築計画研究論文[4-6]によってその空間的価値が立証された（**図3.16**）．

　一方で介護のしくみは従来と変わらなかった．集団を前提とした大食堂や浴室は，介護の本質を変えるまでには至らなかった．また，食堂や浴室への介護動線が長くなる等，介護者への負担が大きい空間構成となった．段階的空間構成も図式的に空間に落とし込むに止まり，特に地域とつながるパブリック空間の設定と機能は実質的には十分ではなかった．

3.4.5　ユニット化

　空間とともに，介護のあり方の変革も伴い登場したのが特別養護老人ホーム「風の村」である（**図3.17**，**3.18**）．「おらはうす宇奈月」での計画理論

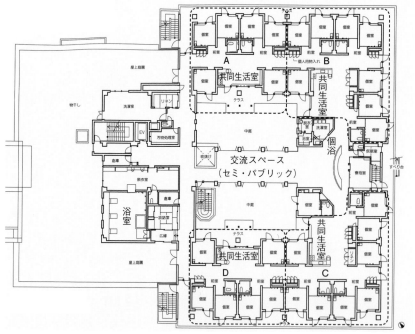

図3.17　ユニット型制度化のきっかけを作った事例（2000年，風の村（千葉県）3階，設計：双立デザイン設計事務所＋外山義）（文献8）を一部改変）

図3.18　上からユニット内のキッチン，個室居室のしつらえ，個浴

を進展させ，居室の個室化と合わせてグループの規模も 6〜8 人と小規模化
させた．さらに個室居室の前の共用リビング（セミプライベート）にはキッ
チンを設け，食事もここで摂れるように試みた．厨房で作られた料理を小分
けにして各グループに運び配膳をするしくみ，炊飯や汁物は各グループ単位
でつくることができるしくみ，調理の手間の簡略化と食事提供における柔軟
性，さらにはよりおいしい食事を目指したクックチル調理の導入等画期的な
取り組みが導入された．このグループを「ユニット」と称し，ユニットの中
で生活が営めるような空間づくりとユニット単位で固定された職員配置等介
護のあり方の変革を目指した．これに対応した介護は「ユニットケア」と呼
ばれ，利用者一人ひとりにあわせて個別的に対応する集団介護の対極に位置
付けられる介護の理念を掲げ，その後の介護のあり方を大きく変えた．

　浴室も一部分散化して，プライバシーが保障される個別浴槽を設置する
等，個別介護も実践された．グループを超えて集い使えるセミパブリックな
空間も整え，さらに 1 階はパブリック空間と位置付けて施設全体で使える空
間とし，地域交流の場としても活用できるようにした．施設と外部との接点
に喫茶スペースも設けて地域住民がボランティアで運営するしくみも導入，
実質的に地域とつながる施設のあり方も提示した．

3.4.6　ユニット型

　「風の村」の登場は介護の世界に衝撃を与えた．国は将来の介護施設のあ
り方を検討する中で，個室の居室と小さなグループ単位での空間づくり，そ
こで展開される個別的な介護のあり方を標準とする方向性を示した．しか
し，介護界からは大きな抵抗もあった．従来の施設のあり方を否定するよう
な国の方針転換（個室化）はすぐに容認されるものではなかった．個室化に
よる孤独化の弊害等がその理由としてあげられる中，建築計画研究の成果が
示されたことで国は覚悟を決めた（**図 3.19**）．今後の介護施設整備の基本を，
個室化およびグループ化，そこでの個別ケアを前提とした「ユニット型」と
して新たな制度を制定した．以前の多床室による施設を「従来型」，個室で
ユニットと呼ばれる単位で計画されるものを「ユニット型」とした．個室に
伴う居住費（家賃に相当するホテルコスト）も徴収することとなり，利用者

[補足]制度を変えた計画研究
多床室によるプライバシーがな
い環境の弊害と個室化による変
化と効果を提示した外山義らの
研究成果[9]は，その後の個室ユ
ニット型への制度転換に向けて
決定的な役割を果たした．

個室面積の引き下げ
都市部でのベッド数確保や家賃
設定に配慮して，後に最低基準
面積は 10.65 m^2 に引き下げら
れた．

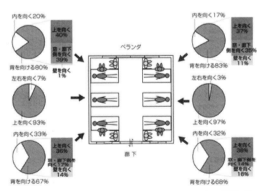

図 3.19　調査結果による従来型（6 床室）での滞在の様態（顔
の向きと姿勢）[9]

表 3.3　空間の規模を決める単位

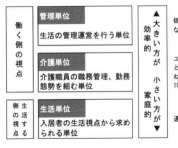

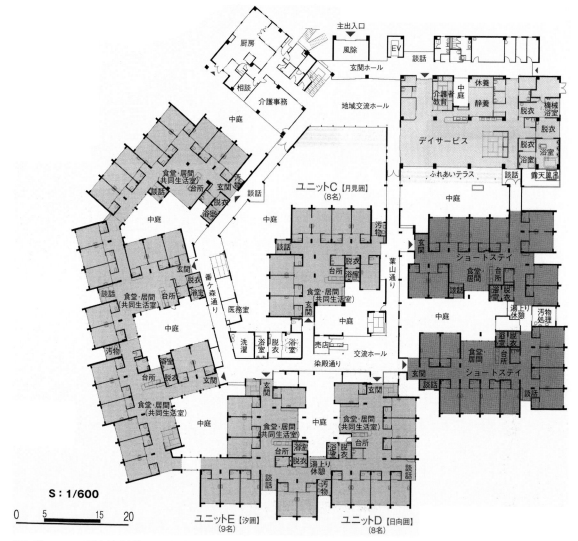

図 3.20　ユニット型事例（十符・風の音（宮城県），設計：みちのく設計）（文献 10）を一部改変）

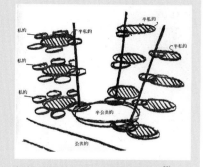

> **コラム**　**段階的空間構成** --
>
> 　プライバシーの確保やその保障，他者とのコミュニケーションの誘発や促進は社会生活を営む基盤をつくる上で大切な要素である．それらは空間とともに関連付けられ，また空間に規定され，左右もされる．その際，プライベート（私的領域），セミプライベート（半私的領域），セミパブリック（半公的領域），パブリック（公的領域）の 4 つの空間領域の概念を理解することが重要となる．段階的空間構成の理論は様々な形で活用されてきた．都市・住区の構成において（S. シャマイエフと S. アレクザンダー，『コミュニティーとプライバシイ』(1963)），住空間の構成において（O. ニューマン，『まもりやすい住空間』(1971)）等がある．外山義は介護施設「特別養護老人ホームおらはうす宇奈月」(1994 年) の計画において，積極的にこの
>
> 都市・住区における 4 つの空間領域[22]
>
> 理論を援用した．個人空間の保障と多様な共用スペース構成とその充実が，高齢者の豊かな生活と多様な活動・行為を支え，段階的空間構成の理論の援用が施設環境の質的改善に大きく寄与することを実証した．

図 3.21 ユニット平面計画：玄関, 居室, 共同生活室, 台所, 浴室, 玄関がユニットを構成する（文献 10）を一部改変）

図 3.22 模型写真とユニット内の様子

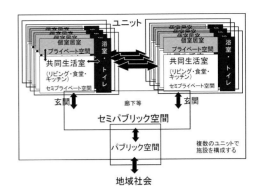

図 3.23 ユニット型の空間構成ダイアグラム

にとっては従来型よりも費用がかかるものとなった.

　個室の面積は内法有効面積で 13.2 m² 以上と設定され, 1 ユニットは 10 人が基本とされた（その後, 基準面積は 10.65 m² に引き下げ*, ユニット定員は 15 人以下に緩和*）. 10 人は職員配置等運営的な適切な規模（管理単位・介護単位）, 家庭的な環境づくりからの適切な規模, 集団生活としての適切な規模等（生活単位）をふまえた中から導き出された（表 3.3）. ユニット内には, 共同生活室と呼ばれるリビング・キッチンが設置され, 浴室も各ユニットに設置される事例が多くなった. まさにユニットが家に相当する単位となり, 利用者はそのユニットで落ち着いた生活を送る（図 3.20〜3.22）. ユニットとユニットをつなぐところがセミパブリック空間となり, さらに地域とつながるパブリック空間とあわせて, 段階的空間構成の実質化も追求された（図 3.23）.

　国は介護施設（特別養護老人ホーム）での個室化率 7 割を目指して整備を進めたが, 施設整備にかかる権限が地方自治体に移り, 個室以外の選択肢も残されたこと, また低所得者への配慮もあり, 一部自治体では多床室での施設整備を続けている. いま建てられる介護施設は数十年先の未来の姿を示すものでもある. 所得に関係なく, 最低限保障されるべきものとして居室の個室が認識され, 誰もがプライバシーを保障される個室で生活できる社会を実現することが望まれるが, 社会（私たち）の価値観, 社会的コスト, 政治等が重なり合いながら存在する現実が介護施設でもあり, すべての人に個室が用意できない日本の介護施設の状況は, 日本の福祉水準の現実を示している.

ユニット定員の緩和

2021 年 4 月以降に整備されるものに限定して, 個室ユニット型施設の定員は 1 ユニット 15 人以下に緩和された.

3.4.7　分棟化

　従来の介護施設では, 大きな単位で介護単位が組まれていたため, 建築としてのヴォリュームも大きくなった. ユニット型における職員配置は, 日中はユニット単位, 夜間は 2 ユニット単位で設定される. 夜間は 2 ユニットに 1 人以上の職員配置が基準のため, 計画上は 2 ユニットを 1 つの単位として

図3.24　分棟型の事例（特別養護老人ホーム幸の郷（愛知県），設計：大久手計画工房）

図3.26　分棟・分散型の施設が作り出す街並みのような風景（風の街みやびら）[11]
［撮影：上田　宏］

図3.25　分棟・分散型特養の事例（2014年，風の街みやびら（広島県），設計：宇野享 /CAn＋大建 met）[11]（提供：CAn）

計画することが定石となる．その特徴を活かして2ユニットを単位として建物を分棟化して計画する事例が生まれた（**図3.24**）．生活と介護の単位となるユニットに焦点を当てて施設計画をすることで，より小規模で住宅らしい建築となる．小さな規模の建物が連続して配置されることで，1つの街並みを形成し，地域における景観形成の点でも従来施設とは異なるアプローチが可能となる（**図3.25，3.26**）．

▌3.4.8　地域分散とまちづくり　　　　　　　　　　　　　地域

　大規模な介護施設を解体して地域に分散する動きもある．新潟県長岡市の「こぶし園」の取り組みは特徴的である．長く運営していた定員100人の特別養護老人ホームを解体し，小規模な施設にして地域分散させ，そこを介護拠点にして地域を支えることを目指した．定員15〜29人の小規模な介護施設（サテライト型特別養護老人ホーム）に小規模多機能型居宅介護等の在宅支援のサービスを併設する形で6地域に分散整備し，100人の特別養護老人ホームを解体した（**図3.27**）．もともとあった特別養護老人ホームは地域の大学施設に転用する大がかりな事業展開を10年の歳月をかけて行った．地域拠点の分散配置により，地域全体を「施設」と見立ててその地域を丸ごと支援するしくみである．できる限り自宅と地域での生活を継続できるしくみ，まさに「地域包括ケアシステム」を実現させた事例である．

　介護施設やサービスの視点が外（地域）に向かうと，必然的に介護サービスやその場のあり方はまちづくりと連動する．地域全体を守る拠点として介護施設やサービス拠点を位置付け，地域に開放した姿になっていく（**図3.28，3.29**）．

3.5　認知症と物理的環境

　超高齢社会における世界的な課題の1つが認知症*対策である．日本では2025年には約700万人，65歳以上の約5人に1人が認知症になる社会となる．今や誰もが当事者になりうる疾病であり，社会や地域で対応しなければならない課題である．高齢期の介護の問題は，認知症介護の課題に行き着く．認知症への正しい理解と同時に，物理的環境（建築的視点）から支える

認知症（dementia）
脳血管性の病気による脳血管性認知症のほか，脳の器質的な病変によるアルツハイマー病等がある．影響を受ける部位でも症状は異なるが，中核症状は記憶の障がいである．

［補足］「認知症」の改称
「痴呆」という表現が侮蔑的であること，症状を適切に表していない等の理由から国会で議論し2004年から認知症に改称することが決まった．以降，一般利用も，医学用語も「認知症」で統一された．

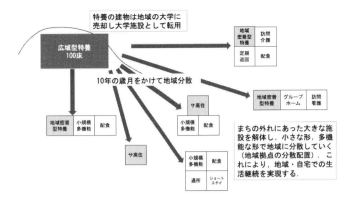

図 3.27 大規模施設の解体と地域分散のイメージ図

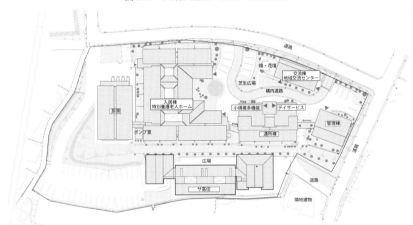

図 3.28 地域の介護拠点として介護施設，高齢者向け住宅，在宅生活を支える小規模多機能等を併設した事例（2008 年，ケアタウンたちばな（福岡県），設計：佐藤総合計画＋山口健太郎）[12]（提供：佐藤総合計画）

本体施設（特別養護老人ホーム）の建て替えに合わせて定員 20 人分をサテライトとして地域の中に分散設置し，在宅支援等の他機能とあわせて「ケアタウン」として整備した．各建物を分棟化し，敷地内に道路を引き込んで，地域住民の誰もが自然と関われるような配置と機能（地域交流）を配した．

新興住宅地の中にある多世代複合の地域支援拠点．中庭ではヤギが飼われて地域住民の憩いの場となっている．高齢者住宅の 1 階には駄菓子コーナーがあり，地域の子どもたちが集い過ごす．コンパクトながらも，積極的に地域に開放した施設計画と高齢者や障がい者，子ども，在宅居住の高齢者等地域住民の生活を支える機能は共生社会における福祉施設とまちづくりのあり方を提案するモデルとしても注目されている．

図 3.29 高齢者・障がい者・こども等多世代複合の地域支援拠点（2018 年，アンダンチ（宮城県），設計：トランジット）（提供：未来企画）

重要性の理解が欠かせない.

3.5.1　認知症の理解

　脳の老化は避けられない．そのプロセスの過程でいわゆる「物忘れ」という現象は誰しも経験する．これは病気ではなく老化である．それとは異なり，認知症とは脳の病気である．脳細胞が後天的にダメージを受けたり，器質的に変化したりすることで，主に記憶に関わる機能が影響を受ける．65歳以上における認知症の有病率は約20％とのデータもあり，高齢になるほどその割合は高くなるが，近年では30〜40歳代でも発症する若年性認知症も注目されている．これからの社会においては避けることができない疾病であり，また治療法が確立していない現在においては，認知症とうまく付き合う社会のあり方が問われ，求められている．

3.5.2　認知症と環境

　環境を構成する要素は様々あるが，特に物理的な環境のあり方は認知症のある人に大きな影響を与える．そのあり方次第では認知症の症状を落ち着かせ，その人らしい暮らしを支え，自立を高めることも可能とする．環境への向き合い方と対応を誤れば認知症のある人は危機的な状況に陥る．環境のあり方によっては病気に変化はなくても，BPSD*のあり方が変わる．

　環境に目を向けることができなければ，その症状にばかり目がいってしまい，誤った対応をしてしまうことになる．かつて，介護施設の計画では「回廊式廊下」が推奨された時代があった．行き止まりのない環境をつくることで徘徊していられる（させておける）という意図である．

　しかし考え方を変えると全く異なる見方と対応ができる．なぜ徘徊が生じるのかという視点に立ち，徘徊の意味を探り，落ち着ける場所がないから，

BPSD
Behavioral and Psychological Symptoms of Dementia の頭文字をとった略語で，認知症の行動・心理症状とも訳される．中核症状によって引き起こされる二次的な症状を意味し，徘徊等も位置付けられる.

✒️ コラム 施設の木質・木造化 --

　わが国の人工林の蓄積はこの半世紀で5倍以上増加し，主伐期を迎えるものがその約半数を占める．将来の森林育成のためにも人工林の更新，つまりは積極的に木の有効利活用が求められる時期にある.

　2010年に成立した「公共建築物等における木材の利用の促進に関する法律」により国は率先して公共建築物への木材利用に取り組み，また地方公共団体や民間事業者にも木材利用の主体的取り組みを促してきた．公共建築物の整備主体の状況を鑑みると，床面積の3分の2程度が民間・個人による整備で，そのうちの約8割が医療・福祉施設という実態からは，医療・福祉施設での木材利用の促進が重要となる.

　介護施設の木造化にあたっては，建築基準法，消防法等施設種別に関係する基準や指針への対応が必要となる．一定規模以上になると特に防耐火上の要件も厳しくなるが，近年では新たな構法の登場もあり，また介護施設の居住性向上を図る意味でも積極的に木造化・木質化を図る施設も増えてきた.

大規模介護施設での木造化事例（日本初5階建て木造耐火建築物の老人ホーム：花畑あすか苑（東京都），設計：メドックス，写真：太田拓実）[21]

そのような場所や状況を求めて彷徨っているのではないか，という見方に立つとどうなるか．落ち着ける居場所を整えていくという環境づくりに焦点が移る．これまで「問題行動」ととらえられてきたものの中には，環境に適応できない結果としてもたらされたものが少なくない（**図3.30**）．物理的環境によって「つくられた症状」を見つけ出し，その環境要因を見つけ出し，改善していくことが建築側にも求められる．

図3.30 不適切なのは行動か？ 環境か？ 環境を疑うことが大切である

3.5.3 グループホーム

認知症高齢者グループホームとは，制度的には老人福祉法および介護保険法に規定された「認知症対応型共同生活介護」が正式名称である．スウェーデンで生まれた形態だが，日本では1990年代に認知症介護の切り札として登場した．認知症のある人が家庭的な環境のもとで，24時間常駐する介護職員とともに暮らしながら，それぞれが有する能力に応じて自立して暮らすための共同居住型の住宅である．

グループホームの価値を考えるには誕生の歴史を振り返る必要がある．日本で認知症ケアが本格的に取り組まれたのは1980年代の前半である．当時は，認知症の精神疾患という側面に焦点をあてた医療機関での対応が中心だった．認知症への社会的な認知と理解も十分ではなく，この時代は認知症のある人を「収容」する意図が色濃かった．

1980年代後半より認知症ケア対策は医療から福祉の分野まで広がる．しかし，ここまでの施策や環境整備は，施設の運営面，職員のケアのしやすさ，家族や介護者の疲労・ストレスの軽減等，その中心は認知症のある人ではない外側からの環境整備だった．このような状況の中で登場したのがグループホームである．

1987年には島根県出雲市に「ことぶき園」が，1991年には北海道函館市に「函館あいの里」が開設され，草の根的にその形とケアの思想が広まった（**図3.31**）．1990年代半ばより制度としてのグループホーム誕生の気運が高まり1997年には国がその価値を認めて，制度の中で位置付けられ施設整備費にかかる補助金も予算化された．2000年4月からの介護保険制度により介護保険対象のサービスに移行，民間企業やNPO等の事業参入も認められて一気に全国各地に広がりを見せた．介護保険発足年（2000年12月）の事業所数が790，3年後には約4,200と急増し，2020年では約13,700，定員ベースでは約20万人分が整備されている．障がい者の

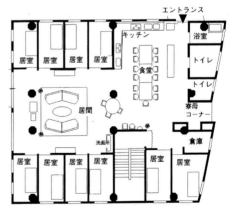

図3.31 初期のグループホーム代表事例（1995年，至誠ホーム（東京都））[14]

居住形態としては以前からあったが，それまで大規模施設での集団ケア一辺倒で歩んできた高齢者介護の流れの中においては，その登場は画期的なものだった．

グループホーム登場の当初は個室の居室がリビングを取り囲むような平面構成で，個室に1人でいるか，居室を出て皆とともに過ごすか，という選択

【空間の特徴】居室はすべて個室で和洋2タイプがある. 居室前には2〜3室で玄関的スペースが用意され, ベンチもある. 浴室近くにはたたみ3畳の小上がりがあり, オープンカウンターのキッチンや食堂の様子を眺めることができる. 中庭には3方向から段差なくアクセスでき, ウッドデッキにはわずかな勾配も設けられ歩行時のリハビリにも使える. いろりのある玄関横の和室, 縁側, 玄関に設けられたベンチ等細やかな計画的配慮がされている. 廊下2カ所に引き戸が設けられていて, 冷暖房のエリアを分けることができ, 自然の暑さや寒さを感じることで普通の家の住まい感を五感で感じ取ることもできる.

図 3.32　日本型グループホームの代表事例（1997年, こもれびの家（宮城県）, 設計：東北設計計画研究所＋外山義）[13]

図 3.33　心地のよい居場所の発見（こもれびの家）

小規模多機能型居宅介護
一事業所で「訪問・通い・宿泊」を提供する. 登録制で, 登録定員は29人以下, 「通い」の利用定員は登録定員の2分の1〜15人の範囲内（一定要件を満たす場合は最大18人）, 「泊まり」の利用定員は通いの利用定員の3分の1〜9人の範囲内, 等の基準がある. また看護人員を手厚くして訪問看護まで対応する看護小規模多機能型居宅介護（看多機）もある.

しかできないものが多かった. そのような中, 1997年に計画された認知症高齢者グループホーム「こもれびの家」は, 入居者同士の自然でゆるやかなつながりを保障する選択性のある居場所の計画と, 認知症のある人の五感に訴えかける空間づくり等, 細かな計画的配慮を施した日本型グループホームの代表事例である（**図 3.32, 3.33**）. 適切な環境さえ整えば, 認知症の人でも環境に「なじむ」ことができることが同施設をフィールドとした計画研究でも示された[15,16].

3.5.4　小規模多機能型居宅介護

　2006年の介護保険改正による地域密着型サービスの創設とともに設けられたのが小規模多機能型居宅介護*（以下, 小規模多機能）である. 認知症になっても, 介護が必要になっても可能な限り自宅で暮らし続けたい, そんな願いを叶えるべく登場した. それまで, 在宅で暮らしながら介護サービスを受ける形としては, 訪問と通所の介護, 短期入所があった. 介護度で許容された限度額内で使うサービスを調整しながら自宅生活を継続していた. 各サービス提供事業者が異なることも多く, 1人の人を連続的に支える視点に欠け, またあらかじめの計画通りに介護を受けるしくみは柔軟性に欠いていた.

　そこで登場したのが小規模多機能である. 訪問と通所, 短期入所の機能を1つの事業所（拠点）でもち, 「訪問・通い・宿泊」という3要素をその人の状況・事情に合わせて柔軟に提供できるように考えられたものである（**図 3.34〜3.36**）. 各サービスの利用量にかかわらず料金が変わらない月額包括料金も導入された.

　国は日常生活圏域と呼ばれるおおよそ中学校区を単位として, その単位ごとにこの小規模多機能を設置することで, 在宅での生活, 地域での生活を継続できるように目指した. 福岡県大牟田市では, さらに小さな単位の小学校

「通い」のスペースと「泊まり」のスペースを明確に分けて落ち着いた環境をつくり出す工夫をした。地域・外部と接点をもつ玄関脇に土間の空間を設けて，地域のサロンと位置付けている。

図 3.34 小規模多機能の事例（2007 年，小規模多機能ホームわが家（岩手県），設計：Z設計）[17]

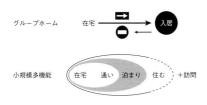

図 3.35 小規模多機能（在宅支援）とグループホーム（入居）の違い[18]

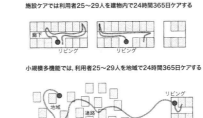

図 3.36 小規模多機能で地域を支えるイメージ[18]

区すべてに小規模多機能を整備し，合わせて介護予防拠点・地域交流機能を併設することで，地域住民が日常から関わり，様々な相談ができる窓口機能も果たせるようにしている。

3.5.5 地域で暮らす・地域で支える 　　　　　地域

生活の場が自宅であろうと，施設であろうと，大切なのはそこがその人にとっての「家」となることである。しかし居住環境がどれほど整えられても，生活が室内だけに限られてしまうことは望ましくない。生活における刺激やリズムは，屋外，そして地域・社会生活の中にもある。外の空気を感じ，音や匂いを感じ，人や車の行き交う日常を感じるということも重要である（図 3.37）。認知症のある人が地域の中で暮らすためには，地域全体で支えるしくみと，安心して歩行できる屋外の環境づくりも必須となる（図3.38）。

3.6 災害と防災 　　　　　災害・防災

介護施設の利用者は災害時に自力で避難することが困難である。災害によっては人命の危機に直結する。各種の災害から命を守るため，災害時や非常時の備えは万全でなければならない。

[補足] 大牟田市の取り組み

福岡県大牟田市は人口 10 万人以上の都市の中では高齢化率が30％を超える高齢化先進都市である。まちづくりと福祉を連携させた様々な先駆的な取り組みを行ってきており，認知症を地域で支えるハード，ソフトのしくみ作りにも福祉部局と建築部局が連携して早くから取り組んできた。

図 3.37 屋外環境も重要な要素

図 3.38 認知症高齢者グループホーム利用者の地域のスーパーへの買い物

図 3.39 津波にのみ込まれた介護施設（東日本大震災）

図 3.40 文化ホールに設けられた福祉避難所（上）と，介護施設の一部に設けられた福祉避難所（下）（東日本大震災）

福祉避難所
避難時に通常の避難所で過ごすことが困難な人に対しては広さやプライバシー等に配慮された学校の空き教室等を使用する．また，バリアフリートイレ，介助用ベッドや機器を備えた介護施設等があらかじめ福祉避難所として指定を受けて，災害時に特別なニーズにある避難者を受け入れることもできる．

福祉仮設住宅
老人居宅介護等事業等を利用しやすい構造および設備を有し，高齢者等であって日常の生活上特別な配慮を要する複数のものに供与する施設をいう．

3.6.1　介護施設と災害

　介護施設は過去の歴史でも火災，土砂災害，水害等で大惨事に見舞われて多くの被害者を出してきた教訓がある．1985年に長野市で起きた地すべり災害では土砂が介護施設をのみ込み26人が亡くなった．2009年山口県防府市の豪雨に伴う土石流では介護施設利用者7人が，2010年鹿児島県奄美市の豪雨では近くの川の氾濫により逃げ遅れた利用者2人が，近年では2016年岩手県岩泉町での豪雨・洪水・川の氾濫で9人が命を落とした．自然災害による介護施設の被災は後を絶たない．

　介護施設が特に意識して対応してきたのが火災対応である．2006年に発生した長崎県大村市の認知症高齢者グループホーム火災では6人が亡くなり，これをきっかけに消防法改正が議論され，スプリンクラー設置の義務化等につながった．避難時に介助を要し，また特に介護施設の夜間時は職員も少ないため，火災を起こさないことと合わせて，確実に避難させられるという観点からの施設計画が必要である．なお，居住機能をもつ介護施設ではスプリンクラーの設置は必須で，確実な避難経路の確保も重要である．

　2011年の東日本大震災では，多くの介護施設が地震や津波で被災し，実に650人以上の利用者と職員の命が津波により失われている（**図3.39**）．結局，課題となるのは施設の立地である．軟弱地盤，津波危険地域等に数多くの介護施設が立地していて大被害につながった．これまでの災害の経験を活かすのであれば，その土地と地域がもっている各種災害リスクを把握した上での敷地選定と対策が重要となる．

　災害発生時には各種施設が高齢者等の避難者受入れの特別な拠点になることもある．また多くの介護施設も災害時に支援が必要な人たちのための避難所（福祉避難所*）としての指定を受けている（**図3.40**）．地域とのつながりを大切にした計画にすればするほど，介護施設は非常時・災害時に頼りになる存在となる．災害時の地域拠点，災害時の地域住民の受入れを想定した施設計画も今後は重要なテーマとなる．

3.6.2　福祉仮設住宅

　災害救助法で規定される「応急仮設住宅」．2011年の東日本大震災では約5万2千戸建設された．同法では「福祉仮設住宅を建設型仮設住宅として設置できること」が定められている．東日本大震災後，グループホーム型の福祉仮設住宅*（以下，GH型福祉仮設）の整備が進められ岩手県，宮城県，福島県で約500戸が整備された（**図3.41**）．

　GH型福祉仮設住宅は被災したグループホーム用のほか，一人暮らしの高齢者等で一般の仮設住宅での居住に不安をもつ人の住まいとしても建設された．今後の超高齢社会を考えると，単身高齢者や特別な支援を必要とする人は一般的な居住者像である．仮設住宅に限った話ではなく，一般的な居住の形としてもグループホーム的な住まいとしくみは有効である．また，東日本大震災後は一般の仮設住宅でも様々な試みがされている．岩手県釜石市と遠野市では子育て支援機能，サポートセンターや仮設店舗も併設されたコミュ

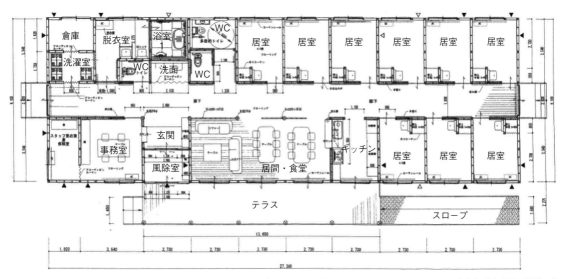

図 3.41 グループホーム型の福祉仮設住宅事例（2011 年，福島県本宮市，設計：はりゅうウッドスタジオ＋浦部智義）（図面提供：福島県建築住宅課）
福島県は積極的に木造のプレハブ住宅を建設した．この事例には浪江町から原発避難した認知症高齢者グループホームが入居した．仮設利用終了後，移設され再利用されている．

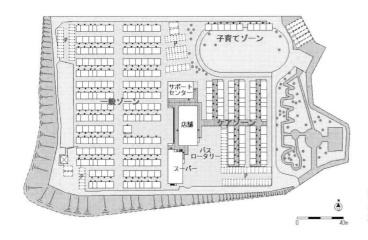

図 3.42 コミュニティケア型仮設住宅（2011 年，岩手県釜石市，設計監修：東京大学高齢社会総合研究機構＋岩手県立大学）[19]

ニティケア型仮設住宅が整備された（**図 3.42**）．2016 年の熊本地震では，完全バリアフリー仕様の仮設住宅が設置された．今後は，バリアフリー化はもちろん，共同居住型等その住まい方において安心を提供する仮設住宅の設置についてもあらかじめ計画しておくことが不可欠である．

3.7 設備・機器と環境

日本では介護は人の手で行うものという考え方が根強く，ロボット等機器の活用は途上である．しかし介護人材の不足も深刻な課題となっている現在と将来を考えると，職員の労力・負担を軽減，また入居者の生活をより豊かにするためにも，安心して暮らすための設備・機器の活用は不可避である．

▌3.7.1　介護機器と建築　　　　　　　設備・物品

時代とともに発展してきた介護機器の1つとして介護浴槽がある．入浴介助は重労働で，また利用者の立場で考えても快適な入浴を支える浴槽は生活の質を高める上でも重要な要素である．かつては重度の要介護者には機械式の機器（**図3.43**）でしか入浴支援ができないと考えられていたが，近年では介護者にケア技術が備われば，個別浴槽（個浴）（**図3.44**）でも入浴支援ができるようになった．集団ケアから個別ケアという介護の理念の変化は浴室・浴槽の計画にも大きな影響を与えている．

また，利用者の重度化を考えると，居室や浴室等での介助リフトの設置は職員の重労働を軽減するためには欠かせない（**図3.45**）．あとからの設置が難しいものもあり，あらかじめの計画が重要となる（**図3.46**）．そのほか，職員の介護や利用者の自立を支援するような介護ロボットの開発と導入は今後ますますそのニーズは高まるだろう．

ICTやIoTの活用も同様である．見守りシステム，コミュニケーションツール，離床や転倒センサー，ヘルスモニタリングシステム等を活用することで，利用者の生活全般の支援，また同時に介護労働の軽減化（労働環境の改善）にも資することが期待されている（**図3.47**）．施設計画の中で，建築と一体的に検討し，整備していくことが求められる時代が来るだろう．

図3.43　機械式入浴機器

図3.44　個別浴槽

図3.45　脱衣室・浴室へのリフトの設置

図3.46　ベッドにリフトをセットさせた在宅介護のためのモデルルーム（フィンランドToimivakoti）

図3.47　身体状態，ベッド離床等のモニタリングシステム

▌3.7.2　換気と衛生管理　　　　　　　環境工学

介護施設での衛生管理は重要な課題である．特にインフルエンザ等の感染症の予防，またその発生時の管理等は建築のつくり方や設備のあり方と関係が深い．居室の個室化や生活単位の小規模化（ユニット化），外部からのアクセス可能な動線確保等は感染症対策（感染者発生時の施設運用）としても有効である（**図3.48**）．年間を通して空調により温度を適切に調整する介護施設では，乾燥対策も不可欠である．調湿と同様に換気も感染症予防には効果があるともされ，適切な換気設備の導入も重要である．換気設備の充実は臭気対策にもなり，快適な居住環境維持につながる．

図3.48　全居室に外玄関を設けた特別養護老人ホーム（大畑サテライト（長野県），設計：良建築設計事務所）

3.8　改修と既存建物の活用　　　　　　改修事例

▌3.8.1　既存施設の改修による居住環境の向上

1980～90年代に建設された建物は建て替えや改修の時期に差しかかっている．この数十年で介護施設をとりまく環境は大きく変化してきた．現在求められる居住水準に，またこれから求められる施設のあり方にどのように向

き合い，対応するのかは難しく大きな課題である．時代は人口減少の局面に入っており，高齢化率の上昇は引き続き見られるものの，高齢者人口数は減少に転じる地域も少なくない．これまでのような要介護者増を見据えた施設整備の理論は成り立たなくなっており，これからの時代に相応しい施設整備のあり方を検討するタイミングにある．

多床室の個室化，ユニット化（**図3.49**）等は十分考えられることだし，個室化に伴い施設の定員を減じる，場合によっては一部の定員を別の形で地域に出して整備していく（例：**図3.27**のこぶし園）等も考えられる．居住環境の質的向上ということ以上に求められる課題は大きく，施設のあり方そのものを見直すことも必須となる．

図3.49 古い特別養護老人ホームの中庭部分（上，before）を改修してユニット化（下，after）した事例（うねめの里（福島県），設計：プラスニューオフィス）

▌3.8.2 既存建物の活用（転用）による福祉拠点化

まちの中にある既存の建物資源を福祉拠点に活用することも重要である．地域資源の発見から活用まで建築側から提案し，まちづくりの一要素として取り組むことも可能である．小さな住宅や建物は認知症や高齢者のグループホーム等に活用することができるし（**図3.50**），既存の建物がもっていた地域の中での価値を継承しながら新しい役割を与えていくこともできる（**図3.51**）．小学校校舎を介護施設や介護の拠点に活用する事例もある．改修・転用にあたっては用途変更等法的，技術的な対応も必要となるが，まちの資源の活用は今後も重要なテーマとなる．

図3.50 一般民家のグループホーム活用事例

図3.51 鞆の浦さくらホーム（広島県）は築100年の醸造酢所を改修して活用

3.9 おわりに

介護施設の建築計画では私たち自身の価値観や身体のこと等，暮らしを直接的・間接的にとりまく状況の把握と理解が不可欠である．また，建築以外の世界（介護や社会保障等）のことを知り，理解することも必要である．これらの背景を知った上で事例を見ていくと，平面構成の意図や意味が浮かび上がって見えてくるはずである．建築は今の暮らしとともに未来の暮らしを支える．今後変化する要素（変数）をとらえて計画しなければ，すぐに時代にそぐわない施設（建築）になってしまう．

実際には，自由に介護施設が計画・設計できるわけではない．介護施設を建てるには，自治体の「介護保険事業計画*」に従って計画を進める必要がある．サ高住や有料老人ホーム以外の介護施設の場合には，事業公募により事業者が決められてから施設の建設が可能となる．さらには敷地，資金，介

介護保険事業計画
介護保険法に基づき都道府県および市町村は，3年を1期として介護保険事業計画を定めること，とされており，それに基づいて施設やサービスの供給量，介護保険料等が決められる．

護人材，地域の状況等が事業そのものの実現性を決める．建築はそれらの上に存在する．また計画時には理想を追い求めても基準や制度に縛られるし，それらに則らなければならない．介護施設の変遷は制度の変遷でもある．行き着くところ，制度を変えるのは政治であり，私たち自身の，言い換えれば社会の意識や価値観の現れでもある．

　一方，それでもなお建築は理想の追求が大切だし，未来の暮らしをつくるのだから想像力をもって計画することも必要である．私たちの暮らしや価値観は変化する．それに合わせた型の提案は不可欠である．

　施設は限りなく住宅に近づいている．最後には施設は住宅に取って代わられてなくなるだろうか．やはり，施設は住宅とは異なるものとして残るだろう．集まって居住すること，そこで介護・看護の専門職から支援を受けながら人生の最期の時間を穏やかに過ごすこと，病院ではなく暮らしの場である介護施設で安心して最期を迎えることができれば，施設は自宅とは異なる大きな価値をもったものとなる．「自宅でない在宅」，これは日本の介護施設を計画研究と設計から変えた外山義*の言葉である[20]．たとえそこが自宅でなくても建築のありようによっては「その人にとっての家」になり得る．そのような施設計画を追求したいし，それを目指すのが建築計画の役割である．建築計画を学ぶ皆さんには，「そこ」に暮らす人の人生に思いをはせ，「その人」のための建築と空間（場）のあり方を追求してもらいたい（図 3.52）．

外山　義（1950～2002）
京都大学教授．建築計画学者，建築家．東北大学を卒業後，設計事務所勤務を経て，スウェーデンで 7 年間学び Ph.D. 取得．帰国後，日本の介護施設の先駆的事例の計画・設計に携わる．『自宅でない在宅』[20] の著者．

図 3.52　時間，空間，そして人間が織り成す豊かな場面（認知症高齢者グループホーム「こもれびの家」にて）

参考文献

1) 厚生労働省：地域包括ケア，https://www.mhlw.go.jp/stf/seisakunitsuite/bunya/hukushi_kaigo/kaigo_koureisha/chiiki-houkatsu/，閲覧日：2021 年 6 月 5 日．
2) 国土交通省：第 3 回サービス付き高齢者向け住宅に関する懇談会資料，https://www.mlit.go.jp/jutakukentiku/house/content/001326861.pdf，閲覧日：2021 年 6 月 5 日．
3) 日本医療福祉建築協会：住まいに向かう高齢者施設，2004．
4) 柿沢英之，石井　敏，長澤　泰，山下哲郎：入所者のグループ形成とその特性に関する考察：個室型特別養護老人ホームの「集まり」に関する事例研究，日本建築学会計画系論文集，493, 153-159, 1997．
5) 橘　弘志，外山　義，高橋鷹志：個室型特別養護老人ホームの共用空間に展開される生活行動の場―個室型特別養護老人ホームの空間構成に関する研究その 1，日本建築学会計画系論文集，512, 115-122, 1998．
6) 橘　弘志：特別養護老人ホーム共用空間におけるセミプライベート・セミパブリック領域の再考―個室型特別養護老人ホームの空間構成に関する研究 その 4，日本建築学会計画系論文集，557, 157-164, 2002．
7) 建築設計思潮研究所編：建築設計資料　71 特別養護老人ホーム，建築資料研究社，1999．
8) TOTO 通信：施設から暮らしの住まいへ，3(451), 2000．
9) 地域ケア政策ネットワーク：個室化・ユニットケア　特養ホームはこう変わる，2002．
10) 日本医療福祉建築協会：個室ユニットケア型　計画ガイドライン，中央法規，2005．
11) 宇野　享，CAn，大建 met：風の街みやびら，新建築，(12), 2014．
12) 日本医療福祉建築協会：（令和 2 年度老人保健健康増進等事業）地域の高齢者介護施設を中核とした整備に関する調査研究，2021．
13) 山口健太郎：Ⅲ高齢者施設の計画（福祉建築基礎講座），日本医療福祉建築協会，2018．
14) 外山　義，石井　敏：グループホーム内の空間に関する研究（平成 7 年度痴呆性老人のためのグループホームのあり方に関する調査研究事業報告書），全国社会福祉協議会，1996．
15) 厳　爽，石井　敏・外山　義・橘　弘志・長澤　泰：グループホームにおける空間利用の時系列的変化に関する考察：「なじみ」からみた痴呆性高齢者のケア環境に関する研究（その 1），日本建築学会計画系論文集，523, 155-161, 1999．
16) 石井　敏，厳　爽，外山　義・橘　弘志・長澤　泰：先進事例にみる共用空間の構成と生活の関わり：痴呆性高齢者のためのグループホームに関する研究 その 1，日本建築学会計画系論文集，524, 109-115, 1999．

17）日本医療福祉建築協会：小規模多機能サービス拠点，2008.

18）山口健太郎，三浦　研，石井　敏：小規模多機能ホーム読本：地域包括ケアの切り札，ミネルヴァ書房，2015.

19）東京大学高齢社会総合研究機構：コミュニティケア型仮設住宅，http://www.iog.u-tokyo.ac.jp/?page_id= 367 &lang=ja，閲覧日：2021 年 6 月 5 日.

20）外山　義：自宅でない在宅 高齢者の生活空間論，医学書院，2003.

21）メドックスホームページ：花畑あすか苑，http://www.medoxgp.jp/cn18/pg2260288.html，閲覧日：2021 年 6 月 5 日.

22）小林秀樹：集住のなわばり学，彰国社，1992.（原図は Oscar Newman: *Defensible Space: Crime Prevention through Urban Design*, Macmillan, 1972）

23）井上由起子，石井　敏：施設から住まいへ―高齢期の暮らしと環境，厚生科学研究所，2007.

24）日本医療福祉建築協会：（平成 23 年度老人保健健康増進等事業）東日本大震災における高齢者施設の被災実態に関する調査研究，2012.

25）外山　義編：グループホーム読本―痴呆性高齢者ケアの切り札，ミネルヴァ書房，2000.

第4章

医療施設
―治療・療養そして支援の場―

竹宮健司

4.0　はじめに

　医療を提供するための施設が作られる前の時代では，住居が病気に罹った人々の療養の場であった．医療技術が進歩するにつれて，医療を提供するための専用の施設（医療施設*）が求められるようになった．病気を診断し治療するための技術が開発されると，その技術に対応した専用の空間が作られるようになり，様々な病気の種類や回復段階に応じて療養空間は多様化していくことになった．さらに，病気の予防や治療できない患者の心理的な支援にも取り組む施設が見られるようになり，今日の医療施設は単に病気を治療するための空間だけではなく，多様な支援のための空間となってきている．

　本章では，医療施設のこれまでの変遷をたどりつつ，病気になった人々への医療・支援の広がりと，その施設計画をみていくこととする．

医療施設
本章では，医療を提供するための施設全般を医療施設と表記する．海外でも Health Care Facility という用語が広く用いられるようになってきている．歴史的な経緯を説明する際には，Hospital を病院と訳し，病院として計画されたものについては，そのまま病院と表記する．

4.1　医療施設のなりたち

　療養のための空間がどのように計画されてきたのか振り返ってみよう[1]．

4.1.1　療養空間の変遷

　古代ギリシャ・ローマでは，医術の祖として特定の神や人物が神格化され崇められ，アスクレピオス神殿に代表される神殿が療養空間として使われていた．神殿は，転地療養の考え方に基づいて，空気が清浄な景勝地に建てられた．病人は神殿に宿泊しながら，日中は入浴・観劇・運動を楽しみ，瀉血や薬剤療法を受け，夜は眠りの中で夢治療を受けた（**図 4.1**）．

　中世の欧州では，キリスト教の影響により修道院・僧院に療養棟が設けられ，巡礼者や貧困者を対象とした収容や投薬が行われた．9 世紀の聖ガル修道院では，礼拝堂を中心に修道士や旅人の宿舎のほか，療養棟を中心に医師の家，瀉血室，浴室，薬草園が設けられている（**図 4.2**）．時代が経るにつれ，徐々に療養棟が大きくなる例も現れ，独立した療養棟が建てられるようになった．

　その後，頻繁に流行した疫病の患者を隔離するための大規模な収容所が建

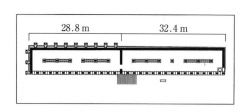

図 4.1　エピダウロスのアスクレピオス神殿（ギリシャ，BC 5 世紀）[2, 48]

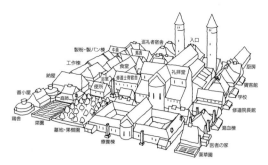

図 4.2　修道院の療養棟（聖ガル修道院，スイス，9 世紀）[2]

てられた．この頃は，感染の原因はまだ解明されていなかったが，十分な換気が感染防止に有効であることは経験的にわかっていたようで，7世紀頃から十字形や放射状の棟配置や，通気しやすい屋根形状等の換気に関する建築的工夫が施されるようになった．18世紀には，複数の療養棟を併置するパビリオン型の施設が主流となっていった（**図4.3**，**4.4**）．

　19世紀に活躍したF.ナイチンゲールは，クリミア戦争における野戦病院での経験から，療養環境と管理方法の改善が患者の死亡率の低下につながることを実証し，ハーバート病院に代表されるナイチンゲール病院の概念を提唱した（**図4.5**）．彼女は，病院建築は，「患者に害を与えないこと」「外観が見事でなくとも，患者に新鮮な空気・陽光・室温を供給できるもの」であると主張した．この考えをもとに，日照・通風のための大きな窓と感染防止のための十分なベッド間隔と高い天井をもち，看護師の目が行き届くことを重視して，30床程度の大部屋病室の中心に，看護師の拠点を置いた療養棟（病棟）を考案した．そして，それらを十分な間隔をあけて配置し，端部を廊下でつなぐ施設の型を提唱した．ナイチンゲールの提案は，欧州だけでなく米国にも波及し，その後の病院建築に多大な影響を与え，近代的な病院の出現まで病院建築の主流となった．

　19世紀から20世紀にかけて，科学技術の発展により病気の原因究明が進み，病原菌や抗生物質が発見された．また，X線やラジウムが診療に応用されるようになり，近代医学の幕開けを迎える．

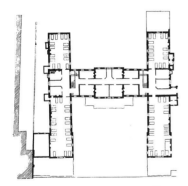

図4.3　H型病院（Middlesex Hospital, 英国, 1755）[2,49]

図4.4　Middlesex Hospital（London）1808年の病室内の情景[3]

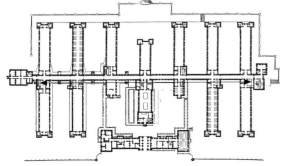

図4.5　ナイチンゲール病院として有名なハーバート病院（英国，19世紀）[2,50]

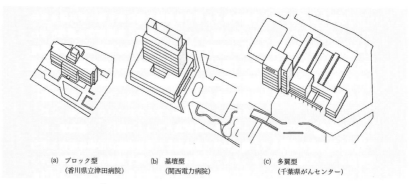

(a) ブロック型　　　　　(b) 基壇型　　　　　(c) 多翼型
（香川県立津田病院）　（関西電力病院）　　（千葉県がんセンター）

図4.6　病院建築の形態[4]

　20世紀に入ると，医療技術・機器の開発が進み，高価な医療機器を数少ない専門職員で扱えるように，施設・設備を集約する，いわゆる診療部門の中央化が行われるようになった．同様に，病院内で使用する物品の管理や病歴業務等も中央化された．それに伴い，それまでは病院のほぼ全体を占めていた病棟（療養棟）も1つの部門となった．

　診療部門の中央化[*]により，施設内には人や物の移動が発生するようになった．こうした部門で構成される施設では，工場のように動線の短縮と物品搬送の効率化が主目的となり，建物全体がコンパクトな形態となった．病棟とその他の部門を上下に重ねた一棟型（ブロック型），診療部門を低層で張り出した基壇堂塔型等エレベータを主体とした垂直型指向と，低層階に関連部門を配置して垂直移動を減らす平面型指向の2つの方向性が見られる（**図4.6**）．

4.1.2　日本の医療施設の変遷

　日本では，江戸幕府による鎖国政策が長く続いたため，西洋医学が広まりだすのは明治維新後である．明治政府は，西洋医学を国策として推進し，西洋医学普及のための医師養成所である医学校と実習病院を設立した．

　東京大学医学部の前身である東京医学校とその病院は，1876年の本郷移転時に新築された擬洋風建築で，内部は内科と外科に分かれたパビリオン型であった．このパビリオン型の平面形は，その後，各地の施設で踏襲されることになった（**図4.7**，**4.8**）．

　戦後，米国の病院管理の考え方が導入され，合理的な病院運営と設計が求

診療部門の中央化
戦前の日本の病院では，各診療科の病棟にX線室，手術室，検査室，消毒室，調理室，洗濯室等が併設されていた．それらを集約して，中央手術部，中央検査部等を設立したことを中央化と呼んだ．

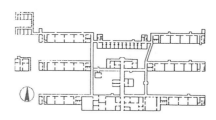

図4.7　東京医学校・病院（1867年，東京都，青木正夫，新谷肇一）[2,51]

図4.8　旧東京医学校本館（現東京大学総合研究博物館小石川分館）

められるようになった. 1950 年に提案された木造二階建て総合病院モデル
プランは, 看護単位の確立や診療部門の中央化等, その後の日本の病院計画
発展の礎となった (**図4.9**). 日本では 1950 年代より病院の建築計画に関す
る研究が本格的に開始され, 急速に発展する医療技術と複雑化する管理運営
方法に対応した, 機能的・効率的な病院計画が探求されるようになった.

1958 年に制定された「国民健康保険法」により, 日本の全国民が何らか
の公的医療保険に加入し, 医療費負担を互いに支え合う「国民皆保険制度」
が 1961 年に確立した. 医療保険証をもっていれば, 日本国中どこでも医療
が受けられるようにするため, 病院の量的な整備が進められ, 日本の病院の
病床数は, 世界最高水準に達した (**表4.1**).

1990 年代に入ると, 中央化とそれに伴う病院建築の集約化された構成に
疑問が示されるようになる. 中央化された部門の中でも変化が生じた. 例と
して, 放射線防護や汚染防止, 技師の資格等から 1 つの部門を構成していた
放射線部は, MRI*・超音波診断装置・内視鏡等を含めて画像診断部として
再構成されるようになった. また, 医療機器の小型化・低価格化・操作性向
上により, 操作に高度な専門性を必要としなくなり, 中央化の最大の理由で
あった高額医療機器と専門職員の集中化の必要性がなくなり, 分散化された
建築形態が可能となっていった.

治療方法についても変化が生じている. 内視鏡手術や体外衝撃波結石破砕
法 (ESWL)*等の開発は人体への侵襲を減少させ, 早期の回復・退院が可能
となってきた. そうした低侵襲の治療法の普及とともに, 外来診療部を拡大
し, 日帰り手術も行う通院治療センターを構成する病院も増加している.

MRI (magnetic resonance imaging)
磁気共鳴画像. 強い磁石と電磁波を使って体内の状態を断面像として描写する検査. 特に脳や脊椎, 四肢, 子宮・卵巣・前立腺といった骨盤内の病変に関して優れた検出能力をもっている.

体外衝撃波結石破砕法 (ESWL：extracorporeal shock wave lithotripsy)
尿路結石を外科手術をせずに体の外より衝撃波をあて, 体に傷を付けることなく結石を粉々に砕き, 体の外に流しだす治療法.

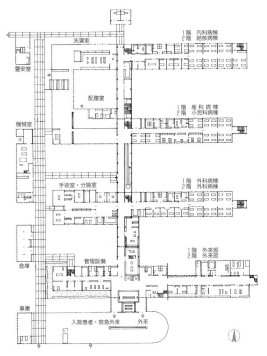

図4.9 木造総合病院試案 (1955 年, 吉武泰水)[2,52]

表4.1 各国の病院の人口 1 万人対病床数の年次推移[6]

国名	1975	1985	1995	2007	2014	2017
アメリカ	68	55	42	31	28	28
カナダ	70	67	51	35	27	25
イギリス	87	74	47	35	27	25
ドイツ	93	87	97	82	82	80
フランス	106	150	89	70	62	60
イタリア	106	85	62	38	33	32
日本	128	147	162	139	132	131
フィンランド	151	140	93	67	45	33
スウェーデン	155	146	61	29	25	22

OECD Health Data 1998, 2007, 2013, 2014, 2019 より作成.

医療法
医療法では「病院」「診療所」に加え，「助産所」「特定機能病院」「地域医療支援病院」「臨床研究中核病院」の施設基準を定めている.

4.1.3　日本の医療制度

　日本の医療提供体制の基本は医療法*に定められている．その第 1 条では，「医療を受ける者の利益の保護及び良質かつ適切な医療を効率的に提供する体制の確保を図り，もって国民の健康の保持に寄与することを目的とする」と示されている．1948（昭和 23）年の制定当時は，第二次世界大戦により日本の医療提供体制は壊滅状態にあり，感染症等の急性期患者へ対応する医療施設の量的整備が急務の状況にあった．そのため，同法は，病院・診療所等の開設・管理等の医療機関の衛生面の規制を主な目的としていた．

　同法では，医業を行うための場所を病院と診療所に限定し，病院と診療所の区分については，病院は 20 床以上の病床を有するものとし，診療所は病床を有しないものまたは 19 床以下の病床を有するものとした．病院の開設には都道府県知事（または指定都市市長）の許可を受けることとなった．

　病院および診療所の有する病床には種別があり（病床区分），病院および診療所が病床数または病床種別を変更しようとするときにも原則として都道府県知事等の許可が必要となる．この病床区分ごとに人員配置基準と必置施設（所要室や設備）が定められている．

4.1.4　医療施設の機能分化

　医療法が施行された当初は，医療施設は病院と診療所の 2 区分であったが，1992 年，高齢化の進展，疾病構造の変化に対応するために医療機関の機能分化が図られ，新たに「特定機能病院」と「療養型病床群」が制度化された（**図 4.10**）．「特定機能病院」とは，高度な医療サービスの提供，高度な医療技術の開発能力等の機能を有する，他の病院や診療所からの紹介患者の受入れを特徴とする病院であり，主として大学病院が指定された．1997 年には，診療所や中小病院からの紹介患者を一定比率以上受け入れ，これらの医療機関と連携・支援する「地域医療支援病院」を新設した．2000 年には，主として慢性期の患者が入院する療養環境に配慮した「療養病床」と医師・看護師の配置を厚くした「一般病床」に区分した．それまでの療養型病床群は，療養病床に名称が変更された．なお，2000 年の介護保険法の施行により，療養病床には，医療保険適用の医療療養病床と介護保険適用の介護療養病床の 2 つに区分されることになった．

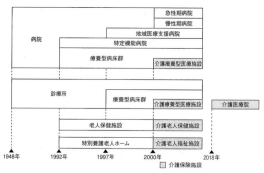

図 4.10　医療施設の機能分化の変遷[7]

4.2　現代の医療施設の計画

4.2.1　病院建築の特殊性

　現代の病院建築は，一般的な事務所建築等とは異なり，特別な対応が求められる建築物となっている．その特殊性を見ていこう．

1) 病院は，日々進歩する医療技術に対応した診療機器・設備を備えた治療空間（**図 4.11**）でなければならない．

2) 入院治療が必要となる患者には，治療のための空間と生活のための空間という 2 つの空間性能をもつことが求められる．

3) 医療を効率的に提供するために，機能が集約された部門の構成となる．

4) 活動時間が異なる部門が共存するため，適切な部門配置も必要になる．

5) 医師・看護師・薬剤師・理学療法士等の専門職，事務職員の協働の場としての空間性能も求められる．

6) 災害時には要支援者となる多くの患者が病院内に存在するため，高い安全性能が求められる（**図 4.12**）．

7) 日本人の 5 割が病院で生まれ，約 8 割が病院で死亡している（**図 4.13**，**4.14**）．病院は誕生の場であり，かつ終生の場としての役割がある．

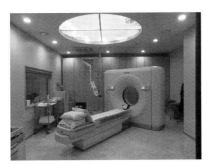

図 4.11　医療機器の例（CT スキャン）

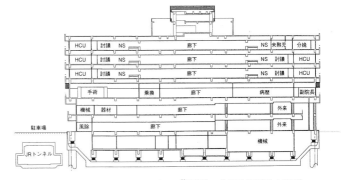

図 4.12　免震構造を採用した病院の断面図[9]（設計：共同建築設計事務所）

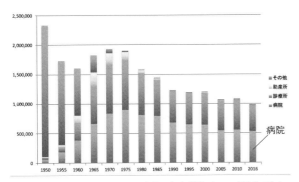

図 4.13　出生の場所別にみた出生数の年次推移（2016（平成 28）年人口動態統計）（文献10）を一部改変）

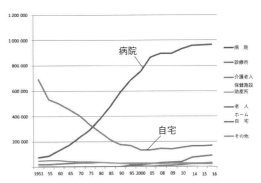

図 4.14　死亡の場所別にみた死亡数の年次推移（文献 10）を一部改変）

4.2.2　5 部門の構成

　病院には異なる機能をもつ小部屋が数多く存在するため，計画では個別の機能をもつ部屋ごとに考えるのではなく，類似した機能の部屋を集めた部門の構成として考えることが必要となる．日本では，病棟・外来・診療・供給・管理の 5 部門に分けている（**表 4.2**）．以下，5 つの部門の特性を見ていこう．

　①病棟部門は，入院患者に対して診療や看護を行う部門である．患者の生活の場でもあるため，居住空間としての計画も必要となる．**②外来部門**は，通院患者への診療が行われる部門である．通常の診察だけでなく，リハビリテーションやがんの化学療法等の通院治療や日帰り手術等の普及により，外来部門の重要性が増してきている．なお，日中の定時に診療が行われる一般外来部門と，時間外診療や救急医療を行う救急部門が含まれる．**③診療部門**は，検査部・放射線部・手術部等医師の診療行為を支援する部門である．効率的な病院管理の考え方から，中央化が進められてきた．**④供給部門**は，診療に用いる器材の滅菌や患者給食の調理等院内の各部門に必要な物品を供給する部門である．**⑤管理部門**は，病院の管理者の部屋，医師の執務空間である医局，医療事務室で構成され，病院全体の管理・運営を行う部門である．現代の病院建築は，これら 5 部門間の人と物の動きを効率的につなぐ計画が求められている（**図 4.15**）．

4.2.3　病院建築の成長と変化

　病院全体の建築形態と部門配置の検討時には，施設を使用後に発生する建築・設備の成長と変化（増改築・更新）への対応を考える必要がある．病院建築は，医療技術の進歩や医療制度の整備・改革だけなく，病院の立地する地域の医療需要や情報化・搬送機器等に関連した新しい病院管理システムの導入によっても，変化が生じる．さらに，24 時間連続して使用される建築・設備は劣化も早く，頻繁な更新が必要となる．こうした成長と変化へに対応するための提案をいくつかみておこう．

多翼型

　病院内の主要な動線となる幹線廊下を計画し，そこに接続させる各棟は端部を増築しやすい形にして翼のように配置する形態である．千葉がんセンターでは，機能面での変化が特に多く発生する診療部門において，手術部や放射状治療部等の各部門をできるだけ別々の翼として，それぞれが他の制約を受けずに独自に増築ができるような計画となっている（**図 4.16**）．

設備専用階

　大スパン架構を用いることで，十分に余裕のある天井ふところができ，そこに人が入って保守点検や更新工事ができる設備専用階として用いる形態である．特に設備機器の更新が頻繁に生じる診療部門においては，業務を中断することなく工事を可能にする．細胞あるいは組織間の隙間（間質）を表す医学用語 interstice にちなんで，Interstitial Space（ISS）と呼ばれている（**図 4.17**，**4.18**）．

表 4.2　病院の部門構成と面積割合[7]

部　門 （面積割合）	概　要
病棟部門 （35 ～ 40%）	入院患者に対して診療や看護を行う場である．同時に，患者にとっては生活の場ともなる．病院の中心的な部門である．
外来部門 （10 ～ 15%）	通院患者への診療が行われる部門である．リハビリテーションやがんの化学療法等の通院治療や日帰り手術の出現等により，外来部門の重要性が増してきている．
診療部門 （15 ～ 20%）	検査部・放射線部・手術部等，医師の診療行為を支援する部門である．病院管理の考え方から中央化が進められてきた．
供給部門 （15 ～ 20%）	滅菌材料・看護用品・薬品・食事等院内の各部門に必要な物品を供給する部門である．エネルギーや医療廃棄物の扱いも含まれる．
管理部門 （10 ～ 15%）	病院全体の管理・運営を行う部門である．各部門間の調整や福利厚生等もつかさどる．

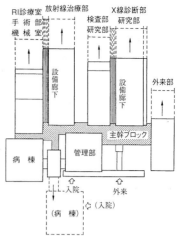

図 4.16　多翼型の事例（千葉がんセンター）[7]

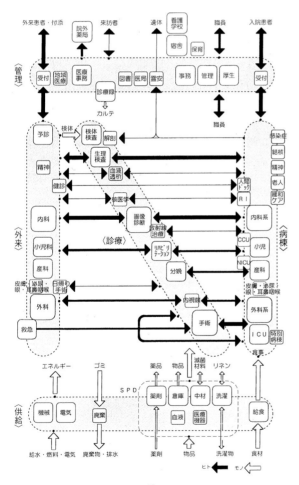

図 4.15　部門構成と人と物の動き[7]

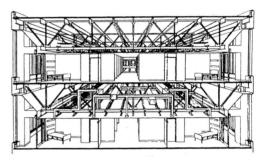

図 4.17　Interstitial Space（ISS）[11]

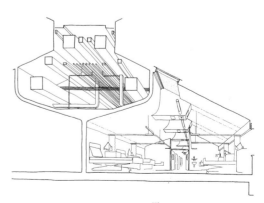

図 4.18　St Mary's Hospital の ISS[11]

4.2.4　病棟の計画

病棟計画の目標

　病棟は，患者を入院させて治療を行う「治療の場」であると同時に，入院した患者が一定期間宿泊滞在する「生活の場」である．かつては医療提供者の視点によって合理的・効率的な「治療の場」としての計画要件のみが重視されていたが，近年は，患者の日常生活が展開される「療養環境」として包括的にとらえ，その質を向上させることも計画目標となってきている（**図4.19**）.

看護単位の構成

　病院に入院する患者はいくつかのグループに分けられ，各グループはそれぞれ担当の看護チームによって看護される．このまとまりを看護単位と呼ぶ．入院患者の診療・看護が行われる空間は，他の動線を排除し，まとまりの強い空間として設けられる必要があるため，一般には，「看護単位」と「病棟」は同義で使われている.

看護単位の規模

　日本の1看護単位の大きさ（病床規模）は欧米の水準に比べて大きく，50床前後で計画されてきた（**図4.20**）.これは，看護師の夜勤体制を定めた人事院の勧告と，患者数と看護師数の割合を定めていた診療報酬上の「基準看護」によって規定されていた．2006年の診療報酬改定時に，患者数と看護師数を定める「入院基本料」が大きく変わり，これまでより規模の小さい看護単位を実現できるようになった.

病棟の面積水準

　病院全体に面積に対して，病棟の占める面積は他の部門に比して最も大きく，40〜50％程度である．病棟面積は，1990年以降25〜30 m^2/床で計画されるようになっている（**図4.21**）.個室率が，病棟面積に影響を与える.

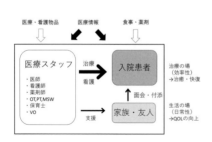

図4.19　病棟計画の目標

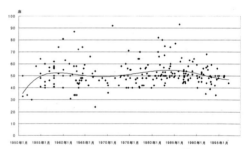

図4.20　看護単位あたり病床数の年次推移[12]

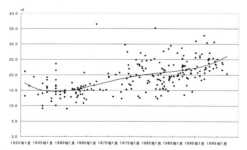

図4.21　1床あたり病棟面積の年次推移[12]

図4.22　病棟事例（北里大学病院, 2013）[13]（設計：日建設計）

病棟の平面形

　機械換気・人工照明の普及とともに，窓のない部屋を中央にもつ複廊下型病棟*が提案された（**図4.22**）．中央のコア部分にスタッフステーションやリネン室，エレベータや階段等が配置され，全体がコンパクトで，スタッフの動線短縮には有利となるため，多数の病院で採用されている．

スタッフステーション

　病棟での診療には，医師，薬剤師，栄養士，理学療法士，作業療法士，医療ソーシャルワーカー（MSW），緩和ケアチーム等，様々な職種のスタッフが関わっている．近年こうしたチーム医療の考え方が定着するとともに，病棟における拠点をナースステーションと呼ばずにスタッフステーションと呼ぶことが一般的になってきている．様々な職種のスタッフとの連携・分担に対応した拠点内部構成が求められている．また，スタッフが患者から近い位置で観察をしつつ患者記録の入力等の日常業務を行うことができるように，病室前廊下に小規模な分散拠点を配置する例もみられるようになった（**図4.23**）．

患者と家族のための病棟空間

　患者と家族を支える視点（patient and family centered care）が求められるようになり，家族の満足度を高めることも病棟計画の目標の1つとなっている．病棟内に談話スペースやラウンジ，デイコーナー等，患者や家族が使える場所を計画する事例もみられるようになった（**図4.24**）．

複廊下型病棟
1941年（1936年という説もある）に米国のC.F.ニアガードは，看護動線短縮のために複廊下型病棟（ダブルコリドー型）を提案した．

図4.23 スタッフ拠点の分散化の事例（聖マリア病院）[14]（設計：岡田新一設計事務所）平面図（左）とクリニカルベース（右）

病室前の廊下にあるクリニカルベース

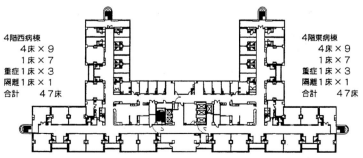

図4.24 病室間にデイコーナーをもつ病棟の事例（みやぎ県南中核病院）[15]（設計：株式会社LAU公共施設研究所）平面図（左）とデイコーナー（右）

病室間にあるデイコーナー

4.2.5 病室の計画

病室ベッド配置の変遷

ナイチンゲールが考案した病棟では，ベッドを窓側の壁に直角に配置し，ベッド間隔は1.5 mを確保した（**図4.25**）．ベッド間に縦長の窓を設けることにより，十分な採光と通風が得られるように工夫されている．また，看護師が病棟全体の患者の様子を観察できるように病床数は20～32床とされた[16]．

その後，病室でのプライバシーが求められるようになり，大部屋を仕切りベッドを窓と平行に配置する病棟が作られるようになった（**図4.26**）．この形態は，仕切りに対して垂直に並ぶベッドが，港に係留された船のように見えることから湾（ベイ）型病棟とも呼ばれている．

その後，時代が下るにつれてベイ型病棟の仕切りが壁となり，通路と病床の間に扉が設けられるようになり，現代の病室に近づいていくことになる．ベイ型病棟は，現代の病室に見られるベッド配置の原型とみることができる．現状では，前述の複廊下型病棟の平面形に4床室と個室を組み合わせる構成が一般化している．患者の利便性を考慮して，病室の入口付近にトイレと洗面台を配置した4床室も提案されている（**図4.27**）．

4床室は，各ベッドに個別のコーナーをもつことができるが，廊下側のベッドは窓から遠く採光や眺望は期待できない．こうした問題を解決するために，個々のベッドが屋外に面した専用の窓をもち，個人的なスペースを確保できるように工夫された「個室的多床室」と呼ばれる病室が提案された（**図4.28**）．

全個室病棟

近年では，患者のプライバシーの確保，家族の見舞いや付き添いのしやすさ，病床管理*上の利点から，個室化の傾向が強まっている．聖路加国際病院は，1992年に成人病室を全個室とした病棟を新設した（**図4.29**）．全個室病棟を設置した先駆的な病院の1つである．

重症度対応型病室とユニバーサル病室

米国では，1970年代から全個室病棟の提案がなされてきた．近年では，病室デザインと1部屋あたりの患者数は，転倒，投薬過誤，連絡引継ミスの頻度と関係する可能性が指摘され，2006年に発刊された「病院・ヘルスケア施設設計と建設のためのガイドライン」には，新しい総合病院の病室は個室でなければならないと規定されている．

2000年以降，米国では重症度対応型病室とユニバーサル病室のコンセプトが広く取り入れられている[18]．重症度対応型は，患者が退院するまでの間，患者の症状に合わせて，病室のデザインならびに医療スタッフの技術と配置の両面から変化に対応できることを目指している．一方，ユニバーサル病室は，長期にわたって大きな改修を受けずに，幅広い使い方ができるデザインと規模の個室とされている．クレムゾン大学は，両者のコンセプトに対応するプロトタイプ病室を設計し，実験病棟での分析・評価を行っている（**図4.30**）．

病床管理
多床室では，性別，病状，患者同士の相性等から，空床のベッドがあっても新しい患者を入院させることができない場合も生じるが，全個室の病棟では，このような問題は生じない．

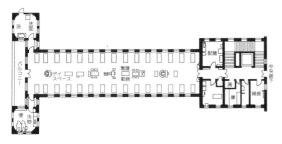

図 4.25　ナイチンゲール病棟[2]

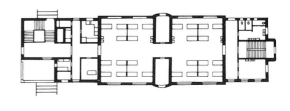

図 4.26　典型的ベイ型病棟（Rigshospitalet, 1910, デンマーク）[2,53]

図 4.27　4 床室（トイレ付）[8]

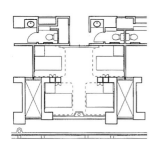

図 4.28　個室的多床室（西神戸医療センター, 1994）[8]

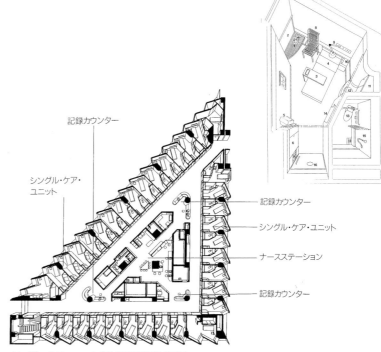

記録カウンター

シングル・ケア・ユニット

記録カウンター

シングル・ケア・ユニット

ナースステーション

記録カウンター

シングル・ケア・ユニットが並ぶ病棟基準階 平面図

図 4.29　全個室病棟（聖路加国際病院, 1992）[17]　**（設計：日建設計）**

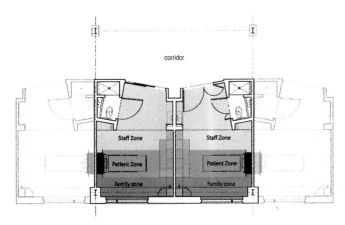

corridor

Staff Zone　Staff Zone

Patient Zone　Patient Zone

Family zone　Family zone

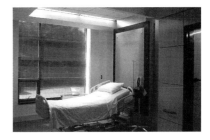

図 4.30　クレムゾン大学プロトタイプ病室[18]
患者／家族／スタッフのゾーン分け（左）とプロトタイプ病室（右）

4.3　医療施設の広がり

　ここからは，様々な医療施設の広がりとその施設計画についてみていくことにする．

▌4.3.1　緩和ケア医療施設

　医療技術の進歩により多くの病気は治療ができるようになった．しかし，いまだに治療ができない病気も存在する．悪性新生物（がん）がその代表である．2018年の統計によると，全世界で年間に1,810万人が「がん」に罹患し，960万人が「がん」によって死亡している[*]．日本では，37万人が死亡しており，全死亡の27.4％を占めている[*]．

　「がん」は，種類によっては効果の高い治療方法が開発されてきているが，再発や転移が生じる可能性もあり，末期になると痛み等の特徴的な症状が多く出現する等，対応に苦慮する疾患である．治癒が望めないがん患者の症状の緩和や，患者と家族の精神面のサポートの必要性を強く感じたシシリー・ソンダース医師は，1967年にロンドン郊外にセントクリストファーホスピス（**図4.31**）を設立し，がん患者とその家族のもつ様々な痛み（total pain）を医師・看護師・ソーシャルワーカー等によるチームで支えるホスピスケアプログラムを確立した．

　WHOはこのホスピスケアの考え方に賛同し，1990年に「緩和ケア」という用語を用いてその定義を示した．さらに，2002年には定義の改定を行い，対象となる疾患を「生命を脅かす疾患」に変更し，治療の初期段階から緩和ケアを提供する考えを示した．（**図4.32**）．

　日本では，1990年に医療制度の中に緩和ケアを位置付け，緩和ケア病棟という病棟単位で緩和ケアを提供することとなった．病棟には，面談室，談話室，患者専用台所の設置が求められ，病棟全体の面積や病室の面積も通常の病棟よりも広い水準で整備がなされている（**図4.33**）．

日本の緩和ケア病棟

　日本の緩和ケア病棟のモデル施設として建設された国立がんセンター東病院緩和ケア病棟（**図4.34**）は，25床の平屋の病棟である．本館とは渡り廊下で接続されており，専用のエントランスと駐車場も完備されている．21室が個室で，全室が南向きの掃き出し窓をもち，ベッドを外部のテラスに出すことができる．

　宮城県立がんセンターの緩和ケア病棟（**図4.35**）は，中庭をもつ平屋の病棟である．看護拠点が2カ所に設けられ，看護師の動線にも配慮されている．中庭に設けられた築山とパーゴラ（藤棚）によって，対面する廊下からの視線は遮られ，落ち着いたら中庭空間を臨めるようになっている．中庭に面した病室からは，ベッドや車椅子で容易に中庭に移動できる．緩和ケア病棟では，患者と家族のQOL向上を目指して，家族が一緒に楽しむことのできるイベントを開催しており，この中庭で行われた夏祭りでは，花火やかき氷をベッドや車椅子から楽しむ患者の姿が見られた．

がん

WHO国際がん研究機関(IARC)の調査によれば，2018年にがんに罹患した患者は，全世界で1,810万人おり，同年にがんにより死亡した患者は960万人であった．2030年の推計値では，年間2,130万人ががんに罹患し，1,330万人ががんで死亡すると予測されている．

がんによる死亡割合

国立がん研究センターがん情報サービスの最新がん統計によれば，2018年にがんで死亡した人は373,584人（男性218,625人，女性154,959人）である．全死亡者に占める割合は27.4％であった．日本人の3.6人に1人はがんで死亡していることになる．2017年に新たに診断されたがん（全国がん登録）は977,393例である．

[補足]国立がん研究センターがん情報サービス：最新がん統計
https://ganjoho.jp/reg_stat/statistics/stat/summary.html

図 4.31 セントクリストファーホスピス（1967，英国）[19]

緩和ケア（Palliative Care）2002

緩和ケアとは，生命を脅かす疾患による問題に直面している患者とその家族に対して，疾患の早期より痛み，身体的問題，心理社会的問題，スピリチュアルな問題に関して，きちんとした評価を行ない，それが障害とならないように予防したり，対処することで，クオリティ・オブ・ライフを改善するためのアプローチである

緩和ケアは
・痛みやそのほかの苦痛な症状から解放する
・生命を尊重し，死を自然の過程と認める
・死を早めたり，引き延ばしたりしない
・患者のためにケアの心理的，霊的側面を統合する
・死を迎えるまで患者が人生を積極的に生きてゆけるように支える
・家族が患者の病気や死別後の生活に適応できるように支える
・患者と家族―死別後のカウンセリングを含む―のニーズを満たすためにチームアプローチを適用する
・QOL を高めて，病気の過程に良い影響を与える
・病気の早い段階にも適用する
・延命を目指すそのほかの治療―化学療法，放射線療法―とも結びつく
・それによる苦痛な合併症をより良く理解し，管理する必要性を含んでいる

図 4.32 WHO による緩和ケアの定義（2002 年）[21]

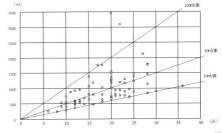

図 4.33 緩和ケア病棟の病床数別病棟面積（2000 年）[20]

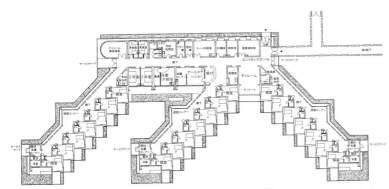

図 4.34 国立がん研究センター東病院緩和ケア病棟（1992 年）[22]（設計：石本建築事務所）（当時の図面であり，現在は一部異なる）

宮城県立がんセンター緩和ケア病棟の中庭で行われた夏祭りの様子．病室につながるウッドデッキにベッドを出して夏祭りに参加している．

図 4.35 宮城県立がんセンター緩和ケア病棟（2002 年，藤木隆男建築研究所）[23]

4.3.2 がん医療とサポーティブケア

　がん治療の初期段階からの緩和ケアには，症状の緩和だけではなく，幅広い支援であるサポーティブケア（支持療法と訳す場合もある）が求められる（**図4.36**）．がんという病気は，その診断名が告げられたときから患者に心理的な動揺を及ぼす．患者は，その診断が正しいか，他に治療法はないか等，様々な情報の収集を始める（情報支援）．また，この病気の進行や予後について，専門家の意見がほしくなる（相談支援）．そして，治療の方針が定まったとしても，常に不安はつきまとう．同じ病気を患った患者の話しがききたくなる（交流支援）．このように，患者の情報支援，相談支援，交流支援[26,27]が求められている．

サポーティブケアのための施設

　静岡県立静岡がんセンターでは，相談支援のために「よろず相談窓口」を設置している．病院の入口付近に設けられた窓口では，入院費の相談から治療方法まで様々な相談に対応する体制を備えている．また，大きな吹き抜け空間に設置された患者ロビーに面した位置に，がん治療に関する様々な情報を備えた「患者用図書館」と患者の互助グループ活動のための「患者サロン」を設置して，情報支援と交流支援を行っている（**図4.37**）．

マギーズセンター

　造園家であったマギー・K・ジェンクス氏は，乳がんが再発し「余命数カ月」と医師に告げられたとき，強烈な衝撃を受けた．しかし，多くの患者が診察の順番を待っている診察室に，彼女の気持ちの整理がつくまで留まることは許されなかった．そのとき，彼女はがん患者のための空間がほしいと痛切に感じた．その後，彼女は自分を取り戻せるための空間やサポートを提供できる場所を，エジンバラの病院の敷地内にあった小屋を借りて計画した．残念ながら，彼女はその完成を見ずに1995年に亡くなったが，その意思は夫で建築評論家のリチャード・ジェンクス氏に受け継がれ，1996年「マギーズキャンサーケアリングセンター」がオープンした．その後，全英の人々の共感を得て，2021年現在英国で27カ所のセンターが運営されている．がん患者や家族，医療者等がんに関わる人たちが，がんの種類やステージ，治療に関係なく，予約も必要なくいつでも利用でき，様々な専門的な支援が無料で提供されている．

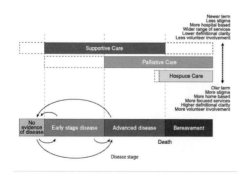

図4.36　サポーティブケアの概念[24]

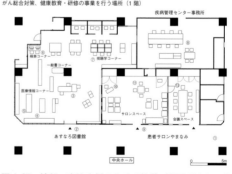

図4.37　情報・交流支援のための施設（静岡がんセンター）[25]
（設計：横河建築設計事務所）

　マギーズセンターの建築は，マギーが残した「空間要件」に従ってつくられている（**表4.3**）．建築とランドスケープが一体的な環境をつくり，患者の不安を軽減するという考え方に基づいている．

マギーズセンターウエストロンドン

　2008年4月にオープンしたこのセンターは，ロンドン西部のチャーリングクロス病院の敷地の一角に設置されている．Rogers Stirk Harbour + Partners

表4.3　マギーズセンターの空間要件[28]

エントランス	入り口は，コートを掛けたり傘を置いたりできる場所を備え，分かりやすく歓迎的で，威圧的でないものにする必要があります．
エントランス・ウェルカムエリア	私たちは，これを「一時停止」スペースと考えています．このスペースでは，新規の来館者が，すぐに飛び込まなければならないと感じることなく，何が起こっているのかを見て評価することができます．第一印象は，励みになるものでなければなりません．あなたと友人や親戚が座れる場所，本を置いた棚，建物の残りの部分のレイアウトを多かれ少なかれ評価できる場所が必要です．
オフィス	オフィススペースは目立たないようにしますが，デスクで働いているスタッフのメンバーがセンターに新しい人が入ってくるのを見つけられるように配置します（レセプションデスクはありません）．
キッチン	キッチンエリアには，12人がけの大きなテーブルを置けるスペースが必要であり，通常は建物の中心となる拠点です．2人または3人用の追加の座席を備えたかなり大きな「アイランドキッチン」は，栄養ワークショップと，食べ物や飲み物をセットアップするための追加のスペースに不可欠です．
コンピューターデスク	センターを訪れてオンライン情報にアクセスしたい人のために，2つのコンピュータエリアが必要です．
掲示板	募金活動やプログラムのメッセージを表示するための掲示板のためのスペースが必要です．
図書館	本や情報を見つけて，ゆったりとくつろげる場所．図書館の一部には，チラシや小冊子を入れる棚が必要です．
居間	使用方法に応じて，互いに遮断したり開放したりできる3つの「リビングルーム」が必要です． 1．最初の大きな部屋は，リラクゼーショングループ，太極拳，ヨガ，講義，会議に使用され，12人が横になるのに十分なスペースと，折りたたみ椅子とヨガマット用の収納スペースを提供する必要があります． 2．2つ目の部屋はワークショップおよびセッションに使用します．12人が座れるテーブルが必要です． 3．暖炉やストーブを備えた，最大12人まで収容可能な3番目の小さな応接間／カウンセリングルームは，それほど大きくなくてもかまいません．
相談室	カウンセリングやセラピーに使用される2つの小さな部屋には，草や木，または少なくとも少し空を見渡す窓が必要です．
トイレ	洗面台と鏡を備えたトイレが2つあり，椅子と本棚が置ける大きさで，そのうちの1つはバリアフリーでなければなりません．利用者が泣いても大丈夫なようにプライベートな空間でなければなりません．
静養室	休憩したり横になったりするためのほんの小さな静かなスペースが良いでしょう．
外への視線	植栽された中庭だけであっても，できるだけ多くの内部空間から外を見て，外に出ることができることが重要です．
外からの視線	内部は，人々が見られたり無防備に感じたりするほど開放的であってはなりません．
駐車場	ほとんどのプロジェクトでは，いくつかの駐車スペースが必要です．
私たちは空間計画の方針は家庭的であることを望んでいます．できるだけ多くの自然光があるべきです．	

文献28）より一部抜粋

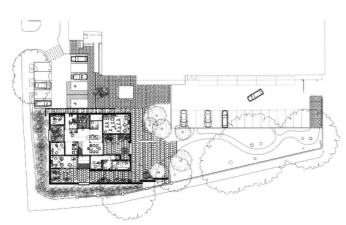

2009年このセンターは建築の卓越性に対してRIBA賞を受賞し，ロンドンプロジェクトオブザイヤーに選ばれた．

図4.38　マギーズセンターウエストロンドン（London, 2008）[29]

によって設計され，イギリスで最初の専用マギーズセンターである（**図4.38**）.

4.3.3　小児・新生児のための医療施設

　小児医療施設では，成長・発達段階にある子どもへの様々な配慮や対応が求められている.

コミュニケーションの工夫（診療内容の伝達方法）

　子どもへの病気や治療方法の説明には工夫が必要となる. 写真のようなおもちゃの病室や検査室を使って，子どもたちが自分の受ける治療について理解できるように工夫されている（**図4.39**）. 治療や検査を受ける子どもに対し，認知発達に応じた方法で病気，入院，手術，検査その他の処置について説明を行い，子どもや親の対処能力（頑張ろうとする意欲）を引き出すような環境および機会を与えることを「プレパレーション」という.

診療環境の工夫（外来部門・診療部門）

　子どもたちに恐怖心を与えないように，子どもたちの好きな絵を飾ったり，壁面の仕上げの工夫がなされている. 外来ホールに子どもたちが遊びながら診察を待つことのできるスペースを設ける事例（**図4.40**）や，診察室前の待合スペースには，子どものスケールにあったアルコーブや小さなプレイスペースを設ける工夫がなされている.

学習・遊びのための環境の工夫

　長期入院中の小中学生は，院内で学習を継続するため，病室に特別支援学校の教員が出向く訪問学級[*]や，院内に設置された院内学級[*]で勉強する対

訪問学級
重度の障害や病気により特別支援学校に通うことが困難な児童・生徒のために，特別支援学校の教員が週に数回，子供のいる家庭もしくは病院で行う教育的な援助のこと.

院内学級
入院中に教育を受ける機会を提供される教室. 特別支援学校の分教室や小・中学校の特別支援学級として設置される.

図4.39　プレパレーションのための玩具

図4.40　小児専門病院の外来ホールの事例

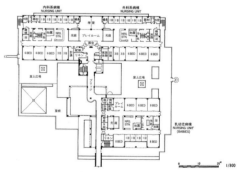

図4.41　小児専門病院と特別支援学校を渡り廊下でつないでいる事例[30)]

応がとられている．滋賀県立小児医療センターでは，病棟階から渡り廊下で道路を挟んで隣接する特別支援学校に通学することができる（**図4.41**）．国立成育医療研究センターでは，特別支援学校の分教室（院内学級）が設置され，長期入院中の子どもへの教育を行っている[31]．

家族との関係への配慮（面会・宿泊）

小児病院に入院中の子どものきょうだいによる面会は，感染症対策として制限されることがある．病棟入口付近に「子ども面会室」を設け，ガラス越しに面会を可能にする工夫もみられる（**図4.41**）．また，小児専門病院は都市部に立地するため，診療圏域が広い．遠方から来院する子どもの家族は，病院の近くに宿泊する場所が必要になる．患者団体や民間企業が家族の宿泊施設を設置し，安価な料金で利用ができる支援を行っている．

高度な医療管理を行う新生児集中治療病棟

新生児のための集中治療病棟では，人工呼吸器や保育器，呼吸心拍モニター等が備えられ，24時間体制で新生児の呼吸循環管理を中心とした高度集中治療を行うことが求められている．低体重児や先天性のハイリスク疾患がある新生児に対応するための設備と医療スタッフを備えた集中治療室NICU（Neonatal Intensive Care Unit）と，NICUで治療を受け，状態が安定した後に移されるGCU（Growing Care Unit）とで構成されている．近年，NICUに入院中の段階からの親子の交流を促すために，保育器の周囲を個室的にしつらえる配慮やGCUに近接した位置に「カンガルーケア*室」や「家族交流スペース」を設ける施設がみられるようになった（**図4.42**, **4.43**）．

カンガルーケア
出産直後に，新生児を母親の胸元に抱いて，裸の皮膚と皮膚を接触，スキンシップをしながら保育すること．その姿がカンガルーに似ていることからカンガルーケアと名付けられた．もともとは，1979年コロンビアのボゴタの小児科医師により，保育器が不足しており低出生体重児を母親の体温で保温するために行われた．

図4.42　新生児集中治療病棟の事例[32]

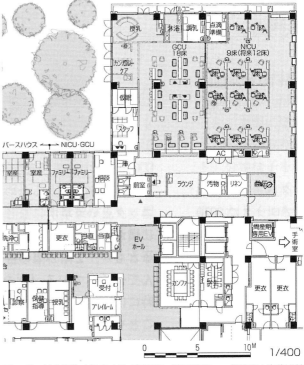

図4.43　新生児集中治療病棟の平面図（設計監理：一級建築士事務所健康設計）

4.3.4 小児緩和ケア医療施設

子どものホスピスの概要

　現代のホスピスケアは，がんの末期患者を対象に始まったものであるが，近年，その理念は他の難病に対しても適用され，後天性免疫不全症候群（AIDS）や神経難病等の治癒が困難な疾患をもつ患者とその家族のケアへと，広がりをみせている．その1つに，難治性の疾患により生命に関わる状態にある小児を対象とした Children's Hospice（子どものホスピス）がある．英国では，1982年に世界で最初の子どものホスピスが設立され，その後，英国全土に展開している．子どものホスピスが対象とする疾患はがんやAIDS のように成人のホスピスが対象としている疾患に加え，神経難病や重度の複合障害等により生命に関わる状態あるいは末期的状態にある子どもが対象とされている．

　英国で子どものホスピスの実践に関わっている ACT 等の3団体が発行した「小児のための緩和ケア」という小冊子によれば，子どものホスピスの特色は，1）遺伝的な原因によって，一家族に複数の罹患した子どもがいるケースも見られる，2）小児の疾患の経過期間が成人とは異なり，緩和ケアが数年間に及ぶ場合もある，3）子どもは身体的にも情緒的にも認識力においても発達段階にあり，このことが医療的・社会的ニーズと疾患・死に対する子どもたちの理解の両方に影響を及ぼす，4）家族は子どもにとって最良のケア提供者であり，在宅がケアの中心にある，と記されている．

　英国にある既存の小児ホスピスはすべて慈善事業として設立され運営されている．国が定める施設基準のない新たな施設を自らの提供するケアのあり方に即して作りあげているのである．しかもそれらを設立するための資金はほとんどが寄付，特に地域住民からの寄付によるものである．英国の小児ホスピスは地域住民の共感のもとに設立された住民のための施設なのである．地域住民の理念がそのまま具現化されたケア体制と施設環境となっている．

諸室構成

　子どものホスピスに設置されている部屋は，居室，スタッフ諸室，プレイルーム・ラウンジ，療法室，家族室，霊安室・聖所の6つに分類することができる．居室は個室で構成され，直接庭にでることができるようになっている．また，きょうだいで利用する場合を想定し，個室間の壁に扉が設けてある部屋もある．特殊治療として，音楽療法，プレイセラピー，多感覚療法（Multisensory Therapy）を行っており，それらに対応した諸室が設けられている．また，水治療用の大型プールやジャグジーを設置する施設も見られた．家族室はどの施設でも複数設置され，最も多い施設では子どもの居室と同数の家族室が用意されていた．

　車いすでの移動を考慮して平屋で平面的に諸室を配置する構成がとられる一方，家族室は家族の休息を考慮して2階に設けられる例が多い．この配置について施設管理者は「施設を初めて利用する家族にとって，子どもの世話をすべてスタッフに任せることには抵抗がある．子どもをスタッフにゆだね安心して休息を取るための最初のプロセスとして必要な距離になっている．」

と説明している．また，子どもの死亡後も家族が一定期間過ごせるように，部屋全体を冷却できる霊安室と家族室をセットにして，落ち着いた場所に設ける配慮も見られる．

　2001年に開設したCHASE Children's Hospiceの平面図ならびに平面構成図を事例として示す（**図4.44**，**4.45**）．諸室群は，居室，家族，共用・学習，治療・浴室，霊安室・聖所，スタッフ諸室の6つのグループに分類できる．居室や共用・学習室は，車いすでの移動を考慮して接地階に配置する構成が見られる一方，家族室は家族の休息を考慮して2階に設けられる例が多い．また，患児の死亡後も家族が一定期間過ごせるように，特別な霊安室を落ち着いた場所に設ける配慮も見られた．スタッフ研修のための諸室（会議室・研修室・研修者用ラウンジ，等）は，患児・家族の生活グループのゾーンとは分離している（**図4.46**）．

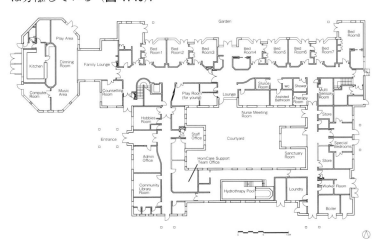

図4.44　平面図（CHASE Children's Hospice）

図4.45　平面構成事例
（CHASE Children's Hospice）[33]

Entrance

Garden/Playground Equipment

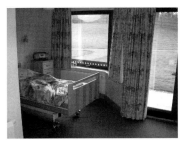

Bed Room

Family Lounge

Hydrothrapy Pool

Sanctuary Room

図4.46　施設写真（CHASE Children's Hospice）[34]

▌4.3.5 医療的ケア児への対応

　周産期医療の発達にともなって，従来は生存が難しかった重篤な子どもが救命される一方で，気管切開，人工呼吸器装着，経管栄養等，医療的ケアが必要な子どもが増加している．近年，医療施設だけではなく在宅で療養するこうした子たちが急激に増加している（図4.47，4.48）．

医療的ケアが必要となる超重症児

　重度の肢体不自由と重度の知的障害とが重複した状態を重症心身障害といい，その状態にある子どもを重症心身障害児と呼んでいる．これは，医学的診断名ではなく，児童福祉行政上の呼び方である．一般的に，運動機能と知的機能による分類（大島分類）によって判定されている（図4.49）．1980年代後半から，こうした状態にある子どもたちの中に，医療的ケアを濃厚に必要とする障害児の増加が顕著にみられるようになり，それを超重度障害児（超重障児）と呼ぶようになった[35]．

　超重障児には，知的機能が保たれていても運動面の障害が重度で，濃厚で継続的な医療的ケアが必要となる障害児も含まれるため，大島分類では判定ができないことが問題となった．そこで，実際の看護スタッフが重症と感じる要因とその煩雑さをもとに「超重障児スコア」が作成された（表4.4）．このスコアの合計値が25点以上を超重障児，10点以上25点未満を準超重障児と定義された．なお，1996年に保険診療に「超重症児加算」が新設されてからは，「超重症児」「準超重症児」という表記が一般化している[36]．

重症障がい児者レスパイトケア施設

　うりずん（図4.50）は，医療的ケアが必要な子どもの在宅療養を支援する活動に取り組んできたNPO法人が，2016年に宇都宮市に設立した施設である．日中一時支援事業（定員3人），児童発達支援事業（定員5人），放課後等デイサービス事業（定員5人）を実施している．

　エントランスの周りには，地域交流室，面談室，研修会議室が，利用者家族の交流・相談支援の場として設けられている．3つの利用者活動室は引き違い戸で仕切られており，開放時にはこの引き戸は壁面に収納されるようになっている．各活動室には，複数の手洗い場所があり，記録や経管栄養の準備をしながらも利用者の活動が見える位置にスタッフコーナーが設置してある．活動室の南側には，車椅子やベッドで出ることのできるウッドデッキがあり，その先には芝生の庭が広がっている．隣接する診療所との動線を確保し，感染症罹患児の個室隔離に使用できる予備室は，スタッフコーナーの背面からのアクセスするように配置され，将来的にはショートステイでの利用を想定している．

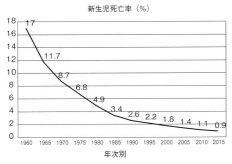

図 4.47　新生児死亡率の年次推移[10]

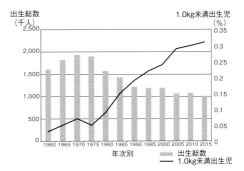

図 4.48　出生数と 1 kg 未満出生児割合の年次推移[10]

21	22	23	24	25	(IQ)
20	13	14	15	16	70
19	12	7	8	9	50
18	11	6	3	4	35
17	10	5	2	1	20

走る　歩く　歩行障害　座る　寝たきり
　　　　　　（肢体不自由度）

※重症心身障害児は，分類表の 1-4

図 4.49　大島分類

表 4.4　超重障児スコア

呼吸管理	1	レスピレーター管理	= 10
	2	気管内挿管・気管切開	= 8
	3	鼻咽頭エアウェイ	= 8
	4	O₂吸引又は SpO₂ 90 % 以下が 10 % 以上	= 5
	5	1 回 / 時以上の頻回の吸引	= 8
		6 回 / 日以上の頻回の吸引	= 3
	6	ネブライザー常時使用	= 5
		ネブライザー 3 回 / 日以上使用	= 3
食事機能	1	IVH（中心静脈栄養法）	= 10
	2	経管・経口全介助	= 5
	3	体位・手術・内服剤等で抑制不能なコーヒー様の嘔吐を伴う処置	= 5
その他	1	血液透析	= 10
	2	定期導尿，人工肛門	= 5
	3	体位変換 6 回 / 日以上	= 3
	4	過緊張による 3 回 / 週の臨時薬	= 3

※超重障児 = 合計 25 点以上，準超重障児 = 合計 10〜25 点.

図 4.50　重症障がい児レスパイトケア施設の事例（うりずん，2016）[37]

車椅子置き場

日中一時支援室

デッキの様子

4.4　医療施設の今日的計画課題

医療施設の今日的な計画課題についてみていこう．

4.4.1　医療施設のPOE調査　利用者の視点

　建築計画研究の分野では，建物の竣工後に施設が実際にどのように使われているかを調査する，Post Occupancy Evaluation（POE）調査，いわゆる「使われ方調査」が行われてきた．建物使用実態と設計者の意図とを照らし合わせ，問題点や課題を明らかにし，施設計画を改善していくアプローチである．一般的にPDCAサイクルと呼ばれる業務改善プロセスに類似した手法である．

　これまで医療施設を対象としたPOE調査では，医療スタッフの動線を記録し，諸室間の移動頻度を定量的に分析し，関連の深い諸室を明確にする研究や，病棟の共有空間の滞在率を分析する研究等が行われてきた[38]．こうした調査では，調査員が平面図に行動内容，移動経路等を記載する方法が一般的である．近年では，デジタル端末（iPad等）を使用した調査も試みられている（**図4.51**）．

　また，医療施設の計画プロセスでは，一般的に設置者の意見で施設計画方針が定められるため，患者の意見が施設計画に反映されることは少ない．し

図4.51　タブレット端末を用いた行動観察調査

かし，近年は，医療の効率性だけでなく，患者中心の医療を求める声を受けて，Patient first, Paitent Oriented等の目標を掲げる病院もみられるようになった．そのため，患者からみた施設に関する要望を，施設計画に活かすことが求められている．

4.4.2　病院のBCP　災害・防災

　BCP（Business Continuity Plan：事業継続計画）とは，災害時に通常業務機能が維持され，事業が継続されるための計画である．事業資産の損害を最小限にとどめつつ，中核となる事業の継続・復旧を可能とするために，平常時からその手法を検討しておくことが求められるようになってきている（**図4.52**）．

　病院には，災害時に被災した患者が大量に来院する．そのため，日常の医療提供とは異なる災害時の医療提供体制を備えておく必要がある．阪神・淡路大震災，東日本大震災の経験から，病院における災害への備えについて，日本医療福祉建築協会から「10の提言」[39]が示されている（**図4.53**）．地震災害への対策についてみると，耐震性能の高い病院では，構造体の被害を免れても，二次部材や設備の破損，機器の散乱等によって，病院機能が低下することが報告されている．そのため，施設全体の耐震性のみならず，設備機

図 4.52　東日本大震災で被災した病院

図 4.53　病院の震災対策：東日本大震災からの 10 の提言

提言 1：これまでの震災の教訓を生かそう
提言 2：地域の組織との連携を強化しよう
提言 3：超広域災害を考慮したロジスティクスを考えておこう
提言 4：災害時に求められる新たな機能に備えよう
提言 5：避難者や要介護者への対応を事前に考えよう
提言 6：患者の避難・籠城について判断と方法を考えよう
提言 7：エレベータ（ELV）の早期復旧手段を確保しよう
提言 8：災害時に必要な機能が停止する要因を知ろう
提言 9：インフラ設備の耐震対策を実施しよう
提言 10：病院職員の災害対策を進めよう

器の転倒防止対策等にも留意する必要がある.

　余震が度重なった東日本大震災では，災害発生初期段階での建築構造の安全性の確認やエレベータの復旧が問題となった．専門化による判断・対応が必要となる事象についても代替手段を含めた対応策を事前に検討しておく必要がある．高度な医療機器の稼働には，電気・ガス・水道の供給は不可欠となる．こうしたインフラ設備の耐震化とともに代替手段の確保も求められている．

　さらに，病院スタッフの衣食住の確保が災害時の診療継続を支える大前提となる．東日本大震災では特に長期間にわたる災害時対応が求められ，スタッフの支援体制の未整備が問題となった．

　災害時に，すべての病院が救急医療を提供するわけではない．地域の中での役割やそれぞれの医療機能に応じた，災害時の事業継続計画を検討していく必要がある．

コラム　陰圧室

　空気中に飛沫が浮遊し感染する結核等の感染対策には，病室の空気を廊下に排出しないように，病室内の気圧を下げることのできる「陰圧室」が用いられる．確実な陰圧隔離を行うためには，前室を設け，病室と前室は単独の給排気を行い，廊下と前室，前室と病室の間に圧差が生じるようにして，病室の空気が廊下に流出しないようにする．この際，病室と前室の扉が同時に開かないようにする必要がある．また，給気側のダクトには高性能フィルターまたは逆流防止ダンパを設け，排気側のダクトには第一類感染症を取り扱う第一種病室の場合は HEPA フィルターを付けて，病原微生物が病室外に放散するのを防ぐ処置が必要となる．

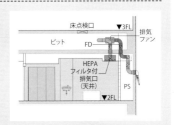

陰圧室の断面図
（共同建築設計事務所）

図 4.54　SPD 部門の事例

SPD

SPD（Supply Processing and Distribution の略称）は，米国の医療コンサルタントのゴードン・フリーセン氏が 1966 年のメディケア・メディケイドの導入により経済危機に陥った病院に対して，病院の物流効率化策「購入物品，滅菌再生物等の病院流通物品の管理供給と一元化構想プラン」として提唱された概念として，日本に紹介されたとされる[44].

▌4.4.3　SPD・物品搬送　　設備・物品

　医療施設は，24 時間稼働し続ける施設である．高度な医療を円滑に提供するためには，多種多様な物品が必要とされる場所に適切に配置されていることが常に求められている．

　製造業者から送られてきた医療材料等の物品等を医療現場の要望により的確に整理・加工し，各部署に搬送し配置するシステムが導入されている．Supply（供給），Processing（加工），Distribution（配置）を省略して SPD* と呼んでいる．近年は，医療材料等の物品を発注から消費までを一元的に管理するシステムや部署を SPD と呼ぶようになっている．SPD の導入により，死蔵・過剰在庫の解消，請求・発注業務の軽減，保険請求漏れを防止し，病院経営を効率化することに寄与している（**図 4.54**）．

▌4.4.4　病院建築の成長と変化（倉敷中央病院）　　改修事例

　倉敷中央病院は，倉敷を基盤に幅広く活躍した実業家・大原孫三郎によって，1923 年に創設された民間の病院である．90 年以上の歴史をもつ．岡山県西部 2 医療圏域（80 万人）の急性期地域基幹病院である．病床数は 1,166 床，39 診療科を有し，高度急性期医療を担っている．2015 年度のデータによれば，1 日平均の外来患者数は 2,787 人，入院患者数は 1,065 人，平均在院日数は 11.8 日，年間の救急患者数は 65,721 人となっている．

　1923 年に 83 床で始まった病院は，増改築を繰り返し，現在は，特定集中治療室や総合周産期母子医療センターを含む 1,166 床が 5 つの棟に分散している（**図 4.55**）．

　敷地面積は約 81,600 m^2，敷地の 3 辺が接道しており，西側に中央玄関と病棟玄関がある（**図 4.56**）．南北の玄関は，うぐいす通りと呼ばれる直線の通路で結ばれ，病棟玄関から一直線に延びる北廊下はうぐいす通りに至る．この 2 本の通路が病院 1 階の主動線となっている．中央玄関から入った正面には温室が設置され，うぐいす通りには日本庭園に面したセントラルパーラーとフラワーガーデン，いずみの広場等の憩いの場が設けられている．敷地内の 5 つの棟は，この 2 つの通路に隣接して配置され，延べ床面積約 148,300 m^2 を有する巨大な建築群を構成している．

4.4.5　退院支援・地域移行支援のための空間（精神科病棟）

　我が国の精神医療は，これまで長期入院による処遇を中心としてきたが，近年では，入院医療の急性期化が進み，新たな入院患者の多くは早期に退院できる傾向が強まってきている．こうした入院医療から地域医療への移行に伴い，入院医療そのものについても再編が求められている．

　国が2009年に発表した「今後の精神保健医療福祉のあり方等に関する検討会報告書」[40]には，入院医療の再編・重点化として「一般病床の水準も念頭に置いて，精神病床数の適正化等の取り組みも進めながら，病棟における治療環境の改善や，将来的な人員配置の一層の向上を目指すべきである」と記されており，精神疾患患者が病期や疾患等に応じた適切な治療環境で治療

フェーズ	フェーズⅠ（1962年～1971年）	フェーズⅡ（1971年～1982年）	フェーズⅢ（1982年～1998年）	フェーズⅣ（1998年～2013年）
病院の方針	沈滞化した経営状況の打破	病院建物の更新	設備投資費の回収	高度先進医療への対応
主な増改築・改修	①第9病舎の改築　④第13病舎の改築 ②第10病舎の改築 ③第12病舎の改築	⑤第1病棟の改築 ⑥中央診療棟の新築 ⑦外来棟の新築	⑧第2病棟の新築	⑨手術棟の新築　⑫心臓病センターの新築 ⑩救急棟の新築　⑬第3棟の新築 ⑪外来棟の増築　⑭第3棟の増築
配置図の変遷 N 50m	1971年	1982年	1998年	2013年
設計者の取り組み	・以前の設計担当者によるマスタープラン敷地に線を引き，RC建物と木造建物の配置を明確に分離．以降の建物更新の際の配置計画を容易にした．	・病院の現状調査 ・病院副院長と国内外の病院訪問 ・マスタープランの作成 ・院内報誌への病院計画について寄稿	・病院の稼働状況に関する事後調査 ・外来診療の予約制導入に関する提案	・病院側との定期的な建築会議 ・設計者と事務長の将来用スペースに対する考え方の共有

図4.55　90年以上の歴史をもつ病院の成長と変化（倉敷中央病院）[46]

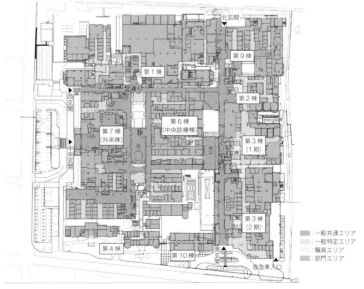

図4.56　倉敷中央病院
鳥瞰写真（左）と1階平面図（右）

出典：ユー・アール設計

を受け，退院後も段階的に社会に復帰していくための医療と治療環境の両面からの包括的な支援態勢の構築が求められている．

　精神科医の平田は，精神疾患の急性期入院治療プロセスは，急性期，臨界期，回復期の 3 段階に分節されるとして，それぞれの段階にある患者の病状，治療・看護の目標，療養環境について整理している[41]（**表 4.5**）．

　この 3 段階のプロセスに照らして，筆者らが行った調査研究[38]を紹介しよう．精神科の専門病院における K 病院の急性病棟における患者の行動観察調査を実施した．この精神科病棟において，急性期，臨界期の段階に求められる療養環境は，隔離室を含む個室および個室的多床室が用意されており，急性期・臨界期の治療・看護に対応した病室環境となっている（**図 4.57**）．

　回復期の段階に必要とされる療養環境については，多様な選択肢をもつ共用空間が活用されていた．開放的な構成の洗面場所は，職員の見守りのもとでセルフケアの自立を促すとともに，対人的な関心をも促す効果を生んでいる．食堂・談話空間が会話や日常生活動作の場として活用されていた．

　さらに，対人姿勢の分析からは，同一の場所においても，患者は対人姿勢を変化させ，対人的な関係を調整しながら滞在していることがわかった（**図 4.58**）．食堂は集団での食事の場所ではあるが，患者が 1 人でいる場所としても使用されており，食堂のような大きな空間よりも談話コーナーのような小さな空間において，ソシオペタルな姿勢で過ごすより多くの患者が観察された．

　また，患者の全身状態が改善されるにつれて，談話空間の活用が増し，ソシオペタルの割合も増加する傾向があることがわかった．これらのことから，患者は，共用空間内の複数の選択肢の中から，行為内容や対人的な関係に適した滞在場所を選び，対人的な関係を調整しながら，自らの回復段階に応じて，対人的な関係（社会性）を再構築していることが明らかになった．

▌4.4.6　米国の救急医療　　　海外事例

米国の救急医療体制

　米国の救急医学は，第二次世界大戦後の社会と疾病構造の変化の中で，救急受診患者の急激な増加を契機に誕生した．1968 年に米国救急医学会（American College of Emergency Physicians）が設立され，1969 年にオハイオ州シンシナティー大学に最初の救急医学研修制度が誕生し，全米に広まった．その後，全米での救急医学の組織化が始まり，1980 年から救急医学の専門医試験 American Board of Emergency Medicine が実施された．

　1986 年には，EMTALA（Emergency Medical Treatment and Labor Act）が制定され，救急部門での救急患者の受入れと医学的スクリーニングと病態安定化の義務化がされた．また，受け入れた患者の入院治療が困難な場合は近隣の最適施設への転送が義務化された．EMTALA の趣旨は，「救急患者の受入れ困難」を防止することであったが，結果的に救急部門を社会のセーフティネットとして位置付けることになった．

　米国では救急部門を ED（Emergency Department）と呼んでおり，全米

表4.5 精神疾患の急性期入院治療プロセスと療養環境[38]

段階	症状	治療・看護目標	療養環境
第1段階 急性期	現実検討能力の喪失な いし著しい減弱	救命・身体管理 睡眠・摂食・排泄 のリズム 1対1の対人交流	無用な外的刺激 を回避する病室
第2段階 臨界期	自我機能も修復段階 思考や行動を自分で決 定することが可能 活動性低下，大量の睡 眠と摂食	十分な休息の確保 セルフケアの自立	音刺激が少ない プライバシーを 保てる病室
第3段階 回復期	日周期の生体リズム 洗面入浴の自立， 職員や患者との交流 →社会生活上の問題が 　意識化される	在宅ケアが可能と なる条件を整える こと	患者の社会性を 養い育て，退院 後の自閉的な生 活を防止する共 用空間

図4.58 当該研究での対人姿勢の定義

S.S.

洗面1

図4.57 精神科病棟の事例

光庭1-2

談話室2

食堂

談話室 C-1

コラム　ソシオフーガル，ソシオペタル

　建築計画分野では，「ソシオフーガル・ソシオペタルは人間の行動と関連付けられた空間タイプ分類」[42]と紹介されているが，オズモンドは著書[43]の中で以下のように説明している．

　「建築物には，sociofugltyおよびsociopetalityとでも呼べるような，一般的な性質があると思っている．sociofuglty（遠社会性）というのは，堅固な人間関係の形成を阻害し，妨げるようなデザインを意味している．（中略）sociopetality（求社会性）というのは，例えば，小規模な対面集団にみられるような堅固な対人関係の発展を助長・促進し，さらには強要することにさえなるような性質である．」「遠社会性および求社会性という概念は，建築の機能と構造を分析するための手段として用いることができ，精神医学の領域に限らず有効であると，私は信じている」

　オズモンドの示したsociofuglty（遠社会性）sociopetality（求社会性）という概念は，建築空間における人間行動の分析手法としての応用可能性を示唆している．

で約 4,500 カ所と報告されている．救急医療専門医は，約 4 万人おり，毎年 1,300 人以上の研修医が救急医学専門医に認定されている．救急医の勤務シフトは 3 交代が一般化しつつある．

救急医は，救急看護師がトリアージした walk-in 患者，あるいは救急搬送された患者を迅速に診察し，致死的疾患や外傷等緊急病態の鑑別と安定化を行う．軽症から重症まで，すべての救急患者を診療する米国救急医学の伝統は，救急外来の診療効率の向上とともに，walk-in 患者にも重症が含まれるとの理解から生まれている．救急医の診療は救急外来に限定されており，入院診療を担当しない．重症患者を手術室，ICU，心臓カテーテル室等に移動するまでが，救急医の診療範囲となっている．ただし，経過観察が必要な患者では，24 時間まで救急外来内の経過観察床で診療を継続できることになっている．

救急部門の諸室構成

救急部門の内部は，患者待合エリアと診察エリアからなる．患者待合エリアで救急看護師がトリアージを行う．患者数が多い場合，患者はこのエリア内で何時間も待つ場合がある．診察エリアは，スタッフステーションを中心に配置し，その周囲に診察室を配置する構成が一般的である．診察室は，す

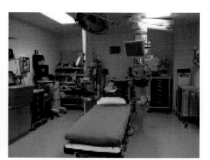

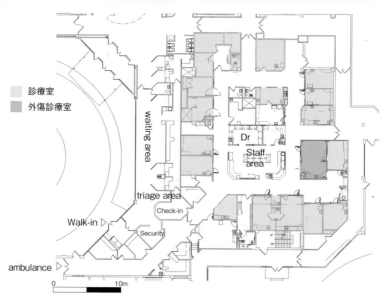

図 4.59　米国の救急部門の事例（ミネソタ大学病院）[47]

べて個室となっており，プロトコルに従って入院か帰宅か判断が困難な患者は，移動せずにこの診察室内で24時間までの経過観察を行っている．

ミネソタ大学病院（図 4.59）

　大学病院敷地内に設けられた救急部である．自力で来院する患者のためのwalk-in 入口と救急車による搬送入口が個別に設けられている．待合エリアには，トリアージナースによる受付カウンターが設置されている．待合エリアと救急部門 ED 内は，厳格に区分されている．受付横には警備員が常駐している．診察室はすべて個室で構成されている．室内で医行為療が完結するように，水回り設備が整備され，作業台，医療材料，リネン類が室内に配置されている．室内壁面には，コミュニケーションボードが定式化されており，患者や付き添い家族に対して，患者の状態や治療内容について，わかりやすい表記がなされている．スタッフが使用する医療材料は，使用目的別に色分けされたケースに各々収納されている．医薬品は，扉付き保管棚に保管されている．ＭＥ機器は各診察室内に保管され，廊下には置かれていない．

　中央のスタッフエリアには，医師専用スペース（デスク）がスタッフステーションに接して配置されている．救急車の車庫内には，除染用の設備が設置されている．

4.5　おわりに

　本章の前半では，医療施設のなりたちを辿った．古代ギリシャの神殿は景勝地に建てられ，運動や観劇等を行いながら患者の自己免疫力を高めていたのだと思われる．19世紀にナイチンゲールが提案した病棟には，十分な採光・通風が確保された空間が計画され，院内感染を防止するとともに患者の衛生的な環境を確保する工夫がなされていた．病気の原因が特定されない時代には，それまでの経験をもとに療養に必要となる建物を計画してきた．医学の進歩とともに，治療という明確な目的をもった建物（病院）がつくられるようになると，効率的な医療提供が施設の主目的となった．現代の医療施設の計画は，高度に細分化され日々進化を続ける医療技術への対応が常に求められ続けている．

　後半では，近年の医療施設の新たな広がりの一端を紹介した．医療技術の進歩は，多くの患者の命を救ってきた．しかし，現代の高度な医療技術をもってしてもすべての疾患を治すことはできない．治療ができない患者であっても，その患者を気持ちを理解し，支援することを目的とした施設が創られるようになっている．

　医療施設は，これからも医療技術の進歩に対応した変化と社会が求める支援の広がりに対応していくことが求められている．医療施設の建築計画は，その変化と広がりを常にとらえ，更新していく必要がある．

参考文献

1) Thompson, J. D. and Goldin, G. : *The Hospital A Social and Architectural History*, Yale University Press, 1975.

2) S.D.S. 編集委員会編 : S.D.S スペースデザインシリーズ 4 ＜医療・福祉＞, 新日本法規, 1995.

3) Scher, P. : *Patient-forcused Architecture for health care*, The Manchester Metropolitan University, 1996.

4) 病院の設計第二版（新建築学体系 31）, 彰国社, 2000.

5) 旧東京医学校本館, https://www.bg.s.u-tokyo.ac.jp/koishikawa/overview/memorial.html, 閲覧日：2021 年 6 月 2 日.

6) OECD : Health Data, 1998, 2007, 2013, 2014, 2019.

7) 日本建築学会編 : 建築設計資料集成［総合編］, 2001.

8) 日本建築学会編 : 建築設計資料集成［拡張編］福祉・医療, 2001.

9) 日本医療福祉建築協会 : 病院建築, No. 122, 1999.

10) 厚生労働省 : 人口動態統計, 2016.

11) Francis, S., Glanville, R., Noble, A., Scher, P. : 50 *YEARS OF IDEAS in health care buildings*, 1999.

12) 日本医療福祉建築協会 :「新看護体系における看護単位の大きさに関する研究」報告書, 1999.

13) 日本医療福祉建築協会 : 医療福祉建築, No. 186, 2015.

14) 日本医療福祉建築協会 : 医療福祉建築, No. 196, 2017.

15) 日本医療福祉建築協会 : 保健・医療・福祉施設建築情報シート集, 2002.

16) Nightingale, F. : Notes on Hospital, London John W. Parker & Son, 1859.

17) 聖路加国際病院 : NIKKEN SEKKEI LIBRARY-2, 株式会社日建設計, 1998.

18) アリソン, D., 長澤　泰訳 : 米国における個室病室, 設計の課題と動向, 医療福祉建築, No. 162, 日本医療福祉建築協会, 2009.

19) Cox, A. and Groves, P. : *Hospitals & Health-care Facilities*, Butterworth Architecture, 1990.

20) 厚生科学研究「緩和医療供給体制の拡充に関する研究」班 : ホスピス・緩和ケア病棟の現状と展望, 2001.

21) World Health Organization : National Cancer Control Programs : Policies and Managerial Guidelines, 2nd ed., 2002.

22) 建築思潮研究所編 : ホスピス・緩和ケア病棟, 建築設計資料 83, 建築資料研究社, 2001.

23) 日本医療福祉建築協会 : 医療福祉建築, No. 138, 2003.

24) Hui, D. : Concepts and definitions for "supportive care," "best supportive care," "palliative care," and "hospice care" in the published literature, dictionaries, and textbooks, *Support Care Cancer*, **21**(3), 659-85, 2013.

25) 横河建築設計事務所 : 静岡県立静岡がんセンター, 2002.

26) 田　龍一, 竹宮健司 : がん診療連携拠点病院における情報・相談・交流支援体制とその空間的対応に関する考察, 日本建築学会計画系論文集, **79**(706), 2641-2651, 2014.

27) 田　龍一, 竹宮健司 : がんサロンの全国的運営状況および島根県における運営・活動実態に関する事例研究, 日本建築学会技術報告集, **21**(47), 259-264, 2015.

28) Maggie's Architecture and Landscape Brief, https://maggies-staging.s3.amazonaws.com/media/filer_public/e0/3e/e03e8b60-ecc7-4ec7-95a1-18d9f9c4e7c9/maggies_architecturalbrief_2015.pdf, 閲覧日：2021 年 5 月 31 日.

29) Maggie's West London Centre : https://www.rsh-p.com/projects/maggies-west-london-centre/, 閲覧日：2021 年 5 月 31 日.

30) 日本医療福祉建築協会 : 病院建築, No. 80, 1987.

31) 日本医療福祉建築協会 : 病院建築, No. 137, 2002.

32) 日本医療福祉建築協会 : 医療福祉建築, No. 177, 2012.

33) 竹宮健司 : 英国における小児ホスピスの療養環境計画と運営体制, 日本建築学会計画系論文集, (634), 2573-2581, 2008.

34) 松本啓俊, 竹宮健司 : ホスピス・緩和ケアのための環境デザイン, 鹿島出版会, 2010.

35) 鈴木康之, 田角　勝, 山田美智子 : 超重度障害児の定義とその課題, 小児保健研究, 54, 406-410, 1995.

36) 鈴木康之 : 超重症心身障害児とは―超重症児と準超重障児について―, 小児看護, **24**(9), 1090-1095, 2001.

37) 日本医療福祉建築協会 : 医療福祉建築, No. 207, 2020.

38) 竹宮健司, 阿部　光 : 精神医療施設における入院患者動態と病棟内行動分析, K 病院における 3 年間の継続調査から日本建築学会計画系論文集, **78**(683), 25-33, 2013.

39) 日本医療福祉建築協会 :「病院の震災対策：東日本大震災からの 10 の提言」https://www.jiha.jp/wpweb/wp-content/uploads/2018/05/20130311_10teigen-1.pdf, 閲覧日：2021 年 5 月 31 日.

40) 厚生労働省 : 今後の精神保健医療福祉のあり方等に関する検討会方向書, 2017.

41) 平田豊明 : 急性期入院治療の実際, 計見一雄編著, スタンダード精神科救急医療, メディカルフレンド社, 61-79, 1998.

42) 西出和彦 : 建築計画の基礎, 環境・建築・インテリアのデザイン理論, 数理工学社, 78-79, 2009.

43) Osmond, H. : Function as the Basis of Psychiatric Ward Design, *Mental Hospitals*, 23-29, 1957.（オズモンド, H. 入谷敏男訳精神科病棟設計の基礎としての機能,（環境心理学, 第 5 巻「環境計画」）, 誠信書房, 131-149, 1975.

44) 笠原庸介, 松本義久, 高田　司, 菊池公明, 武田良一 : SPD システムの概念と運用の現状と将来, 日本医療福祉設備協会 会誌「病院設備」, **50**(6), 2008.

45) 竹宮健司 : 倉敷中央病院, アーキテクチュア×マネージメント 29, 病院, **76**(5), 2017.

46) 上垣耀己：病院建築の成長と変化に応じた計画手法と設計者の取り組みに関する研究，首都大学東京大学院都市環境科学研究科建築学域平成28年度修士論文，2016.

47) 竹宮健司，石橋達勇，中山茂樹：米国の救急医療・体制と施設計画：諸外国の救急医療体制と施設計画手法に関する研究その1，日本建築学会大会学術講演梗概集E-1分冊，325-326，2018.

48) Defrasse, A. and Lechat, H.: *Épidaure*, May and Motteroz, 1895.

49) Burdett, H. C.: *Hospitals and Asylums of the World*, J. and A. Churchill, 1893.

50) Ochsner, A. J. and Sturm, M. J.: *The Organization, Construction and Management of Hospitals*, Cleveland Press, 1907.

51) 日本病院建築協会：病院建築，No. 65，1984.

52) 日本病院建築協会：病院建築，No. 7 + 8，1970.

53) 長澤　泰：研究報告シリーズ No. 8101 ナフィールド財団による病院研究とその影響—英国医療施設研究(3)，10，病院管理研究所，1981.

第5章

学校
—多様化する計画課題—

伊藤俊介

5.0 はじめに

　第二次世界大戦後の学校建築の発達をふり返ると，終戦直後から高度経済成長期にかけて量的整備が優先的な課題としてあり，それが一定程度達成されると質的充実へと視野が拡大し，学校をとらえる視点も教育の場・教える場から学ぶ場，そして生活の場へと拡大していったといえる．1980年代後半のバブル期頃には学校建築の量的整備・質的充実が一定の水準に到達し，ここを境として学校には本来の教育機能に加えて公共施設としての役割，情報化，防犯・防災，環境配慮といった様々な課題への対応が求められるようになった．この章では1980年代後半から1990年代（昭和末期から平成初期）を学校建築が量的・質的な成熟を迎えた区切りと位置付け，それまでの小・中学校計画の発展を概観した上で，今日にかけて前景化した計画課題について解説したい．

5.1 量的整備の時代

5.1.1 前史－明治・大正・昭和戦前の学校建築

　日本の近代学校制度は1872（明治5）年の学制発布に始まる．明治時代より前にも藩校や寺子屋といった教育機関が多く存在したが，義務教育が制定されたことで遍く教育の門戸が開かれることとなり，学制発布後の数年で現在の公立小学校数にほぼ匹敵する2万校が全国に設立された[1]．当時は校舎の4割が寺社，3割が民家を転用したものであったが[2]，次第に近代教育のための施設としての学校校舎が整備されていく（**図5.1**）．明治中期には学校施設の一定の質を担保するために文部省が『学校建築図説明及設計大要』を発行し（**図5.2**），ここに示された片廊下型校舎や四間×五間の教室が今日に至るまで一般的に見られる学校建築の原型となった[3]．

　大正時代には鉄筋コンクリート（RC）造の校舎が都市部で誕生し，1923（大正12）年の関東大震災後には罹災した学校がRC造の復興小学校*（**図5.3**）として再建された．RC造校舎は耐震・防火に優れていることからその後全国的に広まっていくが，都市部以外では木造校舎が主流であった．

　第二次世界大戦では国土が広範囲にわたり戦災を被り，学校も多くが焼失

図5.1 擬洋風の学校建築（開智学校，松本市，1876年）

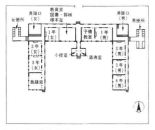

図5.2 『学校建築図説明及設計大要』（1895（明治28）年）掲載の教室・校舎のモデルプランの1つ（文献3）より）

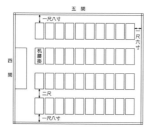

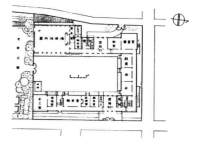

図5.3 復興小学校（旧元町小学校）（文献4）より）

した．戦後は新制中学校の設立により義務教育の年限が延びたことや，児童生徒数の急増も相まって，終戦時には学校施設が大幅に不足した．当時は青空授業や，午前・午後の二部に分けて授業を行う二部授業を行わざるを得ない状態であり，第二次世界大戦後の学校建築計画はまず施設の量的整備を急務として始まったのである．

5.1.2　モデル校舎と標準設計—RC，鉄骨，木造

　戦後は学校建築の整備を急ぐために木造校舎の規格が策定され，RC造標準設計も作成された．学校施設に国庫補助が行われるようになったのも戦後からであり[5]，財政面でも施設整備が後押しされた．
　西戸山小学校（1950年）（**図5.4**）はRC造モデルスクールとして建設された片廊下型校舎である．同一の構造スパンで校舎全体が構成されており，校舎端部に大きな面積が必要な特別教室を置く構成である．不燃化推進等を目的に鉄骨校舎も導入された．鉄骨造のモデル校，旧宮前小学校（1955年）（**図5.5**）はバッテリー型の構成により廊下面積の節約と両面採光を実現している．しかし鉄骨校舎は広く普及することはなく，RC造片廊下型校舎が主流となっていく．

RC造の復興小学校
関東大震災で大きな被害を被った東京市・横浜市では，罹災した小学校が不燃化のためにすべて鉄筋コンクリート（RC）造で再建された．これらが復興小学校である．東京市ではそのうち52カ所で小公園が隣接して配置され，災害時の避難場所とともに地域コミュニティの核となるよう公園と一体に計画された．**図5.3**の旧元町小学校（文京区，当時は本郷区）も隣接する公園が中庭と連続する空間になっている．

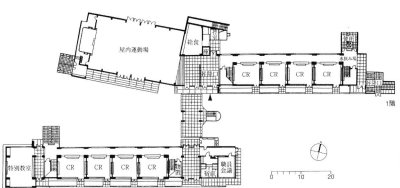

図5.4　西戸山小学校（新宿区立，1950年，設計：東京都建築局工事課）[49]

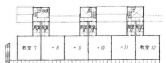

図5.5　旧宮前小学校2階（目黒区立，1955年，設計：宮前小学校設計グループ）（文献6）より）

5.1.3　量的整備・定型化の時代の様々な試み

　標準設計には最低水準の確保や設計の効率化という大きなメリットがあるものの，施設の定型化・画一化につながりやすい．西戸山小学校は教室を学年ごとにまとめ，低高分離を図った上で，管理諸室も校舎全体を把握しやすい位置に置くといった的確な計画的配慮がなされている．しかし，こうした特徴は引き継がずに片廊下型の平面形のみがひな形として流布し[3]，全国に定型的な校舎が建設されていった．そのような中にあって，機能性や空間の質の向上を目指し，建築計画研究*に裏打ちされた作品も作られていた．
　真駒内小学校（**図5.6**）は様々な計画手法を具現化した計画例である．平屋の低学年ブロックが中・高学年ブロックから独立し，低学年専用のプレイルームも設けられた低高分離の計画である．全体はフィンガープランであるが，教室部分はバッテリー型の構成をとり廊下面積を節約している．教室は

建築計画研究
戦後から高度経済成長期（1970年代）にかけて，学校の量的整備と併行して様々な角度から精力的に建築計画研究が行われ，合理的な計画技術・質的向上に寄与した．主要な研究の視点として，①配置計画・ブロックプラン，②上下足の履替方式，③運営方式，④小学校における低高分離，⑤教室周りの計画，⑥教室環境，⑦児童生徒数の変動，⑧大規模住宅団地と学校計画等があげられる[3]．

床レベルが一段上がったワークスペースを設けた総合教室型である．小文間小学校（**図5.7**）は中庭を中心にまとまった小規模な学校であり，理科・家庭科・図工の実習系の機能をまとめた総合特別教室を設けている点も特徴である．

　運営方式の面からは中学校の教科教室型の提案もなされた（後述）．日本の学校では特別教室型が一般的であるのに対して，教科教室型は教科ごとに専用の教室を設け，生徒が時間割に合わせて教室を移動して授業を受ける方式である（**図5.8**）．

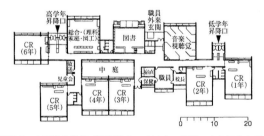

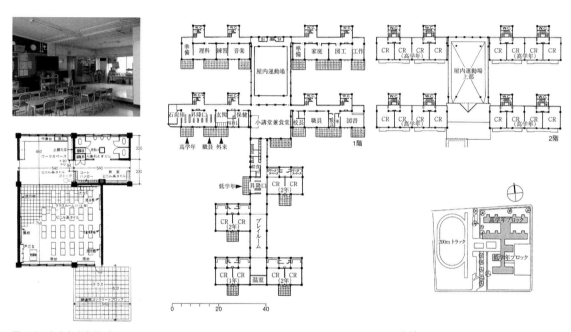

図5.6　真駒内小学校（札幌市立，1963年，設計：東京大学吉武研究室＋共同建築設計事務所）[49,50]

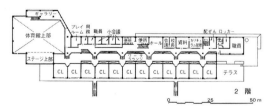

図5.7　小文間小学校（取手町立，1963年，設計：東京都立大学長倉研究室）[49]

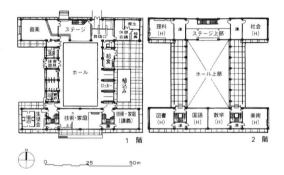

図5.8　青渓中学校（兵庫県八鹿町立，1957年，設計：東京大学吉武研究室）[50]

図5.9　北条小学校（千葉県館山市立，1970年，設計：岩田荘一＋下山真司＋北条小学校幼稚園設計計画研究会）[51]

教室にワークスペースを組み込んだプランから発展して，教室の外に複数の学級で共用するワークラウンジを設けた例も登場した（**図5.9**）．カリキュラム管理室がある点が大きな特徴であり，教師間で情報・資料を共有して共同で指導計画を立てて実践する拠点となる．この事例は教育方法と教師の協働があってこそワークスペースが機能を発揮することを示しており，このような学級・教室にとどまらない教育とそのための空間づくりは，次に述べるオープンスクールやオープンスペースの誕生の萌芽でもあった．

5.2　オープンスペースと教科教室型—建築計画の二大提案—

5.2.1　施設のあり方の提案としての建築計画

建築計画は直接的にはハードとしての建物を計画することであるが，学校や病院のような施設では建物は施設運営というソフトと一体となり，車の両輪として働く．したがって建築計画的提案は運営のしくみの提案という一面をもつ[7]．学校建築計画におけるオープンスペースと教科教室型中学校の提案はいずれも学校運営のあり方の変革をも目指したものであり，今日では学校の形式・プランタイプの1つとして定着していることから，戦後の学校建築計画の主要な成果だといえる．

5.2.2　オープンスペース型
開かれた教育という考え方

伝統的な学校における授業は，同一年齢の児童生徒に対して，同一の内容・進度・方法で一斉に教えるというものである．このような方式で教育を遍く行き渡らせることは近代的な学校制度の目的であるが，高度成長期を経て社会が成熟・発展してくると，一斉・画一的な教育方法の問題点や限界が明らかとなってきた．1971（昭和46）年の中央教育審議会答申では豊かな個性，個人の特性を重視すべきであるとされ，児童生徒の個性や能力・適性の違いを考慮した教育システムを求める動きが教育界の内部からも起きてくる[4]．

新しい教育のスタイルでは，児童生徒は「教えられる」客体ではなく，主体的に学習する存在である．活動内容も，児童生徒が個人あるいは少人数の集団で学習するスタイルが主となり，話し合い，調べ学習，実験，製作，発表，討論のように，講義を聞くことにとどまらない内容に多様化していく．学習集団も学級の枠に囚われずに弾力的に編成する必要が出てくる[8]．

こうした教育のスタイルはインフォーマル・エデュケーションやオープン・エデュケーションと呼ばれた．伝統的な教育では教師-生徒の権威的な関係の下で，集団編成・活動が決まった形をとり，正解のある知識を教えるという「クローズドな」システムであったのに対して，「オープンな」システムは方法・内容ともに柔軟で児童生徒の自主性・主体性を重視するものである．このときに一人の教師が学級を教えるのではなく，複数の教師が協力して役割分担しながら集団全体を見る「ティーム・ティーチング（協力教授

方式)」をしばしばとることも特徴である.

　このような教育の変化は空間の変革も要求するものであり，教育・建築の両面から学校を改革しようとするオープンスクール運動が起こる.そこで学級という集団，一斉授業という指導形式に束縛されない柔軟な集団編成・活動内容のために，壁で分断されずに連続するオープンな空間が作られた.オープンスクールの発祥した英米では「オープン」は教育と空間の両面で開かれていることを指す概念であった.

英米のオープンスクール

　英米ではいち早く1960年代にオープンスクールが登場し，各国に影響を与えた.日本のオープンスクール運動もこれらに大きな刺激と影響を受けている.イギリスのオープンスクールの先駆的事例としてしばしば取り上げられるエブリン・ロウ小学校やギルモント小学校（**図5.10**）は，分節された小スペースが有機的に連続する空間構成をとり，それぞれ一般学習スペース，実習・実験・作業スペース，図書スペース，集合スペースのように役割を与えられている.アメリカは様子が異なり，フロア全体をオープンプランとして，利用者（教師）がパーティションや家具をしつらえて学習スペース，作業スペース，メディアセンター等を作るスタイルをとっていた.

　英米の事例を見た日本の建築家・研究者の多くは，アメリカ型オープンスクールの体育館のような大空間よりも，イギリスの住宅的スケールの空間を連続させる構成の方を好ましいと考え，日本型オープンスクールの計画にもそれが反映されている.また，日本では担任教師が学級のすべてを監督・統制する閉鎖性・排他性の問題が指摘されており，「学級王国」とも呼ばれた密室を開放する意図もオープン化にはあった.

日本へのオープンスクール導入

　日本で初めてのオープンスクールは私立加藤暁秀学園（**図5.11**）である.教室のプランは普通教室4教室分に相当する，16m四方の空間を2〜3学級

図5.10　ギルモント小学校（イギリス，1976年，Department of Education & Science）

図5.11　加藤暁秀学園初等学校（静岡県沼津市，1972年，設計：槇総合計画事務所）[51]

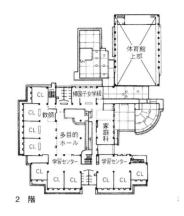

図 5.12 本町小学校（横浜市立，1984 年，設計：
内井昭蔵建築設計事務所）[51]

図 5.13 中部小学校（富山県西
砺波郡福光町立，1984 年，設
計：福見建築設計事務所）[49]

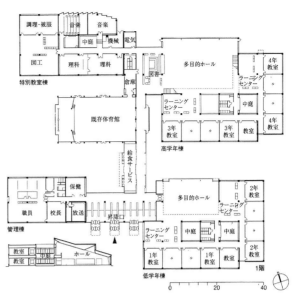

図 5.14 緒川小学校（愛知県知多郡
東浦町立，1978 年，設計：田中・西
野設計事務所）[49]

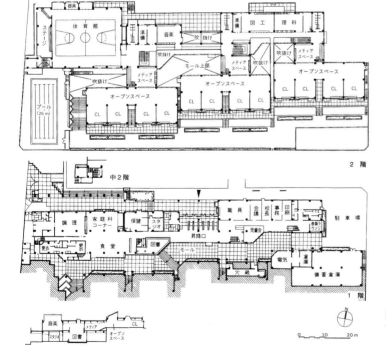

図 5.16 廊下拡張型のユニット

図 5.15 宮前小学校（目黒区立，1985 年，
設計：日本建築学会学校建築委員会＋アル
コム）[51]

で使うオープンクラスルームである．一体のスペースであるが中央に柱があ
り空間を分節する手がかりとなっている．

公立学校でも，教育改革に積極的な自治体・学校を中心に，ホール状の多

目的スペースを教室が取り囲む構成（**図5.12**）や可動式パーティションで教室を含めて仕切り方が自由な例（**図5.13**）等の様々なタイプが試行された．建築・教育両面での先進例として大きな影響を与えた緒川小学校（**図5.14**）は，学年ごとにラーニングセンターを設けた上に複数学年・全校で共有する大ホールがあり，学年内での集団の組み替えから複数学年合同の活動まで，広範囲の集団編成・活動を可能にする計画となっている．

　日本では学級を生活の基本単位として重視する考え方や，先進的な学校であっても一斉授業が一定程度あることから，学級教室を確保しながら，多目的スペース（オープンスペース）を壁で区切らずに隣接させるオープンスペース型と呼ばれる構成が一般的となる．日本建築学会が計画したオープンスクールのモデル校，宮前小学校（**図5.15**）は敷地の傾斜を活かした空間構成，ハイサイドライトのある多目的スペース，教室棟と特別教室・管理棟の間を通り抜けるモール等，建築空間の質の面でも模範となった．1984年に多目的スペース補助制度が制定され，財政的な支援が得られるようになると，オープンスペース型が平面計画のタイプの1つとして普及し，特に廊下拡張型と呼ばれるプラン（**図5.16**）が一般的な型として広まっていく．

▍5.2.3　教科教室型

　教科教室型は，教科担任制をとる中学校・高校の運営方式の1つである．一般的な運営方式である特別教室型の学校では，学級教室（クラスルーム，ホームルーム）で国語・数学・社会・英語等の講義形式が主である授業を受け，理科や音楽のように器具・設備を必要とする教科では特別教室に移動する．これに対して，教科教室型はすべての教科が専用の教室をもち，生徒が時間割に合わせて移動する方式である．この方式は教室の利用率を高めると同時に，教科の専門性を高めた学習環境を整えることができる利点がある．

　教科教室型の課題としてあげられてきたのは，授業時間数と教室使用の両

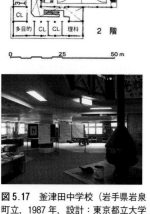

図5.17　釜津田中学校（岩手県岩泉町立，1987年，設計：東京都立大学長倉研究室＋NUK建築計画事務所＋東舘設計社）[51]
極小規模校である．ホール中央に暖炉がおかれ，これを囲むようにホームベースが配置されている．

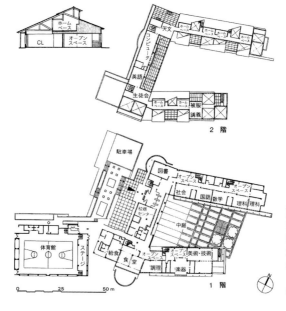

図5.18　桜中学校（福島県三春町立，1991年，設計：香山アトリエ・環境造形研究所）[51]
ホームベースは2階にまとめられ，吹抜を介して教室とつながる．

面から時間割を作らなければならず時間割編成が煩雑になる点，全校生徒が休み時間ごとに移動するため移動空間が混雑しやすいことや，落ち着きがなくなること，ホームルームという学校生活の拠点となる場所がないことである．実際，初期の教科教室型ではこうした問題が生じたケースや，学級別のロッカースペースの仕切りが十分でなく，学級の場所が確保されない例もあった．これに対して，教科教室に「ホームベース」と呼ばれる空間を付属させてロッカーを置くとともに，ホームルーム活動や食事もここで行って学級の居場所とする計画手法が提案された．今日ではホームベースを設ける方式が一般的になっている（**図5.17，5.18**）．

5.3 質的充実と学校建築の成熟

5.3.1 生活の場という考え方

高度成長期を経て学校施設が量的に充足する1980年代に入ると，学校環境の質的向上への機運が高まり，教育・学習の場としてだけでなく，日中の大半の時間を過ごす生活の場としての側面も注目されるようになった．施設の基準面積（コラム「補助基準面積」参照）もそれまでに段階的に拡大しており，生活空間の質の観点からアメニティが向上していく．児童の身体スケールを考慮したヒューマンスケールな空間（**図5.19**）や，一日を過ごす住

図5.19 アルコーブの例

▨ **コラム** ▨ 補助基準面積 ·····

公立小中学校の施設整備の費用には国庫補助があり，原則として新築の場合は2分の1，改築（建替）は3分の1が補助される．この際の基準面積が実質的に学校施設の面積水準を定めている．戦後間もなく戦災復興・災害復興のために児童生徒1人あたり2.31 m^{2}の補助が行われ，1953年の国庫負担法施行時には児童生徒1人あたり小学校は2.97 m^2，中学校は3.57 m^{2}となった[3]．1964年に面積算定の基準が児童生徒数あたりから学級単位になり，何度かの改訂を経て今日に至る．18クラスの小学校を例にとると，補助基準面積は1960年代には2,645 m^2 [3]，1973年に4,111 m^2，1997年には5,000 m^2（多目的スペースをもつ場合は10.8 % 加算）に改訂され，これが現在の基準面積となっている．児童1人あたりで言えば約7 m^{2}であり，終戦直後と比べて3倍まで面積水準が向上していることがわかる．

補助基準面積（特別支援学級をもたない学校の場合）

学校の種類	学級数	校舎の面積	屋内運動場（体育館）の面積	
小学校	1～2学級	769 m^2＋279 m^2×（学級数−1）		
	3～5学級	1,326 m^2＋381 m^2×（学級数−3）	1～10学級	894 m^2
	6～11学級	2,468 m^2＋236 m^2×（学級数−6）	11～15学級	919 m^2
	12～17学級	3,881 m^2＋187 m^2×（学級数−12）	16学級以上	1,215 m^2
	18学級以上	5,000 m^2＋173 m^2×（学級数−18）		
中学校及び中等教育学校等	1～2学級	848 m^2＋651 m^2×（学級数−1）		
	3～5学級	2,150 m^2＋344 m^2×（学級数−3）	1,138 m^2	
	6～11学級	3,181 m^2＋324 m^2×（学級数−6）		
	12～17学級	5,129 m^2＋160 m^2×（学級数−12）		
	18学級以上	6,088 m^2＋217 m^2×（学級数−18）	1,476 m^2	

『義務教育諸学校等の施設費の国庫負担等に関する法律施行令』より抜粋・作成．
※多目的スペースをもつ場合，小学校は10.8 %，中学校は8.5 % 加算．

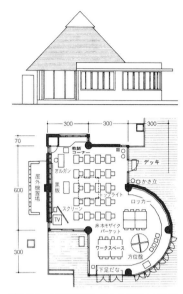

図5.20　育英学院サレジオ小学校（小平市，1993年，設計：藤木隆男建築研究所）[51] 分棟型であり，小ぶりな教室部分とワークスペースからなる．

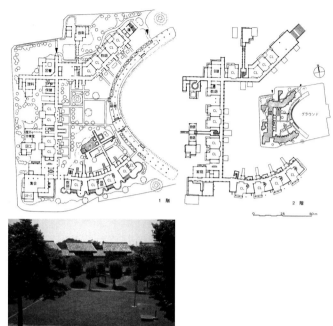

図5.21　笠原小学校（埼玉県宮代町立，1982年，設計：象設計集団）[51]

居に見立てた造形を取り入れた学校が登場するのもこの時期である（**図5.20**）．

　笠原小学校（**図5.21**）は児童にとっての「いえ」となることを意図した魅力的な計画である．藤棚の続く土手で運動場から仕切られた，丘や池のある緑の中庭を囲むように校舎が配置され，中庭に面して学級別に設けられた昇降口が並ぶ．低学年棟は1つ1つの教室が独立した住居のようなたたずまいである．教室はあえてオープン型を採用せずに，作業スペースを組み込んだ広いものとしている．アルコーブがしつらえてあり，随所に児童が楽しくすごせる仕掛けが作り込まれている．

図5.22　浪合学校（長野県浪合村立：当時，1988年，設計：湯澤建築設計研究所）（文献10）より）

5.3.2　戦後学校建築の到達点

　1980年代後半から1990年代（昭和末期から平成初期）にかけて，学校建築は1つの区切りを迎える．施設は量的には充足し，それまでの建築計画研究の蓄積と試行錯誤の上に一定水準を達成した施設が広く作られるようになった．また，アトリエ建築家が学校設計に参入したことで作品性に富む多彩な学校建築も建てられた[9]．この時期は戦後学校計画の到達点であるとともに，これ以降の計画課題の多様化や，公共施設としての多機能化が本格化する転換点だったと位置付けることができる．代表例として，いずれも日本建築学会賞を受賞し，建築作品としても評価の高い2例を紹介する．

　浪合学校（**図5.22**）は山間部の小さな村の学校であり，保育園，小学校，中学校，公民館を併設した，村全体の教育・文化活動の中心となる施設である．円形劇場と管理諸室・図書室や音楽室，ランチ

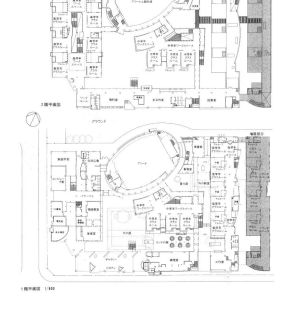

図5.23 打瀬小学校（千葉市立, 1995年, 設計：シーラカンス）（図面は文献11）より）

ルームの入る本館が核となり, 小学校と中学校を結ぶプランである. ランチルームは音楽室と連続して使用することができ, オーディトリアムとして地域住民が集まる場ともなる. 施設の地域利用にとどまらず, コミュニティの象徴・核としての学校である.

　打瀬小学校（**図5.23**）は平面構成・動線計画といった建築計画的側面と意匠・空間デザインの両面で画期的な事例であり, 大きな影響を与えた. ニュータウン開発の一環として建設され, 街区型の住棟により構成される街並みに融合するブロックプランをとる. 外部空間は随所に通り抜けの道「パス」や中庭が設けられ, 敷地を囲む塀もなく, 開かれた学校として地域住民も敷地内を通り抜けることができる計画である. 行き止まりのない動線が校内を回遊し, 視線が透過することで学校の様々な場所が結び付けられている. 教室まわりの計画では, 低・中・高学年で異なる学年ユニットの構成をとる. オープンスペースは床仕上げや天井形状・高さの変化により空間が分節され, 多様な空間・場所が作られている.

5.4　学校制度・空間の多様化と施設の役割拡大

5.4.1　計画課題の多様化と施設の多機能化

　児童生徒数は1960年前後に1度ピークがあり, 1980年前半に戦後2回目のピークを迎えてから減少に転じた. 前節で述べた1980年代後半から90年代の学校建築計画の成熟は, 施設確保と, 教育・学習・生活という学校のいわば本来的機能の充足・充実という面での集大成であった. この時期には木材使用の促進, インテリジェントスクール構想, 学校の複合化・地域連携,

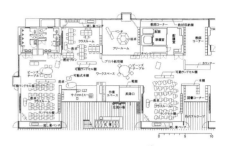

図5.24(左)　桜丘小学校（杉並区立，1999年，設計：船越徹＋アルコム）[49]
図5.25(右)　博多小学校（福岡市立，2001年，設計：シーラカンスK＋H）[49]
作業スペースや図書コーナー，教師コーナーを設置．多用途に使える閉じた部屋も確保．

エコスクールといった新しいテーマが議論されるようになり，2000年代以降は学校に求められる性能や役割がさらに増えていく．小中一貫校や特別支援学校の制度化という学校制度の改革もあり，それらへの対応や教育機能のさらなる充実は課題であるが，近年は特に公共施設としての要求が高まっている点が特徴である．

5.4.2　オープンスペース計画の展開

オープンスペース型が普及するにつれて，多目的スペースが実際には使われないケースも多いことや，多目的スペース計画の定型化が指摘されるようになった[8]．教育・授業スタイルの変革が進まず，教室内で行う授業が変わらず主流であったことも理由だが，フレキシビリティの名目で広く空けてあるスペースが活用する手がかりに乏しいことや，個別学習やグループ学習のように，広い空間よりも分節された空間が適した活動も多いことも要因にあげられる．こうした背景から，教室・オープンスペースからなるユニットの様々な形式が提案されている．**図5.24，5.25**はオープンスペース周りにクローズドに使える部屋や性格の異なるコーナーを作り込んだ例であり，様々な学習場面に対応しやすい．

5.4.3　教科教室型の展開

教科教室型は当初利点としてあげられた教室の利用効率の面よりも，学習環境の充実のメリットから採用されるようになる．教科別のオープンスペースを設ける教科センター型や，同系統の科目（例えば国語と英語，社会と英語，理科と数学等）をセットにして系列教科センターを構成する方式へと計画手法も展開している（**図5.26**）．教師コーナーや教科ステーションを教科教室周辺に置き，学習の拠点とすることもある．また，特定の教科に割り当てないフリーの教室を確保しておき，教科教室型の運営の難しい点とされる時間割編成のバッファーとする計

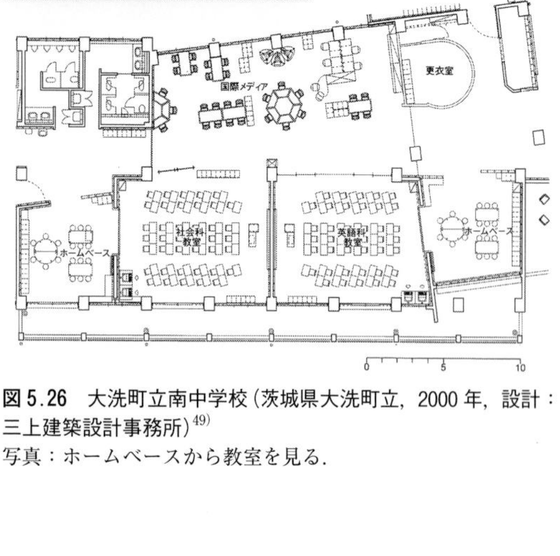

図5.26　大洗町立南中学校（茨城県大洗町立，2000年，設計：三上建築設計事務所）[49]
写真：ホームベースから教室を見る．

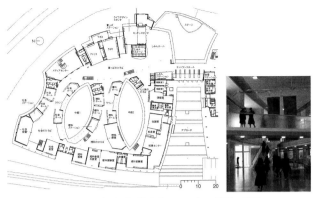

図 5.27　福井市至民中学校（福井市立，2008 年，設計：設計工房顕塾）（文献 13）より）

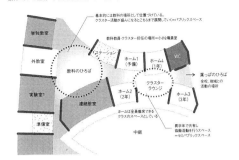

図 5.28　福井市至民中学校　教科エリアの構成（文献 13）より）

画も提案されている.

　日本の学校計画ではホームルームは学年単位でまとめるのが一般的だが，少数ながら異学年縦割りのユニットを構成する方式をとる学校もある. 福井市至民中学校（**図 5.27，5.28**）では学校全体を 5 つの教科ユニットに分け，それぞれに 1 年生から 3 年生まで 1 クラスずつ割り当てる方式で計画された. 体育祭・文化祭といった学校行事もこの縦割り集団を元に行い，生徒の縦の結び付きを強め活かそうとする考え方である.

5.4.4　小中一貫校

　9 年間の義務教育課程の中にあって小学校と中学校は異質な場所である. 学級担任制と教科担任制という違いが根本にあり，環境も生活指導の有りようも大きく異なる. これに対して義務教育の一貫性や，小学校から中学校のスムーズな接続の観点から小中学校の連携・一貫教育*が提唱されるようになった.

　2004 年に東京都品川区が構造改革特区として小中一貫特区の取り組みを開始し，2006 年に日本初の施設一体型小中一貫校が誕生する. 各地で一貫

小中一貫教育[12]
不登校やいじめの認知件数が中学校進学時を境に増加することを「中 1 ギャップ」と呼ぶことがあり，小中一貫教育導入の理由にあげる自治体も多い.

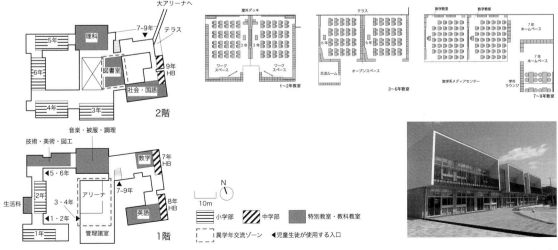

図 5.29　6・3 制の例―府中学園教室のつくり分けと全体計画（広島県府中市立，2008 年，設計：日本設計）（文献 14）より引用・作成）

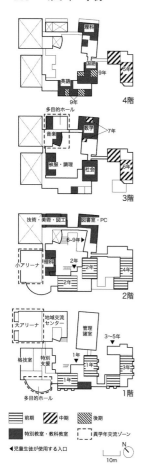

前期 **中期** **後期**

特別教室・教科教室 **異学年交流ゾーン**

◀児童生徒が使用する入口

10m

図5.30 4・3・2制の例―はる
ひ野小中学校（川崎市立，2008
年，設計：豊建築事務所）
（文献14）より作成）

教育を率先して導入する自治体が小中一貫校の施設整備を進め，2015年に
は義務教育を一貫して行う義務教育学校が学校種別として制度化された．

小中一貫校の施設の形態には施設一体型と施設分離型があり，後者のうち
もともと隣接した敷地にあった小学校・中学校が一貫教育を行うケースを施
設隣接型と呼ぶこともある[12]．小中一貫校ではシステムも児童生徒の発達
段階も異なるものを一体に運営する必要があり，施設計画でもそれを考慮し
なければならない．教育課程の区分は小・中学校の区分と同じ6・3制の
ケースが多いが，5・4制や4・3・2制をとることもある．教育課程の区分
は施設の機能や生活領域の区分にも関わり，職員室を小・中学校で別々に設
けるか，一体とするかも施設計画・運営上重要なポイントとなる．小・中学
校で特別教室等をどの程度共用するかを考え，各部の寸歩や家具も学齢に合
わせて計画する必要がある．小学校だけの場合よりも心身の発達段階にさら
に大きな幅があることから，学齢ごとの生活領域を区分する配慮が必要であ
ると同時に，一貫化するメリットの1つである小学生・中学生のインフォー
マルな交流を促進する空間づくりも望まれる．

府中学園（**図5.29**）は小学校4校と中学校を統合した小中一貫校である．
中央に管理部門・特別教室・小アリーナを配置し，その両側に小学校と中学
校がそれぞれ中庭を囲むブロックプランである．小学校低学年は総合教室
型，中・高学年はオープンスペース型，中学校は教科教室型というように，
教室計画・運営方式を学年に合わせて変えている．はるひ野小中学校（**図
5.30**）は4・3・2制をとる例である．教育課程の区分に合わせて教室がグ
ルーピングされ，やはり中学部（7〜9年生）は教科教室型である．

▌5.4.5 特別支援学校

特別支援学校は障害をもつ児童生徒のための教育施設として，それまでの
盲学校・聾学校・養護学校を転換して2007年に誕生した学校種であり，視
覚・聴覚・知的障害をもつ児童生徒，肢体不自由の児童生徒を対象とする．
普通校にも特別な支援を必要とする児童生徒のための特別支援学級（従来は
特殊学級と呼ばれていた）が置かれ，さらに通常の学級に在籍しながら一部
の活動で特別な指導を受ける指導形態があり，これは通級指導教室や特別支
援教室と呼ばれる．特別支援学級・通級指導は弱視，難聴，言語障害や自閉
症・情緒障害，発達障害をもつ児童生徒も対象となる．近年は社会全般に特
別支援教育への理解が深まっていることもあり，特別支援教育の対象者数は
増加している（**図5.31**）．

特別支援学校では，バリアフリーやユニバーサルデザインがより一層重要
となる．車いすのような福祉器具，セラピーや自立訓練に使用する道具類，
マットレスやバランスボールといった休息や体操のための道具のように教材
以外に使用する物品も多い．特別支援学校は障害種別に学級が編制されるた
め，学級数が多くなる点も特徴である．1学級あたりの人数は小・中学部で
は6人，重複障害学級は3人と少ないが，1つの教室に担任以外にも教師・
職員が複数人入るのが一般的であり，移動や介助のためのスペースも必要で

スヌーズレン
スヌーズレン（snoezelen）は
オランダ語の「くんくんにおい
をかぐ」「くつろぐ，うとうと
する」を意味する2つの単語を
合わせた造語で，感覚的刺激空
間を用いて重度知的障害のある
人に探索とリラクセーションを
併せ持つ活動を指す．そのため
の環境・設備を整えた部屋をス
ヌーズレン・ルームと呼ぶ[16]．

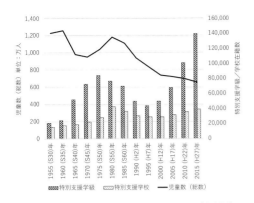

図5.31　特別支援学級／学校在籍者数の推移（小学校）
近年，児童数の総数が減少しているのに対して，特別支援
教育の対象数が増加していることがわかる（文献15）より
作成）.

図5.32　スヌーズレン・ルーム
の例

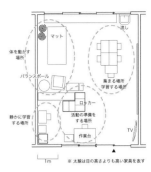

図5.33　構造化された教室の例

あるため，教室はゆとりをもって作る必要がある.

障害のある児童生徒の感覚的特性に対応した空間も求められる. 例えば，
環境デザインに関連する概念としてスヌーズレン*がある. これは重度知的
障害者に心地よい感覚刺激を提供することでリラグゼーション，教育，セラ
ピー効果をあげるものである. このために視聴覚・触覚の複数の感覚刺激を
受けられるスヌーズレン・ルームが用いられる（図5.32）. また，自閉症・
発達障害のある児童生徒はパニックを起こすことがある. そのときに静かで
刺激のない他の場所に一時的に移ってクールダウン（カームダウンと呼ぶこ
ともある）することが有効で，デンやアルコーブがこうしたときに活用され
ることは多い.

自閉症・発達障害のある児童生徒のための学習環境づくりの手法の1つに
「構造化」がある（図5.33）. 構造化とは，場所（物理的環境），時間（スケ
ジュールやルーチン），活動の構造をわかりやすく整理し視覚化することで，
その場で行われる活動の意味や期待されることを理解しやすくし，見通しを
もって落ち着いて学習できるようにすることである[17]. 場所・空間の構造
化においては，パーティションや家具により空間を分け，クラスで集合する
場所，個人で勉強する場所，昼食をとる場所等を割り当てて活動と場所と一
対一対応させる. 場所から場所へ移動することが活動の
切り替えを意味し，それぞれの場所を活動に合わせた雰
囲気にすることで，そこで行われる活動で期待されるこ
とが把握しやすくなる.

インクルーシブ教育とは障害のある者とない者がとも
に学ぶしくみのことである. 障害のある児童生徒のニー
ズに対応した教育の場として特別支援学校・学級が設け
られているが，同時に障害のある児童生徒が一般校で就
学・学習できる環境整備をする必要もある（図5.34）.
障害の種類や程度により個人の特性・ニーズは異なるこ
とから，障害のある児童生徒それぞれの状況に応じて環

図5.34　特別支援学級まわり
のデザイン
上：畳スペースと個人用の学習
ブースのある特別支援学級の教
室.
下：特別支援学級前の遊びコー
ナー. 普通級の児童の通過動線
に面しており，交流の場にもな
る.

図5.35　合理的配慮の例
左：成長障害のある児童のために足台を取り付けた椅子.
右：発達障害・自閉症があり，周囲の刺激に敏感な児童が
集中できるようにするブース（デンマークの学校にて）.

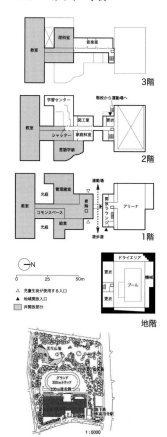

3階

2階

1階

地階

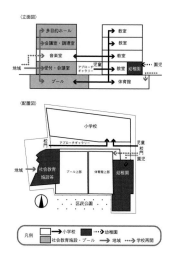

図5.36 公園と一体的に整備，地域開放する例　杉並第十小学校（杉並区立，1986年，設計：アルコム）（文献19）より作成）

図5.37 社会教育施設との複合　上野小学校（台東区立，1991年，設計：内井昭蔵建築設計事務所）（文献20）より作成）

境を整える必要がある．これを「合理的配慮」と呼ぶ[18]．合理的配慮として教育面では教材，学習内容，情報提供・コミュニケーションの対応があり，施設計画の面ではバリアフリーやユニバーサルデザインのような基礎的な環境整備が行われていることを前提として，その上で家具・什器の調整や個人ブースの設置，教室移動の負担を減らす教室配置等の例がある（**図5.35**）．

5.4.6　複合化・地域連携―学校開放から複合化・共用へ　地域

　学校施設の開放は1970年代から広く行われ，体育館のような運動施設や特別教室が地域住民の利用に供されてきた．学校の生涯学習施設・コミュニティ施設としての役割が重視されるようになると，学校施設を放課後・夜間や休日に貸し出すだけでなく，地域利用を前提としたゾーニングや機能・設備計画が行われるようになり，交流ホールのような名称で地域住民の活動のための教室を設けておく場合もある．先にあげた浪合学校は地域の核としての学校の好例である．

　杉並第十小学校（**図5.36**）は防災公園と学校を一体的に整備したプロジェクトである．学校が区立公園内にあって，塀や門がなく公園と融合し，遊歩道が校舎横を通り抜けている．施設は区民プールと複合しており，特別教室と学習センター（図書・視聴覚室）も地域開放される．体育館・プール側に専用玄関があり，校舎内では開放・非開放ゾーンが区画できるようになっている．

　上野小学校（**図5.37**）は小学校・幼稚園・社会教育施設が都心の狭小敷地に複合した例，志木小学校・いろは遊学館（**図5.38**）は，学社融合施設として学校・図書館・公民館の複合・連携が行われている例である．特別教室は生涯学習棟にあり，平日も学校の特別教室と公民館の活動室の両方としてスケジュールを組んで共用する．図書館も学校図書室と市立図書館が融合した形態である．公民館・コミュニティ施設と学校の特別教室には共通する機能が多く，学校でそれらすべてを揃えるのではなく，他施設と連携して補完する考え方には合理性があり，公共施設マネジメントの観点からもこうした例は今後増加していくと考えられ

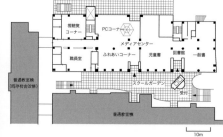

図5.38 公民館との複合　志木小学校／いろは遊学館（埼玉県志木市立，2003年，設計：石本建築事務所）
スクールガーデンをはさんで特別教室の入る生涯学習棟と教室棟を配置．敷地入口に受付があり，出入りを見守る．

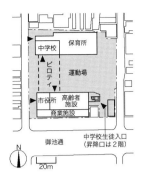

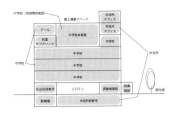

図 5.39 多種類の機能を合築した例京都御池中学校（京都市立, 2006 年, 設計：類設計室＋竹中工務店）
保育所, 高齢者施設, 商業施設, 行政機関等を複合した都市型施設. PFI 方式で整備された.

る. 一方, 敷地の有効利用や効率化の観点から, 日常的には関連のない施設を合築する例もある（**図 5.39**）.

5.4.7 災害・安全　　　　　　　　　　　　　　　　災害・防災

災害と学校の避難所利用

　学校は地域ごとに設置され, 地域住民にとっても身近な施設であることから公立小中学校の 9 割以上が災害時の避難所に指定されている[21]. 学校が避難所となる場合には体育館が使用されることが多く, 大規模災害では数ヶ月にわたり被災者が滞在する場合もある. 学校が教育機能を第一に考えて計画されるべきであることはいうまでもないが, 災害時に学校のハードを一時的に救護所・避難所という異なるソフトによって運営する備えをできる限りしておく必要がある. 災害が実際に起きたときの状況は個別的であるとはいえ, 阪神・淡路大震災や東日本大震災等, これまでの経験から避難所運営について留意すべき点が多く明らかになっており, 避難所運営のシナリオを想定して各室・空間に必要な機能・運用するかをふまえて計画することが望ましい.

　災害時の発災から避難所が解消されるまでの過程は, ［生命確保期］［生活確保期］［機能再開期］［正常化期］に分けられ, 児童生徒の在校中に災害が起きる場合には発災時の［救命避難期］がある[*22]. それぞれの段階に応じて必要機能があり, 食糧・物資の備蓄, トイレ, 通信設備, 電源・ガスは基本的なインフラとして重要である（**図 5.40**）. 避難所では医療用スペース,

災害時の各過程
災害発生から正常化までのプロセスは次の段階に分けられる.
・救命避難期（発災直後から避難直後）：発災から児童生徒・教職員や地域住民が緊急避難所に避難するまで
・生命確保期（避難直後から数日程度）：救援物資が届き始め, 救助されるまで
・生活確保期（数日後から数週間程度）：救援物資が届き始めてから教育活動の再開まで
・機能再開期：教育機能を再開してから避難所閉鎖まで
・正常化期
阪神・淡路大震災（1995 年）では生命確保期が 3 日ほど, 生活確保期まで約 1 週間だったが, 東日本大震災（2011 年）では被害が広域にわたり, 遠隔地にあって孤立した学校も多かったことから, 数倍あるいはそれ以上かかったケースもある[17].

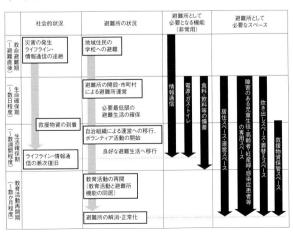

図 5.40 災害発生から避難所解消までの段階と必要機能（文献 21）より作成）

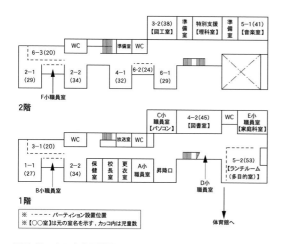

図5.41　東日本大震災後に複数校が一校に間借り再開した例
オープンスペースや特別特別教室をフル活用して6校が同居している．一部の教室は仮設のプレハブ教室である．

物資の受け入れ・仕分け・保管・配分のためのスペースが必要であることに加えて，障害のある人や高齢者・女性・ペット連れの家族等に配慮した空間の設営と運営が要求される．自治体によっては事前に施設の運用計画を作っており，さらに医療・救護所となる場合の運用マニュアルを準備している場合もある．屋外にマンホールトイレやかまどベンチといった，災害時に調理・衛生設備になる器具を設置しておく例も増えている．

　災害が長期化したときに，避難所として施設の一部を使用しながら学校を再開する場合もある．そのときに，避難所として使用しているゾーンを区分して教育活動を行える計画にしておくと有効である．体育館は避難所となるだけでなく，校舎本体が被災した場合や被災した他校を受け入れる場合に教室を設営することもあれば，災害復旧のボランティアセンターとして活用されることもある．

　東日本大震災後には被災した学校が別の学校の施設を利用する，いわゆる「間借り」した例が多数あり，場合によっては3〜4校，多いところでは6校が一校の校舎に同居することすらあった（図5.41）．こうしたケースでは授業を合同で行うことも多く，多目的スペースや余裕教室が他校を受け入れる受け皿となった．新型コロナウィルス流行下でも，やはりこうしたスペースを活用してクラスを分割し，教室内の密度を下げて感染防止策をとる学校もあり，空間的な余裕・冗長性は非常時に学校運営を継続するためにも有効である．

▌コラム▐ コロナ禍の学校[24]

　2020年1月から拡大した新型コロナウィルス流行は学校運営に大きな影響を与え，「学校」の役目を問う契機にもなっている．2020年4月から5月にかけて政府の臨時休校要請の下で9割以上の学校が休校したが，夏までにはおおむね再開し，本書の執筆時点（2021年4月）では活動を一部制限しながらも登校して授業を行うほぼ平常の形態で運営が続けられている．

　感染拡大防止のために先進国の多くでオンライン授業を積極的に導入しているのに対して，日本では休校中に同時双方向型オンライン授業を行った自治体は5％にとどまり，ICT活用の遅れが目立った．この背景には，小中学校では授業として認められるためには「教師は生徒を指導できる状況にある必要があり，教室にいることが原則」であるという日本の教育制度上の制約もある．1990年代に建築計画学では「施設」のあり方が議論となり，病院，高齢者施設，学校といった施設が生活全般を囲い込む性質が批判的に検討された．教室にいなければ授業と見なさない制度はまさにこの性質を表すものである．

　しかし，オンライン授業の取り組みにより必ずしも学校に集まらなくても教育の一部は可能であることが示され，不登校児童生徒が参加する契機となったことも報告されている．一方で，長期休校により家庭での虐待リスクが高まるという問題があり，子供を保護し，家庭環境を問わず学習機会を保障するという学校の役割も再認識されている．児童生徒がともに生活することは心理的・社会的成長・発達のためにも必要であるが，集まること自体がリスクとなる状況では，教育を提供するしくみとしての学校のあり方をより柔軟に考える必要があるだろう．

防犯と安全

2001 年に発生した大阪教育大学附属池田小学校事件を契機に，学校の防犯・安全が大きな議論となった．「開かれた学校」が目指され，学校の地域開放も進んでいるさなか，敷地を塀で区切らない学校もいくつか登場していた時期であり，そうした計画手法に対する懸念も強まった．しかし，防犯は物理的に閉鎖的な環境とすることだけが有効なわけではなく，日常の学習・生活の場として防御的・閉鎖的な環境がふさわしいとはいえない．

防犯対策の考え方としては，敷地・校舎へのアクセス経路の限定，出入口でのチェック，警備員・スタッフの配置といった防御的なアプローチと，視認性・領域性の確保により犯罪機会を抑制するアプローチ（**図 5.42**）があり，バランス良く組み合わせる必要がある．敷地・校舎を開放的につくる計画手法は後者の考え方であり，これをとる場合は職員室，事務室，保健室等の管理諸室を，外部からのアクセス経路や人が立ち入ることのできるエリアが必ず誰かしら大人の視界に入るように分散配置する等，実際の運用時の自然監視を担保する必要がある[23]．

地域施設との複合や学校開放を行う場合に開放ゾーンと学校部分を区画して動線分離するのは広くとられる対策である．児童生徒と来訪者が同じ空間を同時に利用するケースでは，利用者が必ず受付をするようにして空間的には開放的であるが出入りにチェックポイントを設ける例がある．

物理的防御は確実ではあるが，地域施設でもある学校の敷居が高くなるデメリットがある．視認性により防犯を行うアプローチはコミュニティの防犯計画で提唱されている防犯環境計画[*]に通じる考え方であるが，人の目の空白もできる可能性がある．どのように安全を確保するかは立地と周辺状況によっても異なり，ハード・ソフト両面から有効な防犯対策を考える必要がある．

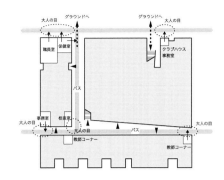

図 5.42 自然監視により防犯する例（戸田市立芦原小学校，2005 年，設計：小泉雅生／小泉アトリエ＋C＋A）（文献 23）より作成）
地域住民が入れるゾーンと学校関係者・来客だけが入れるゾーンを区分，事務室等大人のいる場所を分散配置し，人の通り抜けできるパスに人の目が常にあるようにしている．

防犯環境計画
防犯環境計画（CPTED, Crime Prevention Through Environmental Design）は環境デザインにより犯罪機会が生じにくくすることで防犯を図る考え方であり，自然監視性や領域性，アクセス管理は主要な手法である．

図 5.43 寺子屋の風景「文学万代の宝」大江戸データベース（東京都立中央図書館特別文庫室所蔵）
勉強の場であるが，子供たちは思い思いの行動をとっている．

5.5 教室―基本の空間

5.5.1 教室のなりたち

明治時代の四間×五間の教室から今日まで，教室の形状・寸法や基本的なつくりは大きくは変わっていない．これは「学級」と「一斉授業」という，年齢で区分された集団を一人の担任教師が教えるシステムが変わっていないからである．このしくみが成立するためには同じ学級の生徒が同程度の能力をもっていることが前提となる．義務教育導入以前の寺子屋のような教育機関では，生徒の能力も年齢もまちまちであった（**図 5.43**，**5.44**）．

学校はもともと読み書きそろばん（英語では 3 R：Reading, Writing, Arithmetic）を教える場所であり，これらは評価して序列を付けやすい教科でもあることから個人の能力・習熟度別に教えることになじみやすい．産業

図 5.44 大正時代の授業風景（港区教育委員会／デジタル港区教育史（公開資料））

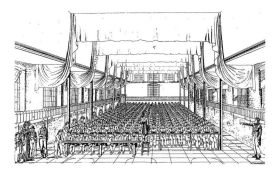

図5.45 モニトリアル・システム[25,52]
生徒は能力順に列に分かれて座り，列の端に立つ助手が指導している．

図5.46 ギャラリー形式の授業[25,53]

革命期にイギリスで考案されたモニトリアル・システム（**図5.45**）は学力の高い生徒を助手として他の生徒を指導させることで大勢をシステマティックに教える方式であるが，ここでも生徒は学年（年齢）でなく能力により区分されていた．一方で，次第に学校で教えるべき教科も増え，修身，読書や地理，歴史，理科等が入ってくる．これらは能力の序列が付けにくく，授業方法も教師が講義をする一斉授業の形をとるものも多い．そこで黒板を正面に配置し，生徒がひな壇状に座って講義を聞くギャラリー方式の教室・授業が登場する（**図5.46**）．義務教育が定着し，一定の年齢に達した子供が全員学校に通うようになると同年齢の児童が同程度の能力をもつと見なす学年制が成立する[*25~27]．

このようにして学級は生まれ，年齢によりグルーピングされた集団を一人の教師が管理し，一斉授業という方式で教えるシステムの単位空間として学級教室ができ上がったのである．そして黒板を正面に配置し，生徒の机が正面に向かって整然と並ぶ教室は，教師が教壇から知識を伝授する一斉授業に最適な空間の型としてながく作られ続けてきた．

学年制
日本の学校も当初は年齢ではなく学習進度別に級分けする等級制であった[2]．

5.5.2 教室の拡張と正面性解体

とはいえ，教室では一斉授業にとどまらず実習や作業，話し合い等を伴う授業も行われ，授業以外の生活活動の場でもある．総合教室型の教室はそうした機能を想定したものである．現代の事例でも，教室周辺で多様な活動を可能にする計画手法が試みられている．オープンスペースは設けずに教室を大型化して一部を作業スペースとアルコーブや教師コーナーも設けた例（**図5.47**），教室後方にワークスペースを設け，オープンスペースとの緩衝地帯とする例（**図5.48**），教室周辺に様々なコーナーを作り込んだ例（**図5.49**）等がある．オープンスペースの導入・普及期には多目的スペースを重視する考え方に対して教室の機能を充実させるべきだという議論もあったが，近年はより一体的に学習空間を計画するようになっているといえる．

一方，学級・一斉授業を基本とする教室の前提を問い直す提案もされてきた．その最初は黒板を正面の壁に固定せず，移動黒板を自由に配置して使用できる教室である．これは教室空間の正面性を解体する第一歩であったが，

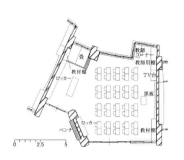

図 5.47(左) 不整形な平面形に様々な コーナーを設けた例(広島市立矢野南小 学校, 1998 年, 設計：象設計集団)[49]

図 5.48(右) 教室を拡張したセミワー クスペースを共用 WS との緩衝ゾーン として設けた例(つくばみらい市立陽光 台小学校, 2015 年, 設計：梓・岡野建 築設計共同企業体)(文献 28)より作成)

図 5.49 小規模校の教室まわり(安中市立 九十九小学校, 2007 年, 設計：アルコム) (文献 29)より作成)
小規模校であることから教室はあえて小さ めである. 教師コーナーやクワイエットルー ム, デンの小空間も作り込み, 質の異なる 様々な場が提供されている.

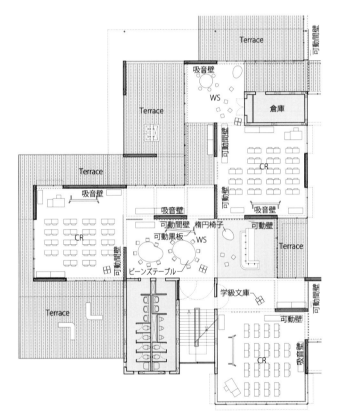

図 5.50 教室の領域を流動的にした計画(立川市立第一小学校, 2015 年, 設計：小嶋一浩＋赤松佳子／CAt)(提供：CAt)[30]
風車状に壁が配置され, 領域を流動的に設定できる.

図 5.51 全面ホワイトボード 化した実験教室での授業
活動の焦点が複数箇所に分散し ている.

図 5.52 移動ホワイトボード を使った生徒主体の学習

図 5.53 アクティブラーニン グのための教室
全面ホワイトボードの壁面, 複 数箇所に設置された天吊りのプ ロジェクター, イーゼルがある ことで柔軟なグループワークが できる.

正面の向きは選択できるものの実態としては 1 つの正面を向く机配置は変わ らなかった.

これを進め, 教室の四周を囲まず空間の輪郭を流動的にし, 離散的に配置 した壁で教室の領域を示す計画も実現している(**図 5.50**). 教室と多目的ス ペースが連続し, 壁が空間の囲いではなく垂直的な建築要素として様々な場 をつくる手がかりとなっている.

　児童生徒が主体となる授業の将来像は，正面・焦点が複数に分散した活動である（**図 5.51**）．個別的な学習，協同的な学習を行うには，情報や思考を可視化・共有して操作するメディアがそれぞれの場所で必要となる．これはテーブルに置かれた模造紙かもしれないし，黒板・ホワイトボードの一角やスクリーン，あるいはタブレットの画面かもしれない（**図 5.52**）．教師主導の授業から児童生徒が自身で学習を主導する授業へと変わるとき，教室の空間構造も一点・正面を焦点とするものから，同時に様々な場所に焦点をつくることができるものに転換することが求められる（**図 5.53**）[31, 32]．

5.5.3　教室面積・寸法

　明治時代に規準として示された教室は四間×五間（20 坪），天井高 10 尺（3 m），南側教室として児童生徒の左手から採光するように黒板を西側に置くというものであった．当時は 80 人の児童を収容する必要があり，天井高は炭火暖房使用時に休み時間に窓を開けて換気すれば二酸化炭素濃度が一定限度以下に収まるように計算された寸法である[33]．

　これが今日に至るまで教室の標準型となっており，天井高についても 3 m 以上とすることが建築基準法に 2005 年まで規定されていた．現在でも普通教室の平均面積は 64 m^2 であり，約 7 割の教室が 65 m^2 未満を占める[34]．学級定員は第二次世界大戦中は 60 人，戦後に 50 人，45 人，40 人と段階的に引き下げられ，2021 年に 40 年ぶりに改訂されて 2025 年までに 35 人になる予定である．このように教室の密度は明治時代と比べて半減したわけだが，今日の水準で求められる学習・生活活動を行うためには十分ではなく，教室面積・機能ともに抜本的に再考すべき段階に来ているといえる．

　一斉授業だけを行う教室であれば児童生徒を整列させて収容すれば良いが，多様な学習活動を行うためには机配置を変えることも多く，グループ活動の場面では広い作業面を使ったり，周囲の声・会話が相互に支障とならないように集団の間の距離をとる必要が出てくる．さらに教科書・ノート等の大判化，タブレット端末の導入等でより広い机が求められ，学校用の机の天板寸法も大型化している*．児童生徒の持ち物や教材も増える傾向にある．校舎面積は充実したが，教室とその周辺に関していえば 35 人学級になったとしても標準的な教室の大きさでは不足であり，教室および教室周辺に関しては面積水準の向上が必要である．

学校用の机の天板寸法
旧 JIS 規格により 1999 年までは 60×40 cm だったのが，新 JIS 規格では 65×45 cm，70×50 cm に大型化された.

5.5.4　ICT 化─教育の新しいメディア　設備・物品

　従来の教室空間を構成してきたのは，一斉授業という教授方法，黒板・教科書・ノートというメディア，学級という社会組織の三要素である．教育へのICT 導入はメディアの変化であるだけでなく，教授方法の根本的な変革を促すものである．当初は情報機器を用いる授業のためにコンピュータ教室が設けられることが多かったが，デスクトップからラップトップ（ノート型）コンピュータが一般的になるにつれて使用場所にもって行くことができるようになり，2020 年度には児童生徒 1 人に 1 台のタブレット端末が供給

された．こうして校内のどこでも，すべての教室で使用することを考えると，機器の収納や電源といった設備的対応が必要となるが，より本質的には情報化による授業・学習形態の変化に対応した教室・学習空間のあり方が課題となる．

ICT 導入は最初の段階では電子教科書や画像・動画を用いた教材提示のように，既存メディアの電子化の形で起きる．教室正面の黒板に加えてスクリーンとプロジェクターや大型ディスプレイが設置されるようになるが，この段階では黒板が電子メディアで置き換わった形にとどまる．ICT が本格的に力を発揮するのはネットワークを介して情報収集・発信，コミュニケーションやコラボレーションを行う段階である．具体的には児童生徒がインターネットを活用して情報収集を行ったり，児童生徒間でメディア上で情報をやりとりしながら学習したりするような授業場面があげられる．学校外の人による遠隔授業や複数校の合同授業を行う使い方もされている．

ICT 化により児童生徒も知識・情報にユビキタスにアクセスすることができ，教師が所有し教材に蓄えられた知識・情報を生徒に伝達する教育のモデルから，必ずしも教師の監督下でなくとも自律分散的に学習するモデルが実現可能となる．情報空間でつながっていれば必ずしも物理的空間の中でいっしょにいなくとも授業は可能となることから，教室計画の前提条件も変わることが考えられる．

■コラム■ 海外の学校—デンマークの例 ------------------------------- 海外事例

デンマークの学校では 1990 年代から学習の個別化が急速に進行し，今日では教師が教える時間をできるだけ減らした，児童生徒が主体となって学ぶ授業が中心である．プロジェクト型の学習が広く行われており，ICT も学習ツールとして日常的に使われている．クラスで集まって学習テーマ・課題・基礎事項を確認してから思い思いの場所に移動して学習を進め，途中や最後には集まって進捗報告や発表・共有をする授業展開がよく見られる．このような授業スタイルの変化は空間の変化にもつながっている．

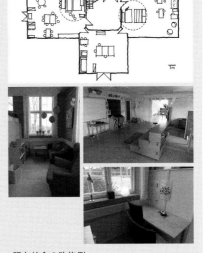

2002 年に開校した教育改革のモデル校では，教室のないオフィスのような空間が話題となった．こうした新しい施設だけでなく，既存校舎を改修して今日的な学習空間が作られているケースも多い．共通点として，にぎやかな場所と静かな場所，ワークスペースとくつろげる場所のように異なる性質をもった様々な場を設け，学習・集中しやすい場所を選べるようにしていることがあげられる．学習効果が上がるスタイルは人によって異なるので，自分に適した環境を選ぶ・整える能力も含めて身に付ける必要があるとの考え方が背景にある．その結果，最近のオフィスデザインに見られる ABW（Activity-Based Working：アクティビティ・ベースド・ワーキング）のコンセプトとも通ずる環境が生まれている．

新しい教育スタイルのモデル校 Helleup skole

既存校舎の改修例
1950 年代に建てられた校舎を改修した低学年の教室．階段状に座って集まる場所，一人用の学習コーナー，ソファのあるコーナー等が設けられている．

5.6　利用者の視点―空間の使い方

5.6.1　教育と空間の適合―オープンスペースが活用されないのはなぜか？

　空間が，計画時に意図・期待された使い方をされないこともしばしばある．オープンスペースが多様な学習活動のための場として導入されたにもかかわらず，活用されないケースが多いことは大きな課題として指摘されてきた[11]．ハード（物理的環境）側の問題としては，廊下拡張型のプランでは動線が通過するため安定して活動スペースが作りにくいこと，多目的の名目で均質な広い空間となっており，空間を使うための手がかりに乏しいこと等があげられる．また，プランが多様化する中で，オープンスペースと言いつつまとまった活動スペースをとるには不向きな平面形になっている例もある．学習活動を行うための家具・什器が提供されていない場合も多い．

　ソフト（教育）側の問題としては，一斉授業中心の教育が変わらず行われ，教室外に展開するニーズがそもそも生じていない場合もある．オープンスペースに対して教師が抵抗感をもつ場合や，スペースを設えて使うのに不慣れなこともある．

　また，現代の教育が必ずしもオープンスペース導入時に想定された形態をとっていないことも要因として考えられる．オープンスペースは学級の枠を超えた集団編成を想定して提案されたものであるが，近年は学級内で多様な活動が展開していることも多い（**図5.54**）．実態としてオープンスペースが教室の延長として使用されているとの調査結果もある[35]．しかし，オープンスペースが複数の学級合同・横断での活動のための空間として計画され，そのように認識されていると，クラス単独でオープンスペースは使いにくくなる．教師の意識を調べた研究によれば，他クラスからの音が気になる割合よりも，自分のクラスが他クラスの迷惑になることを心配する割合の方が高く[36,37]，こうした配慮的性格の影響も共用空間の使用を躊躇させていると思われる．さらに，多目的スペースを頻繁に活用する学校では使用スケジュールを教師間で相談・調整している割合が高いが，ユニットの学級数が多かったり教師が多忙であったりすれば，調整の手間が増えて共用空間を活用しにくくなる[38]．

　このように，空間の使われ方には多くの要因が関係している．建築計画には空間を通じて教育の変革を促し，支える役目があるが，そのためには利用者個人の心理や組織の特性もふまえて検討する必要がある．

図5.54　オープンスペースの使用例
オープンスペースに学級ごとの領域を区切るようにパーティションを立てて使っている例．自分のクラスだけで使える教室の拡張部分のニーズがあることが読み取れる．

5.6.2　子供の発達と物理的環境

　子供の発達にとって物理的環境は重要な役割を果たす．小・中学校は幼児期から思春期・青年期まで幅広い発達段階の子供が過ごす場所であることから，それぞれの段階に配慮した計画が必要である．望ましい計画手法が計画条件によって変わることもある．例えば，低高分離は低学年児童が安心して過ごせる領域を確保する手法であるが，小規模校では縦の交流や学校の一体

眺めるのも交流の1つの形

窓台が遊びのしかけになることも交流の場になることもある

登れる，走れるアフォーダンス

図5.55　空間の作り込みと児童の行動シーン

感を育むために低学年から高学年・中学生の生活領域をあえて連続的に構成することもある．

　視線の透過性や見晴らしの良い場所の存在，回遊動線といったデザイン面の工夫も，空間体験を豊かにするだけでなく他クラス・学年の様子や学習成果を目にする機会をつくる点で教育・発達の観点からも意味がある．他者と直接的・間接的に接触することには，授業以外のことから刺激を受け，学ぶことができる効果があるが，さらに学校という社会の中で他集団の存在や成長していく時間的な流れを意識することにも結びつく．

　身体性の面から見れば，物理的手がかりやアフォーダンス*は居場所づくりの手がかりとなり，交流行動を誘発する[39]．集まる場所，少人数でいられる場所，集団から離れた場所等の様々な居場所を提供することも社会的発達にとって有用である[40]（**図5.55**）．低学年の子供にとっては，学校は集団としても空間的スケールの面でも巨大である．デンやアルコーブのような小空間は身体スケールに合った落ち着ける場所として重要である．同じような空間が思春期を迎えた児童生徒にとっては親しい仲間で集まったり，集団から距離をおいたりすることのできる場所として，別の意味で重要性をもつようになる．このように，心理・発達と環境の関連を意識して計画することは，学校の体験をより豊かにすることにつながる．

アフォーダンス[41]
心理学者 J. J. ギブソンによる造語で，環境やその中の事物が動物に提供する（アフォードする）意味・価値を指す．視知覚に関する理論に立脚する概念であるが，建築計画やデザインの分野では，つかめる，登れる，座れるといった行動を可能にする特性を指して用いられることが多い．

5.7　ストックの性能向上と活用

5.7.1　設備／環境工学とエコスクール　設備・物品　環境工学

　小中学校・高校は平方メートルあたりエネルギー消費量がオフィスの4分の1から5分の1程度，商業施設の10分の1以下である[42]．しかし，この背景には学校の既存施設における環境条件が他の公共施設やオフィス，商業施設と比べて劣り，児童生徒と教師が暑さ寒さを我慢しながら学校生活をおくるのが見過ごされてきたことがある．近年は酷暑と熱中症の多発を

図5.56　エコスクールの例（羽咋市立羽咋中学校，2018年，設計：シグマデザイン建築設計事務所）太陽光発電パネルや日射制御のための庇が外観上の特徴．クールトレンチや地中熱利用のヒートポンプ等を備える．CASBEE の S 評価を目標として設定して計画された点も特徴．

図5.57 OMソーラーを用いた例（印西市立いには野小学校，2000年，設計：都市再生機構＋千代田設計）温風を床下に送るダクトを吹抜の図書室に露出させ，建物のしくみを見せている．

背景に教室の冷房設置が急務となっており，2012年に普通教室の冷房設置率が19％だった（住宅における普及率は9割だった）のが2020年には93％まで向上した[43]．学校の学習環境・生活環境としての基本的な水準を確保するために一時的なエネルギー消費増は避けられないとはいえ，施設数が多く総床面積も大きいことからその影響は大きい．

学校建築では，断熱性・気密性のような基本性能の向上以外では，屋上緑化や太陽光発電装置のような環境設備が設けられる事例が増えている（**図5.56**）．林業保護を目的として学校の木質化は1985年から推進されるようになり，近年ではCO_2排出量削減やあたたかみのある室内環境づくりの観点からも，木造校舎やRC造で内装を木質化した事例も増えている．

長寿命化，省エネルギー，再生可能エネルギーの利用，パッシブデザインといった施設計画のテーマは他の建物種別とも共通するが，学校の場合はこれらを環境教育に活用する点が特徴である（**図5.57**）．太陽光発電を設置する場合，発電量を常時モニターに表示していわゆる「見える化」を行うのが一般的であり，小規模な風力発電機を環境教育に用いる例もある．雨水利用，LED電球や人感センサーによる節電，日除けやライトシェルフ，自然換気のようなパッシブ制御の設計手法も教育の題材となる．環境教育のためのビオトープを屋上緑化と合わせて屋上に

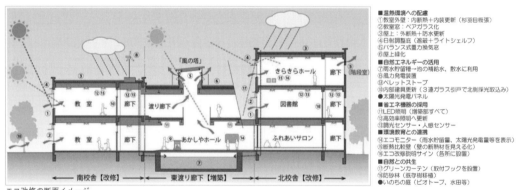

エコ改修の断面イメージ

図5.58 エコ改修と環境教育を複合したエコスクールの取り組みの例（京都市立朱雀第四小学校）（文献44）より引用）．

図5.59 エコ改修した校舎の例（京都市立朱雀第四小学校）
左：ライトシェルフ．右：断熱化した壁としない壁の壁体内を見せている．

設置する例もある.

　既存施設の断熱性・気密性等の環境性能は決して良いとはいえず，特に温熱環境の面では課題が多い．耐震改修や老朽化対策と合わせて環境性能を向上させるエコ改修を積極的に進めることも必要である（**図 5.58，5.59**）．公共施設マネジメントの観点から環境性能認証のターゲットを定めて新築の施設を計画した例もある（**図 5.56** 参照）.

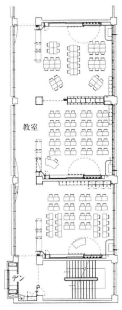

図 5.61　オープン化・木質化された教室まわりの例（横浜市立港北小学校，2002 年（改修），設計：横浜市建築設計共同組合＋中村勉総合計画事務所）[49]

図 5.60　耐震改修・大規模改修の例（太田市立休泊小学校，1999 年（改修），日本建築都市診断協会＋田中雅美・岩本弘光・白江龍三・宮前均）
既存校舎をアタッチドフレーム構法により補強すると同時に内部空間も改修．補強として付加されたフレームによって外観も一新されている．廊下と教室の間はオープンとしている.

コラム　人口動態と学校計画 —————————————————————— 海外事例

　日本では長期にわたり少子化と学校数減少が進行しているが，大規模マンション建設や住宅地開発により年少人口の局所的な急増が起きる場合もある．みなとみらい本町小学校（横浜市立，2018 年，みかんぐみ）はこうした地区に分離新設された学校であるが，一定年数後に児童数が急激に減少することが予測された．そのことから，10 年限定の設置であることが初めから決められ，施設も解体の容易さやリサイクラビリティを重視して計画されている.

　新興住宅地では毎年の学級数の予測が困難なこともある．一般的な計画論では学年のまとまりを重視して学年ユニットを構成することが多い．これに対して，桜山小学校（高崎市立，2009 年，古谷誠章＋NASCA）は年度による学年の学級数が変わることを想定しており，屈曲した長いオープンスペースに沿ってすべての教室が配置され，学年の区切りを柔軟にできるようにしながらゾーンがゆるやかに分節されている.

　学校の適正規模は小中学校ともに 12〜18 学級とされるが，実態としては適正規模に満たない学校が半数程度を占める．学校規模によって計画の考え方も変える必要がある．例えば，低高分離は児童数が多い場合には必要な考え方であるが，小規模校ではむしろ児童生徒が滞在する場所を集約することで密度感や賑わいを感じさせる計画が多い．このように，地域性や規模によって適切な計画手法を考える必要がある.

高崎市立桜山小学校（設計：古谷誠章＋NASCA）
（文献 47）より引用）

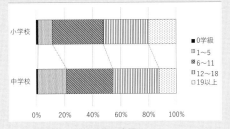

公立小中学校・学校規模の内訳
（文献 15）をもとに作成）

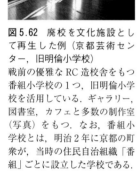

図5.62 廃校を文化施設として再生した例（京都芸術センター, 旧明倫小学校）
戦前の優雅なRC造校舎をもつ番組小学校の1つ, 旧明倫小学校を活用している. ギャラリー, 図書室, カフェと多数の制作室（写真）をもつ. なお, 番組小学校とは, 明治2年に京都の町衆が, 当時の住民自治組織「番組」ごとに設立した学校である.

5.7.2 既存校舎の改修と活用 改修事例

耐震改修と機能向上

　学校は児童生徒を守る必要があり, 災害時には避難所となることから堅牢で安全な施設であることが強く求められる. 公立小中学校の構造体の耐震化率は既に99％を超えているが[45], 東日本大震災で天井・照明・窓ガラス等の非構造部材の落下による被害が多く発生したこともあり, 二次部材の安全確保が現在は急務となっている. スクラップ・アンド・ビルドからの転換, 持続可能性の観点からは学校施設も長寿命化が課題となっている. 高度経済成長期に多数整備された学校が一斉に老朽化しており, 概算で公立小中学校の全保有面積のうち4割強が築40年を超え, かつ未改修である[46].

　長寿命化や老朽化対策, 耐震補強の改修時に併せて機能向上や室の用途変更を行うケースもある（**図5.60, 5.61**）. 校舎の建設時と今日では授業・学習活動の様子は大きく変わっており, 求められる質的水準も高まっていることから, 延命にとどまらずより良い学校にするために改修の機会を活かすことが求められる.

廃校活用

　廃校の活用は公共施設ストックの有効活用の観点と, 建築的価値のある資産の保全の2つの面がある. RC造片廊下型校舎の場合, 堅牢な構造と統一されたスパンであることから様々な転用方法が考えられ, 木造校舎は風情を活かすことができる. 教育施設・子育て支援施設の他, インキュベーションオフィス, 宿泊施設, アート・文化施設としての活用例もある.

建築作品の保全

　学校施設の中には建築作品としても優れた事例が多く存在する. 明治・大正時代や戦前の歴史的事例には保存されているものもあるが（**図5.62**）, それでも失われた建築は多い. 関東大震災後の復興小学校も多くが建て替えられ, 現存するものは少ない. 戦後の学校建築の歩みの記録として貴重な事例も建て替えや廃校により解体されるものが増えている.

　戦後まもなく建てられた日土小学校（愛媛県）は軽快な構造と開放的な空

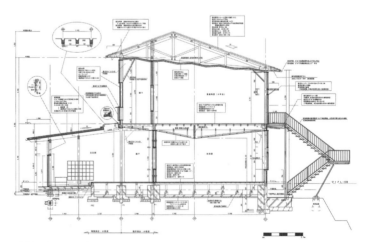

図5.63 日土小学校ー文化財としての学校建築の保全（愛媛県八幡浜市立, 1958年, 設計：松村正恒）, 撮影：伊藤俊介
矩計図は文献48)より.

間，敷地横を流れる川に張り出したデッキが魅力的な建築であり，国重要文化財の指定を受けている．この例ではオリジナルの意匠を復元しながら建物を保全し，もとの校舎と調和するデザインの棟を増築して教育機能を充実させて現役の小学校として使用している（**図 5.63**）．戦後の学校施設がこのように建築的価値を認められて保全される例はまだ少ないが，学校建築の保存・保全は今後より積極的に模索すべきであろう．

5.8　おわりに　学校本来の機能＝教育に立ち戻る

この章で見てきたように，学校計画をとらえる視点は教える場から学ぶ場，そして生活の場へと展開し，その上で地域・社会にとっての機能・価値がさらに重視されるようになってきた．明治から戦後，そして平成の初めまではいかに良い学校を作るかが中心課題であった．平成以降は地域・社会との関係において様々な観点から考慮を求められるようになり，全体的に多機能化し，設備やアメニティも向上している．学校が豊かな生活の場となり，また地域に開かれ，コミュニティ施設としての機能も充実してきたことは歓迎すべきである．しかし，学校本来の機能である「教育」「学習」の周辺が充実していく一方で，最も変化していない空間が教室なのである．

この基本の空間が変化していないことは何を意味するのだろうか．学校は工業化社会とともに誕生した．学校と工場の近縁性は指摘されてきたが，社会が大きく変化したにもかかわらず，今日の学校はその変化に対応していないように筆者には見える．ハコとしての学校施設はますます充実しているが，そこで行われる教育の未来像を提示する学校計画が望まれる．

参考文献

 1) 菅野　誠，佐藤　謙：日本の学校建築，文教ニュース社，1983.
 2) 文部省編：学制百二十年史，ぎょうせい，1992.
 3) 上野　淳：建築計画ルネサンス，鹿島出版会，2008.
 4) 東京市編：東京市教育施設復興図集，1932. https://dl.ndl.go.jp/info:ndljp/pid/1280159，閲覧日：2021 年 5 月 1 日
 5) 日本建築学会編：オーラルヒストリーで読む戦後学校建築—いかにして学校は計画されてきたか，学事出版，2017.
 6) 建築文化 1995 年 11 月号.
 7) 長澤　泰，伊藤俊介，岡本和彦：建築地理学—新しい建築計画の試み，東京大学出版会，2007.
 8) 長倉康彦：「開かれた学校」の計画彰国社，1993.
 9) 長澤　悟：昭和の戦後から平成初期までの学校建築〜画一化から多様化へ，文教施設（秋），16-20，2018.
10) 新建築 1989 年 7 月号.
11) 建築思潮研究所編：建築設計資料 067 学校 2，建築資料研究社，1998.
12) 文部科学省：小中一貫教育等についての実態調査，2015, https://www.mext.go.jp/a_menu/shotou/ikkan/1369584.htm, 閲覧日：2021 年 6 月 12 日
13) しみん教育研究会：建築が教育を変える—福井市至民中の学校づくり物語，鹿島出版会，2009.
14) 文部科学省：小中一貫教育に適した学校施設の在り方について〜子供たちの 9 年間の学びを支える施設環境の充実に向けて〜，2015, https://www.mext.go.jp/b_menu/shingi/chousa/shisetu/013/toushin/1360202.htm, 閲覧日：2021 年 6 月 12 日
15) 文部科学統計要覧（平成 30 年度版），https://www.mext.go.jp/b_menu/toukei/002/002b/1403130.htm, 閲覧日：2018 年 10 月 6 日
16) 国立特別支援教育総合研究所：スヌーズレンの紹介，https://www.nise.go.jp/nc/each_obstacle/overlap/snoezelen.htm, 閲覧日：2021 年 5 月 3 日

17) 国立特別支援教育総合研究所：知的障害養護学校の先生のための自閉症教育実践ガイドブック：今の充実と明日への展望, 2004, https://www.nise.go.jp/kenshuka/josa/kankobutsu/pub_d/d-210.html, 閲覧日：2021 年 5 月 3 日

18) 中央教育審議会：共生社会の形成に向けたインクルーシブ教育システム構築のための特別支援教育の推進, 2012, https://www.mext.go.jp/b_menu/shingi/chukyo/chukyo3/044/houkoku/1321667.htm, 閲覧日：2021 年 5 月 3 日

19) 建築思潮研究所編：建築設計資料 16 学校, 建築資料研究社, 1987.

20) 文部科学省：学習環境の向上に資する学校施設の複合化の在り方について～学びの場を拠点とした地域の復興と再生を目指して～, 2015, https://www.mext.go.jp/b_menu/shingi/chousa/shisetu/013/toushin/1364500.htm, 閲覧日：2021 年 5 月 6 日

21) 文部科学省：避難所となる学校施設の防災機能に関する事例集, 2020, https://www.mext.go.jp/a_menu/shisetu/shuppan/mext_00484.html, 閲覧日：2021 年 5 月 15 日

22) 東日本大震災合同調査報告書編集委員会：避難所・避難生活, 東日本大震災合同調査報告書建築編建築計画, 2016.

23) 文部科学省：新たな学校施設づくりのアイデア集～充実した教育活動と豊かな学校生活のために～, 2020.

24) 伊藤俊介：新型コロナウィルス流行下の学校－施設としての学校再考, 建築雑誌, 136(1745), 34-35, 2021.

25) 柳 治男：〈学級〉の歴史学：自明視された空間を疑う, 講談社, 2005.

26) 五十嵐太郎, 大川信行：ビルディングタイプの解剖学, 王国社, 2002.

27) デヴィッド・ハミルトン著, 安川哲夫訳,：学校教育の理論に向けて：クラス・カリキュラム・一斉授業の思想と歴史, 笹織書房, 1998（原著は 1989）.

28) 新建築 2015 年 11 月号.

29) 新建築 2007 年 5 月号.

30) 新建築 2015 年 6 月号.

31) 伊藤俊介, 上野佳奈子, 中田健一, 倉斗綾子, 相澤里美：標準設計型小学校教室の簡易改装による学習環境改善の実践報告, 日本建築学会技術報告集, 18 (38), 281-286, 2012.

32) 伊藤俊介：デンマークの学校建築：個別学習, グループ学習の場を創造, 日経アーキテクチュア, 2001-6-11号.

33) 長澤 泰, 在塚礼子, 西出和彦：建築計画－人間と環境を考える, 市ヶ谷出版社, 2005.

34) 文部科学省：少人数によるきめ細かな指導体制の計画的な整備の検討について 内閣府教育再生実行会議資料, http://www.kantei.go.jp/jp/singi/kyouikusaisei/jikkoukaigi_wg/syotyutou_wg/dai3/siryou4.pdf, 閲覧日：2021 年 2 月 12 日

35) 澤田侑樹, 龍田慎平, 横山俊祐, 徳尾野徹：オープンスペースの利用実態と評価－公立小学校の教室まわりのオープン化の動向と使われ方の特性 その2－, 日本建築学会大会学術講演梗概集, 253-254, 2017.

36) 玉田圭吾, 上島大知, 中村勇翔, 志波文彦：多目的スペースに対する教師の意識と利用実態－小学校建築における多目的スペース計画の多様化とその利用実態 その2－, 日本建築学会大会学術講演梗概集, 375-376, 2015.

37) 青木亜美, 上野佳奈子, 橘 秀樹：音環境に着目したオープンプラン小学校の実態調査に基づく研究, 日本建築学会計画系論文集, 562, 1-8, 2002.

38) 伊藤俊介：一般的なオープンプラン型小学校における多目的スペースの使われ方について：所与の環境条件およびユーザ設定の環境条件と使用頻度との関係の分析, 日本建築学会計画系論文集, 78(694), 2473-2480, 2013.

39) 柳澤 要：小学校における児童と物理的環境相互の関連に関する考察：児童の行動場面から見た空間解析に関する研究 その2, 日本建築学会計画系論文報告集, (435), 51-58, 1992.

40) 伊藤俊介, 長澤 泰：小学校児童のグループ形成と教室・オープンスペースにおける居場所選択に関する研究, 日本建築学会計画系論文集, (560), 119-126, 2002.

41) 佐々木正人：新版アフォーダンス, 岩波書店, 2015.

42) 文部科学省・国土交通省：学校ゼロエネルギー化に向けて（パンフレット）, 2012, https://www.mext.go.jp/b_menu/shingi/chousa/shisetu/020/toushin/1321261.htm, 閲覧日：2021 年 5 月 2 日

43) 文部科学省：公立学校施設の空調（冷房）設備の設置状況について, 2020, https://www.mext.go.jp/b_menu/houdou/mext_00333.html, 閲覧日：2021 年 5 月 2 日

44) 文部科学省：環境を考慮した学校施設づくり事例集, 2020, https://www.mext.go.jp/b_menu/shingi/chousa/shisetu/044/toushin/1421996_00001.htm, 閲覧日：2021 年 7 月 1 日

45) 文部科学省：公立学校施設の耐震改修状況フォローアップ調査の結果について, 2020, https://www.mext.go.jp/b_menu/houdou/2020/attach/1419963_00002.html, 閲覧日：2021 年 5 月 2 日

46) 文部科学省：学校施設の老朽化対策について～学校施設における長寿命化の推進～, 2013, https://www.mext.go.jp/b_menu/shingi/chousa/shisetu/013/toushin/1331925.htm, 閲覧日：2021 年 5 月 2 日

47) SD 2010 年 10 月号.

48) 日土小学校の保存と再生編集委員会編：日土小学校の保存と再生, 鹿島出版会, 2016.

49) 日本建築学会編：建築設計資料集成［教育・図書］, 丸善, 2003.

50) 日本建築学会編：コンパクト建築設計資料集成, 丸善, 1986.

51) 日本建築学会編：第2版コンパクト建築設計資料集成, 丸善, 1994.

52) British and Foreign School Society, Manual of the System of Primary Education, 1837.

53) S. Wilderspin, A System for the Education of the Young, 1840.

索　　　引

編著者略歴

竹宮健司 (たけみやけんじ)

1991 年　東北大学工学部建築学科卒業
1996 年　東京大学大学院工学系研究科博士後期課程修了
現　在　東京都立大学都市環境学部建築学科教授
　　　　博士（工学）

著者略歴

安武敦子 (やすたけあつこ)

1993 年　九州大学工学部建築学科卒業
2000 年　九州大学大学院人間環境学研究科
　　　　博士後期課程単位取得満期退学
現　在　長崎大学大学院工学研究科教授
　　　　博士（工学）

石橋達勇 (いしばしたつお)

1993 年　京都工芸繊維大学工芸学部造形工学科卒業
1999 年　神戸芸術工科大学大学院芸術工学研究科
　　　　博士後期課程単位取得満期退学
現　在　北海学園大学工学部建築学科教授
　　　　博士（芸術工学）

石井　敏 (いしいさとし)

1993 年　東北大学工学部建築学科卒業
2001 年　東京大学大学院工学系研究科
　　　　博士後期課程修了
現　在　東北工業大学建築学部建築学科教授
　　　　博士（工学）

伊藤俊介 (いとうしゅんすけ)

1993 年　東京大学工学部建築学科卒業
1999 年　東京大学大学院工学系研究科
　　　　博士後期課程修了
現　在　東京電機大学システムデザイン工学部
　　　　デザイン工学科教授
　　　　博士（工学）

建 築 計 画
　—住まいから広がる〈生活〉の場—　　　　定価はカバーに表示

2022 年 4 月 5 日　初版第 1 刷
2024 年 12 月 5 日　　　第 3 刷

編著者　竹　宮　健　司

発行者　朝　倉　誠　造

発行所　株式会社　朝 倉 書 店
　　　　東京都新宿区新小川町 6-29
　　　　郵 便 番 号　162-8707
　　　　電　話　03(3260)0141
　　　　FAX　03(3260)0180
　　　　https://www.asakura.co.jp

〈検印省略〉

ⓒ 2022 〈無断複写・転載を禁ず〉　　　シナノ印刷・渡辺製本

ISBN 978-4-254-26649-8　C 3052　　　Printed in Japan

堀田祐三子・近藤民代・阪東美智子編

これからの住まいとまち
―住む力をいかす地域生活空間の創造―

26643-6　C3052　　　　A 5 判 184頁　本体3200円

住宅計画・地域計画を,「住む」という意識に基づいた維持管理を実践する「住む力」という観点から捉えなおす。人の繋がり, 地域の力の再生, どこに住むか, などのテーマを, 震災復興や再開発などさまざまな事例を用いて解説。

北村薫子・牧野　唯・梶木典子・斎藤功子・宮川博恵・藤居由香・大谷由紀子・中村久美著

住 ま い の デ ザ イ ン

63005-3　C3077　　　　B 5 判 120頁　本体2300円

住居学, 住生活学, 住環境学, インテリア計画など住居系学科で扱う範囲を概説。〔内容〕環境／ライフスタイル／地域生活／災害／住まいの形／集合住宅／人間工学／福祉／設計と表現／住生活の管理／安全と健康／快適性／色彩計画／材料

前日本女大 後藤　久・前日本女大 沖田富美子編著
シリーズ〈生活科学〉

住 　 居 　 学

60606-5　C3377　　　　A 5 判 200頁　本体2800円

住居学を学ぶにあたり, 全体を幅広く理解するためのわかりやすい教科書。〔内容〕住居の歴史／生活と住居(住生活・経済・管理・防災と安全)／計画と設計(意匠)／環境と設備／構造安全／福祉環境(住宅問題・高齢社会・まちづくり)／他

近畿大 津田和明・静岡理大 丸田　誠・
横national大 杉本訓祥・福山大 都祭弘幸著

基本から
マスターできる 建 築 構 造 力 学

26647-4　C3052　　　　A 4 判 120頁　本体3200円

必修基礎科目の基礎テキスト。数学が苦手な学生にも構造計算が理解できるよう丁寧に解説。〔内容〕建築物の構造／支点と反力／応力度とひずみ度／応力度の算定／静定梁の変形／不静定梁の解法／不静定ラーメンの解法／他

九大 小山智幸他著
シリーズ〈建築工学〉6

建 　 築 　 材 　 料 （第3版）

26878-2　C3352　　　　B 5 判 176頁　本体3500円

建築を構成する材料の性質を学ぶ。最新の内容を反映。〔内容〕石材／ガラス／粘土焼成品／鉄鋼／非鉄金属／木材／高分子材料／セメント・せっこう・石灰系材料／コンクリート・調合設計／材料強度と許容応力度／耐久設計／材料試験

都市大 小林茂雄・千葉工大 望月悦子・明大 上野佳奈子・
神奈川大 安田洋介・東京理科大 朝倉　巧著
シリーズ〈建築工学〉8

光と音の建築環境工学

26879-9　C3352　　　　B 5 判 168頁　本体3200円

建築の光環境と音環境を具体例豊富に解説。心理学・物理学的な側面から計画までカバー。〔内容〕光と視野／光の測定／色彩／光源と照明方式／照明計画と照明制御／光環境計画／音と聴覚／吸音／室内音響／遮音／騒音・振動／音環境計画

日本造園学会・風景計画研究推進委員会監修

実 践 風 景 計 画 学
―読み取り・目標像・実施管理―

44029-4　C3061　　　　B 5 判 164頁　本体3400円

人と環境の関係に基づく「風景」について, その対象の分析, 計画の目標設定, 手法, 実施・管理の方法を解説。実際の事例も多数紹介。〔内容〕風景計画の理念／風景の把握と課題抽出／目標像の設定・共有・実現／持続的な風景／事例紹介

國學院大 西村幸夫・工学院大 野澤　康編

ま ち を 読 み 解 く
―景観・歴史・地域づくり―

26646-7　C3052　　　　B 5 判 160頁　本体3200円

国内29カ所の特色ある地域を選び, その歴史, 地形, 生活などから, いかにしてそのまちを読み解くかを具体的に解説。地域づくりの調査実践における必携の書。〔内容〕大野村／釜石／大宮氷川参道／神楽坂／京浜臨海部／鞆の浦／佐賀市／他

日本大 清水千弘
FinTechライブラリー

不 　 動 　 産 　 テ 　 ッ 　 ク

27587-2　C3334　　　　A 5 判 216頁　本体3600円

不動産分野でのIT活用を基礎理論から応用まで解説。〔内容〕市場分析理論／統計・機械学習／GIS／価格分析／価格予測／介入効果の測定／間取り図の認識／エリア指標開発／物件情報データベース／空き家分布把握手法／不動産金融市場

ADB研究所 吉野直行監修　家政学院大 上村協子・
横市大 藤野次雄・埼大 重川純子編

生活者の金融リテラシー
―ライフプランとマネーマネジメント―

50031-8　C3033　　　　A 5 判 192頁　本体2700円

生活者の視点で金融リテラシーを身につけることで, 経済社会での自分の立ち位置を意識し, 意識的な選択行動ができるようになる。〔内容〕生活と金融／稼ぐ・使う／生活設計／貯める・遺す／借りる／リスク管理／ふやす／相談する

宮教大 小田隆史編著

教師のための防災学習帳

50033-2　C3037　　　　B 5 判 112頁　本体2500円

教育学部生・現職教員のための防災教育書。〔内容〕学校防災の基礎と意義／避難訓練／ハザードの種別と地形理解, 災害リスク／情報を活かす／災害と人間のこころ／地球規模課題としての災害と国際的戦略／家庭・地域／防災授業／語り継ぎ

数理社会学会監修　小林　盾・金井雅之・
佐藤嘉倫・内藤　準・浜田　宏・武藤正義編

社 　 会 　 学 　 入 　 門
―社会をモデルでよむ―

50020-2　C3036　　　　A 5 判 168頁　本体2200円

社会学のモデルと概念を社会学の分野ごとに紹介する入門書。「家族：なぜ結婚するのか―人的資本」など, 社会学の具体的な問題をモデルと概念で読み解きながら基礎を学ぶ。社会学の歴史を知るためのコラムも充実。

東北学院大 大塚浩司・東北学院大 武田三弘・東北工大 小出英夫・八戸工大 阿波　稔・日大 子田康弘著

コンクリート工学 （第3版）

26171-4 C3051　　　A 5 判 192頁 本体2800円

基礎からコンクリート工学を学ぶための定評ある教科書の改訂版。コンクリートの性質・施工をわかりやすく体系化。〔内容〕セメント／水・骨材／混和材料／フレッシュコンクリート／施工／強度／弾性・塑性・体積変化／耐久性／配合設計

土木研 魚本健人著

コンクリート診断学入門
―建造物の劣化対策―

26147-9 C3051　　　B 5 判 152頁 本体3600円

「危ない」と叫ばれ続けているコンクリート構造物の劣化診断・維持補修を具体的に解説。診断ソフトの事例付。〔内容〕コンクリート材料と地域性／配合の変化／非破壊検査／鋼材腐食／補強工法の選定と問題点／劣化診断ソフトの概要と事例／他

足利大 宮澤伸吾・愛知工大 岩月栄治・愛媛大 氏家　勲・中央大 大下英吉・東海大 笠井哲郎・法政大 溝渕利明著

基礎から学ぶ 鉄筋コンクリート工学

26154-7 C3051　　　A 5 判 184頁 本体3000円

鉄筋コンクリート構造物の設計を行うために必要な基礎的能力の習得をめざした教科書。〔内容〕序論／鉄筋コンクリートの設計法／材料特性／曲げを受ける部材／せん断力を受ける部材／軸力と曲げを受ける部材／構造細目／付録／問題・解答

前大 宮川豊章・岐阜大 六郷恵哲編

土 木 材 料 学

26162-2 C3051　　　A 5 判 248頁 本体3600円

コンクリートを中心に土木材料全般について，原理やメカニズムから体系的に解説するテキスト。〔内容〕基本構造と力学的性質／金属材料／高分子材料／セメント／混和材料／コンクリート(水,鉄筋腐食，変状，配合設計他)／試験法／他

日本橋梁建設協会

新版 日本の橋 （CD-ROM付） （普及版）
―鉄・鋼橋のあゆみ―

26164-6 C3051　　　A 4 変判 224頁 本体8500円

カラー写真で綴る橋梁技術史。旧版「日本の橋(増訂版)」を現代の橋以降のみでなく全面的に大幅な改訂を加えた。〔内容〕古い木の橋・石の橋／明治の橋／大正の橋／昭和前期の橋／現代の橋／これからの橋／ビッグ10・年表・橋の分類／他

前千葉大 杉山和雄著

橋 の 造 形 学

26140-0 C3051　　　B 5 判 212頁 本体5000円

造形の基礎からデザイン法まで300余の図・写真を用いて解説。演習課題と解答例つき。〔内容〕思考の道具としての表示技術／形・色彩・テクスチャーの考え方／魅力づくり(橋の注視箇所，美的形式原理，橋の材料)／デザイン思想の変遷／他

前北大 林川俊郎著

改訂新版 橋 梁 工 学

26168-4 C3051　　　A 5 判 296頁 本体4400円

道路橋示方書の改訂や耐震基準に対応した，定番テキストの改訂版。演習問題も充実。〔内容〕総論／荷重／鋼材と許容応力度／連結／床版と床組／プレートガーダー／合成げた橋／支承と付属施設／合成げた橋の設計計算例／演習問題解答／他

福田　正編　遠藤孝夫・武山　泰・堀井雅史・村井貞規著

交 通 工 学 （第3版）

26158-5 C3051　　　A 5 判 180頁 本体3300円

基幹的な交通手段である道路交通を対象とした，交通工学のテキスト。〔内容〕都市交通計画／交通調査と交通需要予測／交通容量／交差点設計／道路の人間工学と交通安全／交通需要マネジメントと高度道路交通システム／交通と環境／他

全国土木施工管理技士会連合会 小林康昭編著

建設プロジェクトマネジメント

26169-1 C3051　　　A 5 判 256頁 本体4500円

これからの建設産業を考えると，建設事業の成否も建設業の浮沈もプロジェクトマネジメントの成否がカギを握っている。本書は全国土木施工管理技士会連合会にて豊富な経験と実績を持つ編者が丁寧にわかりやすく建設業におけるPMを解説。

都市大 三木千壽著

橋 梁 の 疲 労 と 破 壊
―事例から学ぶ―

26159-2 C3051　　　B 5 判 228頁 本体5800円

新幹線・高速道路などにおいて橋梁の劣化が進行している。その劣化は溶接欠陥・疲労強度の低さ・想定外の応力など，各種の原因が考えられる。本書は国内外の様々な事故例を教訓に合理的なメンテナンスを求めて圧倒的な図・写真で解説する。

豊橋技科大 大貝　彰・豊橋技科大 宮田　譲・阪大 青木伸一編著

都 市・地 域・環 境 概 論
―持続可能な社会の創造に向けて―

26165-3 C3051　　　A 5 判 224頁 本体3200円

安全・安心な地域形成，低炭素社会の実現，地域活性化，生活サービス再編など，国土づくり・地域づくり・都市づくりが抱える課題は多様である。それらに対する方策のあるべき方向性，技術者が対処すべき課題を平易に解説するテキスト。

檜垣大助・緒續英章・井ノ沢道也・今村隆正・山田　孝・丸谷知己編

土 砂 災 害 と 防 災 教 育
―命を守る判断・行動・備え―

26167-7 C3051　　　B 5 判 160頁 本体3600円

土砂災害による被害軽減のための防災教育の必要性が高まっている。行政の取り組み，小・中学校での防災学習，地域住民によるハザードマップ作りや一般市民向けの防災講演，防災教材の開発事例等，土砂災害の専門家による様々な試みを紹介。

前東工大 池田駿介・前名大林 良嗣・前京大 嘉門雅史・前東大 磯部雅彦・前東工大 川島一彦編

新領域 土木工学ハンドブック（普及版）

26163-9 C3051　　　B 5 判 1120頁 本体28500円

〔内容〕総論（土木工学概論，歴史的視点，土木および技術者の役割）／土木工学を取り巻くシステム（自然・生態，社会・経済，土地空間，社会基盤，地球環境）／社会基盤整備の技術（設計論，高度防災，高機能材料，高度建設技術，維持管理・更新，アメニティ，交通政策・技術，新空間利用，調査・解析）／環境保全・創造（地球・地域環境，環境評価・政策，環境創造，省エネ・省資源技術）／建設プロジェクト（プロジェクト評価・実施，建設マネジメント，アカウンタビリティ，グローバル化）

前京大 嘉門雅史・前東工大 日下部治・岡山大 西垣 誠編

地盤環境工学ハンドブック

26152-3 C3051　　　B 5 判 568頁 本体23000円

「安全」「防災」がこれからの時代のキーワードである。本書は前半で基礎的知識を説明したあと，緑地・生態系・景観・耐震・耐振・道路・インフラ・水環境・土壌汚染・液状化・廃棄物など，地盤と環境との関連を体系的に解説。〔内容〕地盤を巡る環境問題／地球環境の保全／地盤の基礎知識／地盤情報の調査／地下空間環境の活用／地盤環境災害／建設工事に伴う地盤環境問題／地盤の汚染と対策／建設発生土と廃棄物／廃棄物の最終処分と埋め立て地盤／水域の地盤環境／付録

西林新蔵・小柳 治・渡邉史夫・宮川豊章編

コンクリート工学ハンドブック

26013-7 C3051　　　B 5 判 1536頁 本体65000円

1981年刊行で，高い評価を受けた「改訂新版コンクリート工学ハンドブック」の全面改訂版。多様化，高性能・高機能化した近年のめざましい進歩・発展を取り入れ，基礎から最新の成果までを網羅して，内容の充実・一新をはかり，研究者から現場技術者に至る広い範囲の読者のニーズに応える。21世紀をしかと見据えたマイルストーンとしての役割を果たす本。〔内容〕材料編／コンクリート編／コンクリート製品編／施工編／構造物の維持，管理と補修・補強／付：実験計画法

前京大 宮川豊章総編集
前東工大 大即信明・理大 清水昭之・前大林組 小柳光生・東亜建設工業 守分敦郎・中日本高速道路 上東 泰編

コンクリート補修・補強ハンドブック

26156-1 C3051　　　B 5 判 664頁 本体26000円

コンクリート構造物の塩害や凍害等さまざまな劣化のメカニズムから説き起こし，剥離やひび割れ等の劣化の診断・評価・判定，測定手法を詳述。実務現場からの有益な事例，失敗事例を紹介し，土木・建築双方からアプローチする。土木構造物では，橋梁・高架橋，港湾構造物，下水道施設，トンネル，ダム，農業用水路等，建築構造物では集合住宅，工場・倉庫，事務所・店舗等の一般建築物に焦点をあて，それぞれの劣化評価法から補修・補強工法を写真・図を多用し解説。

前東大 村井俊治総編集

測量工学ハンドブック

26148-6 C3051　　　B 5 判 544頁 本体25000円

測量学は大きな変革を迎えている。現実の土木工事・建設工事でも多用されているのは，レーザ技術・写真測量技術・GPS技術などリアルタイム化の工学的手法である。本書は従来の"静止測量"から"動的測量"への橋渡しとなる総合ＨＢである。〔内容〕測量学から測量工学へ／関連技術の変遷／地上測量／デジタル地上写真測量／海洋測量／ＧＰＳ／デジタル航空カメラ／レーザスキャナ／高分解能衛星画像／レーダ技術／熱画像システム／主なデータ処理技術／計測データの表現方法

日本風工学会編

風 工 学 ハ ン ド ブ ッ ク
―構造・防災・環境・エネルギー―

26014-4 C3051　　　B 5 判 440頁 本体19000円

建築物や土木構造物の耐風安全性や強風災害から，日常的な風によるビル風の問題，給排気，換気，汚染物拡散，風力エネルギー，さらにはスポーツにおける風の影響まで，風にまつわる様々な問題について総合的かつ体系的に解説した。強風による災害の資料も掲載。〔内容〕自然風の構造／構造物周りの流れ／構造物に作用する風圧力／風による構造物の挙動／構造物の耐風設計／強風災害／風環境／風力エネルギー／実測／風洞実験／数値解析

上記価格（税別）は 2024 年11月現在